| 명문동양문고 |

맹자 명언

金東求 편저 **100**

明文堂

《맹자(孟子)》

맹자는 이름이 가(軻), 자는 자여(子輿)다. 공자의 고향 곡부(曲阜, 산동성) 부근 추(鄒)에서 태어났다. 맹자는 공자가 죽고 나서 100년 정도 뒤에 태어났다. 공자나 맹자나 정확하게 언제 태어나서 언제 죽었는지 확인할 방법은 없다. 《논어》나 《맹자》에 실려 있는 그들의 행적을 추적해서, 즉 그들이 만난 사람들이나, 관련 사건들을 참고해서 연대를 추정하는 것이다.

공자와 맹자가 살았던 시대는 춘추전국(春秋戰國)시대로 분류된다. 공자는 춘추시대에 살았으며 맹자는 전국시대에 살았다. 전국시대는 주(周) 왕실이 견융(犬戎)족에게 쫓겨 수도를 호경(鎬京 ; 지금의 서안 부근)에서 동쪽인 낙양(洛陽)으로 옮겼을 때부터이다. 그 전까지 중국은 주 왕실을 중심으로 많은 봉건국가들이 위성처럼 분립해 있었으며, 이들은 혈연과 제사와 군사에 의해 주 왕실에게 종속되어 있었다. 주 왕실이 동쪽으로 천도할 즈음을 전후해서 이러한 봉건제는 붕괴되기 시작했다.

춘추시대는 패자(覇者)들의 시대였다. 패자는 주 왕실의 명목만은 존중하면서 실상은 무력으로 다른 제후들을 정복했고 그럼으로써 천하를 다스렸다. 춘추5패 즉, 제(齊) 환공(桓公)·송(宋) 양공(襄公)·진(晉) 문공(文公)·진(秦) 목공(穆公)·초(楚) 장왕(莊王) 등 패자들은 근왕(勤王)의 기치를 내걸었다.

전국시대에 들어서면서 170여 개에 달했던 제후국들은 동맹과 연맹의 결성, 외교 군사적 전쟁을 통해 전국칠웅(戰國七雄), 즉 한(韓)·위(魏)·조(趙)·연(燕)·제(齊)·초(楚)·진(秦) 7개의 제후국으로 정리되었다. 이들은 천하 제패를 목표로 약육강식의 전쟁을 전개했다.

전국시대는 또한 제자백가(諸子百家)의 시대였다. 사회의 혼란 속에 갖가지 사상이 생겨났으며, 사상을 통제할 권력이 존재하지 않았으므로 중국사상사에서 가장 자유롭고 다채로운 논쟁이 전개된 시기였다. 법가·도가·종횡가·

명가・음양가 등을 표방하는 수많은 학자들이 왕성한 사상 활동을 펼쳤으며, 맹자는 그들 가운데 한 사람이었다.

맹자는 일찍이 아버지를 여의고 교육열이 강한 어머니 슬하에서 자랐다. 아들의 좋은 교육환경을 위해 이사를 세 번 했다거나 중도에 공부를 그만두어서는 안 된다는 것을 아들에게 명심시키기 위해 자신이 짜던 베를 잘랐다는 이야 기들이 전해진다.

맹자는 인의(仁義)의 덕을 바탕으로 하는 왕도정치(王道 政治)가 당시의 정치적 분열 상태를 극복할 유일한 길이라 고 믿고, 왕도정치를 시행하라고 제후들에게 유세하고 다녔 다. 양(梁)나라에 가서 혜(惠)왕에게 왕도에 대해 유세했으 나, 얼마 뒤 혜왕이 죽고, 아들 양(襄)에게 실망해서 제(齊) 나라로 갔다. 제나라 선(宣)왕에게 기대를 걸고 7, 8년을 머 물렀으나, 역시 자신의 유세가 받아들여지지 않자 떠날 수 밖에 없었다.

그 뒤 여러 나라들을 거쳐 고향인 추로 돌아왔다. 당시의 제후들이 필요로 했던 것은 부국강병이었다. 그러한 제후들의 현실적 관심과 맞아떨어질 여지가 없었던 맹자의 주장은 어느 제후에게도 채택되지 못했으며, 맹자는 결국 당대에 자신의 이상을 실현시키기를 포기해야 했다.

쉰 살이 넘어 시작했던 편력을 그치고 고향으로 돌아온 것이 일흔 살 가량 되어 고향으로 돌아와 제자들과 함께 《시경》과 《서경》, 그리고 공자의 사상에 대해 논의했으며, 말년에 문인 만장(萬章), 공손추(公孫丑) 등과 함께 책을 써서 자신의 설을 세우는 한편, 유학을 강론하는 등 교육활동에도 종사했다. 그 때 만들어진 책이 오늘날 전해지는 《맹자》7편이다.

「양혜왕」·「공손추」·「등문공」3편은 징지적 신뢰를 다루고 있으며, 「이루」·「만장」·「고자」·「진심」4편은 사제 간의 문답과 잡사를 다루고 있다.

| 맹자 명언 100 |

차 례

맹자 명언 100
孟子 名言

제1편 양혜왕(梁惠王) 上

■ 叟不遠千里而來 亦將有以利吾國乎
<small>수 불 원 천 리 이 래　역 장 유 이 리 오 국 호</small>

노인께서 천릿길도 마다하지 않고 오셨으니, 우리나라에 장차 이로운 일이 생기겠습니까?

*叟 ; 늙은이. 亦 ; 또한. 將 ; 장차.

【名言】 불원천리(不遠千里) ; 천 리가 멀다고 여기지 않는 다는 뜻으로, 먼 길을 오는 수고도 마다하지 않는 정성이라는 말이다. 천 리는 옛날부터 먼 거리의 대명사처럼 쓰였다. 그 래서 「천릿길도 한 걸음부터」 라는 속담도 있다. 그렇게 먼 거리를 멀게 여기지 않는다는 말이니, 마음이나 의지, 염원이 나 그리움이 강할 때 쓰는 표현이다. 가까운 벗이나 친한 사 람을 만나는 데는 먼 거리도 문제가 되지 않는다는 뜻이다.

맹자가 양혜왕을 만났을 때, 왕이 말하였다. “노인께서 천 릿길도 마다하지 않고 오셨으니, 우리나라에 장차 이로운 일 이 생기겠습니까?(叟不遠千里而來 亦將有以利吾國乎)”

맹자가 대답했다. “왕께서는 하필이면 이로운 일을 말씀 하십니까? 역시 인의(仁義)만이 있을 뿐입니다(王亦曰仁義而

已矣 何必曰利). 만약 한 나라의 왕이, '어떻게 하면 내 나라를 이롭게 할 수 있을까'만 생각한다면, 대부는, '어떻게 하면 내 집안을 이롭게 할 수 있을까'를 생각하고, 선비와 서민들은, '어떻게 하면 내 한 몸 이롭게 할 수 있을까'만 생각하게 됩니다. 이처럼 위아래가 다투어 자신의 이익을 취하려 하면 나라는 위태로워질 것입니다.

만승의 부유함을 지닌 나라(萬乘之國)에서 그 임금을 시해하려는 자는 반드시 천승의 가문(千乘之家)에서 나오고, 천승의 나라(千乘之國)에서 그 임금을 시해하려는 자는 반드시 백승의 나라(百乘之家)에서 나오기 마련입니다.

만승의 나라에서 천승을 녹으로 받거나, 천승의 나라에서 백승을 녹으로 받는다면 결코 적은 것이 아닙니다. 만약 의를 뒤로 하고 이익만을 앞세운다면 더 많은 것을 빼앗지 않고서는 만족하지 않을 것입니다. 사람됨이 어진데도 자기 어버이를 버리거나, 의로운데도 자기 임금을 경시하는 자는 없습니다. 왕께서는 인의(仁義)만을 말씀하셔야지 어찌 이익을 말씀하십니까(何必曰利)?"

맹자가 천릿길도 마다하지 않고 양혜왕을 만난 것은 인의를 말하기 위한 것인데, 하필이면 이익을 말하느냐고 마뜩찮아 하는 대목이다. 『불원천리』는 위의 글 중 "노인께서 천

릿길도 마다하지 않고 오셨으니(曳不遠千里而來)."에서 나온 말이다.

■ 何必曰利 亦有仁義而已矣
하 필 왈 리　역 유 인 의 이 이 의

어찌 꼭 이익만을 말하는가? 오직 인(仁)과 의(義)가 있을 뿐이다.

【故事】하필왈리(何必曰利) ;《맹자》맨 첫 장에 나오는 말로 맹자의 모든 사상이 이 네 글자에서부터 출발된다고 해도 과언이 아니다. 맹자가 양혜왕의 초청을 받아 처음 혜왕을 만났을 때다. 혜왕은 인사말 겸, "천 리를 멀다 하지 않고 와 주셨으니 장차 우리나라를 이롭게 해주시겠습니까?"하고 물었다.

그러자 맹자는, "왕께서는 하필 이(利)를 말씀하십니까? 다만 인의가 있을 뿐입니다(王何必曰利 亦有仁義已矣)."하고 전제한 다음, "……만승(萬乘)의 나라에서 그 임금을 죽이는 사람은 언제나 천승(千乘)의 녹을 받는 대신 집이요, 천승 나라에서 그 임금을 죽이는 사람은 언제나 백승의 녹을 받는 대신 집입니다. 만에서 천을 받고, 천에서 백을 받는 것이 많지 않은 것이 아니지만, 참으로 의(義)를 뒤로 하고 이(利)를 먼저 하면 빼앗지 않고서는 만족하지 못하는 법입니다."

이익만을 추구해서는 나라가 올바로 될 수 없는 이치를 말한 것이다. 그리고 끝에 가서 다시 한 번, "왕께서는 역시 인의를 말씀하셔야 할 터인데 하필 이(利)를 말씀하십니까." 하고 거듭 강조하고 있다.

지금은 이 말이 꼭 이익에 관한 것이 아니라도 "더 좋은 말이 있을 텐데 왜 하필 그런 말을 하느냐" 하는 뜻으로 널리 쓰이고 있다. 『하필』이란 말에 보다 강한 뜻이 풍기기 때문일 것이다.

■ 萬乘之國弑其君者 必千乘之家
만승지국시기군자 필천승지가

만승(萬乘)의 나라에서 그 임금을 죽이는 사람은 언제나 천승(千乘)의 녹을 받는 대신 집이다.

*乘 ; 타다, 오르다. 弑 ; 죽이다.

【名言】만승지국(萬乘之國) ; 병거(兵車) 일만 대를 갖출 만한 힘이 있는 나라라는 뜻으로, 천자가 다스리는 나라를 이르는 말.

병거란 전차(戰車)를 말하는 것으로, 병거 한 대를 1승(乘)

이라고 했는데, 각 승마다 갑병(甲兵 : 무장한 군사) 3인, 보병 72인, 치중병(輜重兵 : 군수품 보급병) 25인 등 100명의 군사가 따랐다고 한다. 따라서 병거 10,000승이라면 100만 명의 군대가 되는 셈이며, 지금으로 말하면 장갑차 몇 만 대에 해당한다고 할 수 있을 것이다. 따라서 『만승지국』이라면 1만의 전차를 가진 나라라는 뜻으로, 그에 따르는 군사, 무기 등을 보유하고 동원할 수 있는 거대 군사력과 경제력을 지닌 나라(萬乘之國), 또는 그런 위치(萬乘之位)를 지칭하는 말이다.

옛날 전쟁은 기병과 병거가 좌우했다. 병거가 많으면 강대한 국가였다. 만승지국, 즉 병거가 만 대에 이르는 나라는 오직 천자의 나라밖에 없다는 의미에서 이런 표현이 생겨났다. 천군만마의 만마(萬馬)가 가리키는 뜻이 만승(萬乘)이라고 할 수 있다.

춘추전국시대는 전쟁의 규모는 전쟁 당사자의 신분과 그 신분에 따라 동원할 수 있는 병력의 규모가 각각 달랐다. 일반적으로 천자의 나라를 만승지국(萬乘之國)이라고 부르는데, 이것은 유사시 전쟁에 만 대의 전차를 동원할 수 있는 능력을 가졌다는 것을 의미한다. 그보다 한 단계 낮은 제후는 천승지국(千乘之國)이라 부르고 공경대부(公卿大夫)는 백승지가(百乘之家)로 부른다.

　이러한 대군을 동원할 수 있는 국가를 만승지국이라고 불렀는데, 보통 천자가 거느린 군사의 수효에 해당했기 때문에 주나라 천자를 가리키는 말이 되었다.

　그러나 전국시대가 되자 제후국 중에도 만승지국이 생겨났다. 결국 만승지국이라는 말은 대국이라는 말이 되고 만승지군(萬乘之君)이라면 이러한 대군을 거느리고 있는 강대국의 군주라는 말이 된 것이다.

■ 與民偕樂 故能樂也
　　여 민 해 락　고 능 락 야

　백성들과 함께 즐거움을 서로 나누면 능히 즐거울 수 있다.
　*偕 ; 함께.

　{왕이 백성들에게는 고통을 주면서 자기만 즐긴다면 백성들이 반발하겠지만, 백성들과 즐거움을 함께한다면 왕이 즐기는 것을 함께 기뻐할 것이라는 말이다. 『여민동락(與民同樂)』과 같은 뜻이다. ☞ 양혜왕(梁惠王)下 여민동락(與民同樂)}

■ 五十步笑百步
　　오 십 보 소 백 보

　오십 보 물러선 자가 백 보 물러선 자를 비웃는다.

【名言】오십보백보(五十步百步) ; 양혜왕이 맹자에게 물었다. "과인은 나랏일에 정성을 다하고 있습니다. 하내(河內)가 흉년이 들면 그곳 백성들을 하동(河東)으로 옮기고, 하동의 곡식을 하내로 옮깁니다. 그리고 하동이 흉년이 들었을 때도 마찬가지로 백성들과 곡식을 서로 옮기곤 합니다.

이웃나라의 정치를 살펴볼 때 과인처럼 마음을 쓰는 사람이 없습니다. 그런데도 이웃 나라 백성이 더 줄지도 않고, 과인의 백성이 더 많아지지도 않으니 어찌된 일입니까?"

맹자가 대답했다. "왕께서 싸움을 좋아하시니, 싸움으로 비유를 하겠습니다. 북을 요란스럽게 두들기며 칼날이 맞부딪게 되었을 때, 갑옷을 버리고 무기를 끌고 달아나는데, 혹은 백 보를 가서 그리고 혹은 오십 보를 가서 멈췄습니다.

그런데 오십 보를 달아난 사람이 백 보 달아난 사람을 보고, 겁이 많은 사람이라 비웃는다면 왕께선 이를 어떻게 보십니까?"

"옳지 못합니다. 설사 백 보는 아닐망정 역시 달아난 건 달아난 거니까요."

"왕께서 만일 오십 보로 백 보를 비웃는 것이 옳지 못한 줄 아신다면, 백성들이 다른 나라보다 많아지기를 바라지 마십시오.”

근본적인 문제해결을 꾀하지 않고 지엽말단의 임시방편 같은 것으로 효과를 바란다는 것은 오십 보 도망친 자가 백 보 도망친 자를 웃는 어리석은 짓이라는 것이다.

■ 不違農時 穀不可勝食也
　불위농시　곡불가승식야

농사철을 놓치지 않으면 먹고도 남음이 있다.

*違 ; 어기다. 穀 ; 곡식. 勝食 ; 배불리 먹다.

【名言】불위농시(不違農時) ; “농사철을 어기지 않는다” 는 뜻으로, 철을 놓치지 않고 때맞춰 농사를 짓는 것을 말한 다.

유가의 대사상가인 맹자는 인의(仁義)를 시행하고 왕도 (王道)를 실현할 것을 주장한 사람이었다. 어느 날, 양혜왕 이 그에게 어떻게 하면 국력을 강화해서 나라를 부유하게 하고 백성이 편안하게 살 수 있을지에 대해 물었을 때, 맹자 는 이렇게 대답했다.

“농사철을 놓치지 않으면 곡식을 먹고도 남음이 있을 것 이고(不違農時 穀不可勝食也), 촘촘한 그물을 못에 넣지 않 는다면 물고기를 먹고도 남을 것이며, 도끼를 들고 산에 올라가도 때에 맞춰 실시한다면 목재를 이루 다 쓰지 못할 것입니다. 식량과 물고기를 이루 다 먹지 못하고, 목재를 이루 다 쓰지 못한다면 백성들은 생계나 상사(喪事)에 근심 걱정이 없을 것입니다. 이렇게 백성들이 생계와 상사에 근심 걱정이 없으면 이것이 바로 왕도가 시작되는 것이라고 할 수 있습니다."

■ 王無罪歲 斯天下之民至焉
왕 무 죄 세　사 천 하 지 민 지 언

왕이 흉년을 탓하지 않으면 천하의 백성들이 모여들 것이다.

*罪 ; 죄주다. 歲 ; 해, 세월.

{맹자가 말하기를, "개나 돼지가 사람이 먹을 것을 먹어도 단속하지 않고, 길에서 굶주린 시체가 있어서 창고를 열어 구제할 줄 모르는데, 백성이 죽어도 말하기를, '내가 죽인 것이 아니라 흉년 때문이다.'라고 하면 이는 사람을 찔러 죽이고도 '내가 죽인 것이 아니라 병기(무기) 때문이다.'라고 함과 무엇이 다르겠습니까? 왕께서는 흉년의 죄를 탓하지 않으면 천하의 백성은 기꺼이 왕 앞으로 모여들 것입니다."

백성이 굶주리는 것을 올해는 흉년이 들어서 그렇다고 핑계를 대지 말고, 왕(王) 자신의 책임으로 하고 정치를 해 간다면 천하의 백성은 기꺼이 왕 앞으로 모여들 것이다.}

■ 始作俑者 其無後乎

처음 나무 허수아비(俑)를 만든 자는 그 자손이 없을 것이다.

*俑 ; 허수아비

{처음으로 순장(殉葬)에 쓰는 나무인형을 고안한 사람은, 그것이 사람과 흡사함에도 불구하고 흙에 묻기를 생각해 낸 잔인한 사람이므로 아마 천벌을 받아 후손이 없으리라는 뜻. 공자의 말.}

■ 庖有肥肉 廐有肥馬主義民有饑色
野有餓莩 此率獸而食人也

주방에 살찐 고기가 있고 마구에 살찐 말이 있으나, 백성들이 기근에 시달리고 들판에 굶어죽은 시체가 있다면 이는 야수를 풀어 사람을 잡아먹게 하는 것이나 마찬가지다.

*庖 ; 주방. 廐 ; 마구간. 饑 ; 주리다. 餓 ; 주리다. 莩 ; 갈
대청. 率 ; 이끌다.

【名言】 시작용자(始作俑者) ; 장본인. 어떤 죄악의 근원
을 만들어 낸 사람. "처음으로 나무인형을 만든 사람"이라
는 뜻으로, 좋지 않은 전례를 만든 사람이나 그러한 경우를
비유하는 말이다.

맹자는 여러 나라를 돌아다니며 제후들에게 왕도정치(王
道政治)에 대하여 설파하였다.

맹자가 양혜왕을 만났을 때, 양혜왕(梁惠王)이 말했다. "과
인이 편안한 마음으로 가르침을 받고자 합니다."

맹자가 대답했다. "사람을 죽이는 데 있어서 몽둥이나 칼
을 사용하는 것에 다를 게 있습니까?"

"다를 게 없습니다."

"칼이나 정치로써 하는 것에 다름이 있습니까?"

"다름이 없습니다."

"부엌에 살진 고기가 있고, 마구간에 살진 말이 있으면
서도 백성들의 얼굴에 굶주린 빛이 있고, 들에 굶주려 죽은
시체들이 있다면 이것은 짐승을 몰아다가 사람을 잡아 먹이
는 것입니다(庖有肥肉 廐有肥馬 民有饑色 野有餓莩 此率獸而
食人也). 짐승들끼리 서로 잡아먹는 것조차 사람들은 미워하

는데, 백성의 부모가 되어 정(政)을 행하기를 짐승을 몰아다가 사람을 잡아 먹이는 것을 면치 못하면 어디에 그 백성의 부모 됨이 있습니까? 공자께서, '처음 나무인형(俑)을 만든 자는 그 자손이 없을 것이다(始作俑者 其無後乎).'라고 말씀하셨으니, 이는 사람의 형상을 만들어서 장례에 썼기 때문입니다. 어찌하여 살아 있는 백성들을 굶주려서 죽게 한단 말입니까?"

용(俑)은 목우(木偶), 곧 나무로 사람의 형상을 본떠 만든 인형으로서 죽은 사람을 매장할 때 함께 묻는 부장품(副葬品)으로 사용되었다. 공자는 그 나무인형을 땅 속에 묻는 것조차 그 행위가 어질지 못하다고 미워하여 그것을 만든 사람은 대가 끊어질 것이라고 말하였다.

맹자는 공자의 말을 빌려 생명이 없는 나무인형을 장사지내는 일에 대하여도 그러할진대 하물며 살아 있는 백성들이 굶주려 죽게 만드는 것은 백성들의 부모라고 할 수 있는 군주의 도리가 아니라고 말한 것이다.

■ 仁者無敵
인 자 무 적

인자한 사람에게는 적이 없다.

{양혜왕이 맹자에게 전쟁에서 진 치욕을 어떻게 하면 씻을 수 있는지를 묻자, 맹자는 인자한 정치를 해서 형벌을 가볍게 하고, 세금을 줄이며, 농사철에는 농사를 짓게 하고, 장정들에게는 효성과 우애와 충성과 신용을 가르쳐 부형과 윗사람을 섬기게 한다면, 몽둥이를 들고서도 진(秦)나라와 초(楚)나라의 견고한 군대를 이길 수 있다고 대답한 뒤 위와 같이 말하였다.

진실로 어진 정치를 베풀면서 백성을 자신의 몸처럼 여기는 군주에게는 자연히 백성들이 따르게 마련이어서 반대하는 세력이 없게 되고, 비록 전쟁이 일어나더라도 인심이 떠나지 않아 총칼로도 어찌할 수 없게 된다는 뜻으로, 곧 인자한 사람에게는 적이 없다는 말이다.}

【名言】 인자무적(仁者無敵) ; 어진 사람에게는 대적할 자가 없다. 모든 사람에게 어질게 대하는 사람에게는 적이 없다는 뜻과 더불어 인(仁)보다 강한 무기는 없다는 뜻도 있다. 진실로 어진 정치를 베풀면서 백성을 자신의 몸처럼 여기는 군주에게는 자연히 백성들이 따르게 마련이어서 반대하는 세력이 없게 되고, 비록 전쟁이 일어나더라도 인심이 떠나지 않아 총칼로도 어찌할 수 없게 된다는 뜻으로, 곧 인자한 사람에게는 적이 없다는 말이다.

양나라 혜왕이 맹자에게 전쟁에서 진 치욕을 어떻게 하면 씻을 수 있는지를 맹자에게 물었다.

"예전에는 천하를 호령하던 진(晉)나라가 지금에 이르러서는 주위 나라들에게 땅을 빼앗기는 수모를 겪고 있습니다. 과인은 이를 수치로 여겨 그들을 물리치고자 합니다. 방법이 없겠습니까?"

맹자가 대답했다.

"저들은 백성들이 일할 시기를 빼앗아 밭을 갈지 못하게 함으로써 부모는 추위에 떨며 굶주리고, 형제와 처자는 뿔뿔이 흩어지고 있습니다. 저들이 백성을 도탄에 빠뜨리고 있는데, 왕께서 가서 정벌한다면 누가 감히 대적하겠습니까? 그래서 이르기를, '인자한 사람에게는 적이 없다(仁者無敵)'고 한 것은 바로 이런 경우를 일컫습니다."

이 "인자무적"은 맹자가 지어낸 말이 아니라, 그 이전부터 전해 오던 것을 인용한 것이다.

■ 不嗜殺人者能一之
불 기 살 인 자 능 일 지

사람을 죽이는 것을 좋아하지 않는 자가 천하를 통일할 것이다. 모든 사람이 그 자의 편이 될 것이기 때문이다.

*嗜 ; 즐기다.

{맹자는 살기 위해 어찌할 수 없이 전쟁을 벌인다는 지배자들의 시대인식에 반기를 들었다. 전쟁은 사람의 목숨을 귀중하게 여기지 않아서 일어나는 노름일 뿐이다. 이렇게 죽음이 일상화되는 상황이라면 힘이 센 나라가 통일을 하는 것이 아니라, 사람 죽이기를 거부하는 사람이 통일을 하게 될 것이라는 말이다. 사람의 목숨을 소중히 여기는 사람은 국적을 떠나서 다른 사람들의 지지를 받을 수 있기 때문이다.}

■ 天油然作雲 沛然下雨 則苗浡然興之矣
천 유 연 작 운　패 연 하 우　즉 묘 발 연 흥 지 의

하늘에 뭉게뭉게 구름이 일어나고 비가 쏟아지면 곡식은 우쑥우쑥 자란다.

*油 ; 구름이 피어오르는 모양. 沛然下雨 ; 세차게 쏟아지는 비. 苗 ; 묘, 곡식. 浡 ; 일어나다.

■ 老吾老 以及人之老 幼吾幼 以及人之幼
노 오 로　이 급 인 지 로　유 오 유　이 급 인 지 유

자기 어르신을 공경하는 마음으로 다른 어르신을 공경하고, 자기 자식을 사랑하는 마음으로 남의 자식을 보살핀다.

{이런 마음씨가 모든 이에게 미치면 천하를 다스리기에 퍽 수월할 것이다.}

■ 見牛未見羊

소는 보고 양은 보지 않았다.

{무엇이나 보지 않은 것보다는 직접 눈으로 보고 들은 것에 대하여 한층 더 생각하게 된다는 말.}

【名言】견우미견양(見牛未見羊) ; 맹자가 제(齊)나라 선왕(宣王)과 왕도(王道)에 대하여 이야기를 나누었다. 어느 날, 제 선왕이 정사를 보고 있는데 저 아래쪽에 소를 끌고 지나가는 사람이 있어서, "소를 어디로 데려가느냐?" 하고 묻자, 소를 끌고 가던 사람이 대답하기를, "새로 만든 종(鐘)의 틈새를 소피로 바르고자 죽이러 갑니다." 하고 말했다.

왕은 눈물을 흘리며 끌려가는 소의 모습이 너무 애처로워 소를 살려주라고 명령했다. 그러자 소를 몰고 가던 사람이 묻기를, "그러시면 새로 만든 종에 피 바르는 의식을 폐할 수밖에 없습니다." 하였다.

제선왕이 대답하기를, "소 대신 양으로 바꾸어 시행하라." 하였다는 이야기다.

소가 눈물을 흘리며 끌려가는 것을 차마 볼 수 없어하는 제선왕의 측은지심(惻隱之心)을 엿볼 수 있는 대목인데, 소나 양이나 똑같은 생명을 가진 동물인데, 양은 왜 죽어도 좋은지 하는 것이 문제가 되는 것이다.

이것을 설명하는 구절이 바로 『견우미견양』이다. 즉 소는 직접 눈으로 보았기 때문에 측은한 마음이 들었지만, 양은 눈으로 보지 않았으므로 측은한 마음이 들지 않았기 때문이다.

실제 우리도 그런 것을 경험한다. 항상 많은 사건으로 희생되는 사람이 있지만, 자기가 아는 사람이 그런 슬픈 일을 당하게 되는 것에 비하면 충격이 훨씬 적은 것과 같은 이치라 할 수 있겠다.

■ 君子遠庖廚
　군　자　원　포　주

군자는 푸줏간을 멀리한다.

*庖廚 ; 푸줏간.

{심성이 어질고 바르기 위해서는 무섭거나 잔인한 일은 해서도 안 되며, 봐서도 안 된다.}

【名言】군자원포주(君子遠庖廚) ; 포주(庖廚)는 짐승을

잡는 도살장을 가리켜 말한 것이다. 짐승들의 비명소리를 차마 들을 수 없어 도살장을 가까이 두지 않는다는 뜻이다. 맹자가 제(齊) 선왕(宣王)을 만나 그의 착한 마음씨가 천하를 통일할 수 있음을 증명해 주려는 이야기 가운데 나오는 말이다.

맹자가 제선왕을 만났을 때 왕은, "덕이 어떠해야만 왕도 정치를 할 수 있습니까?" 하고 물었다. 여기서 말하는 왕은 천하를 통일하는 것을 말한다.

"백성을 보전하여 왕노릇하면 아무도 막을 사람이 없습니다."

여기서 보전한다는 것은 사랑하고 보호한다는 뜻이다.

"과인도 백성을 보전할 수 있겠습니까?"

"있다 뿐이겠습니까?"

"어떻게 그것을 아십니까?"

"신이 호흘(胡齕)이란 왕의 신하에게서 들은 바에 의하면, 어느 날 왕께서 대청 위에 앉아 계시는데 그 아래로 소를 몰고 가는 사람이 있었습니다. 왕께서 어디로 가는 소냐고 물으시니, 장차 소를 잡아 그 피로써 새로 만든 종을 바르려 한다고 대답했습니다. 왕은 말하기를, 그만두어라. 죄 없이 죽으려 끌려가며 부들부들 떨고 있는 모습을 차마 볼 수 없다고 하셨습니다. '그럼 종에 피 칠을 하는 것은 그만두오리까?'

하고 물었을 때, 왕께서는 말하기를, 어찌 그만둘 수 있겠느냐, 양으로 대신하라고 하셨다는데, 그것이 사실입니까?"

"그런 일이 있었습니다."

"그런 마음이면 충분히 왕이 될 수 있습니다. 백성들은 왕께서 소가 아까워 그랬다지만, 신은 왕께서 차마 죽이지 못한 것을 알고 있습니다."

"제나라가 아무리 작지만 내가 소 한 마리를 아끼겠습니까. 실상 그 부들부들 떠는 모습이 죄 없이 죽으러 가는 것만 같은지라, 그래서 양과 바꾼 것입니다."

"왕께서는 백성들의 그 같은 평을 이상하게 생각지 마십시오. 작은 것으로 큰 것을 바꾸었으니 그들이 어찌 그 까닭을 알 수 있겠습니까. 그런데 왕께서 만일 죄 없이 죽는 것이 불쌍해서 그러셨다면 소와 양이 다를 것이 무엇입니까?"

왕은 어이가 없어 웃었다.

"정말 내가 무슨 생각으로 그랬을까요. 내가 재물을 아껴서 그런 것은 아니었지만, 백성들이 날 보고 소가 아까워서 그랬다고 말하는 것이 당연하다 하겠습니다."

맹자는 왕이 자신도 모르고 한 일을 분석해서 설명해 주었다.

"조금도 이상할 것이 없습니다. 그것이 어진 마음이란 것입니다. 소는 직접 부들부들 떨고 있는 것을 보셨고, 양은 직접 보시지 않았기(見牛未見羊) 때문입니다. 군자는 짐승에 대해서, 그 사는 것을 보고 차마 그 죽는 것을 보지 못하며, 그 소리를 듣고 차마 그 고기를 먹지 못합니다. 이런 까닭에 군자는 포주를 멀리하는 것입니다"

왕은 맹자의 이 같은 설명에 기쁨을 감추지 못하면서, "내가 행해 놓고도 내 마음을 알 수가 없었더니, 선생께서 말씀해 주시니 참으로 감격스럽습니다." 하며 맹자를 새삼 반가워했다. 맹자는 이렇게 사람의 마음을 착한 방향으로 유도하는 뛰어난 솜씨를 가지고 있었다.

■ 吾力足以擧百鈞 而不足以擧一羽
오 력 족 이 거 백 균   이 부 족 이 거 일 우

明足以察秋毫之末 而不見輿薪
명 족 이 찰 추 호 지 말   이 불 견 여 신

내 힘은 3천 근을 들기에는 족하나, 작은 새의 깃털 하나 들기에는 부족하고, 눈은 가을날 가늘어진 짐승의 털끝을 살피기에는 족하나, 수레에 실린 땔나무는 보이지 않는다.

*擧 ; 들다. 鈞 ; 서른 근. 羽 ; 깃털, 날개. 察 ; 살피다. 秋毫 ; 가을철 가늘어진 털로 몹시 작음의 뜻. 輿 ; 수레. 薪 ; 섶나무, 땔나무.

【名言】명찰추호(明察秋毫) ; 눈이 아주 밝고 예리해서 가을날 가늘어진 짐승의 털까지도 분별할 수 있다는 뜻으로, 사리가 분명해 극히 작은 일까지도 미루어 알 수 있다는 말이다. 『추호(秋毫)』는 가을이 되어 가늘어진 짐승의 털을 말하며, 아주 작은 것을 비유하는 말로 쓰인다.

맹자가 제(齊)나라 선왕(宣王)을 만나 어떻게 하면 제대로 왕 노릇을 할 수 있는지에 대해서 설명하는 대목이다. 선왕이, 소를 양으로 대신해 희생하게 한 이유에 대해서 말하자, 맹자는 그것이야말로 인(仁)을 실천하는 길이라고 하면서, 군주가 푸줏간을 멀리하는 마음이 왕 노릇을 하는 데 합당한 이유를 다음과 같이 말했다. (☞〈양혜왕(梁惠王) 上〉 군자원포주)

" '내 힘은 3천 근을 들기에는 족하나, 작은 새 깃털 하나 들기에는 부족하고, 눈은 가을철 가늘어진 짐승의 털끝을 살피기에는 족하나, 수레에 실린 땔나무는 보이지 않는다(吾力足以擧百鈞 而不足以擧一羽 明足以察秋毫之末 而不見輿薪).'라고 왕께 말하는 사람이 있다면 믿겠습니까?"

맹자는 계속해서 은혜가 금수에는 미치나 백성에게는 미치지 않는 이유를, 왕이 왕 노릇을 하지 못하기 때문이 아니라, 하지 않아서라고 설명하면서 자신의 왕도정치(王道政治)

를 설파하였다.

■ 挟太山以超北海 語人曰我不能 是誠不能也
　　협 태 산 이 초 북 해　어 인 왈 아 불 능　시 성 불 능 야

　태산을 겨드랑이에 끼고 북해를 건너라고 할 때, "나는 그렇게 할 재간이 없다."라고 말한다면 그것은 참으로 할 재간이 없어서이다.

　*挟 ; 끼다. 超 ; 넘다. 誠 ; 정성.

　{왕이 물었다. "하지 않는다는 것과 할 수 없는 것의 모습은 어떻게 다릅니까?" 맹자가 대답했다. "태산을 옆에 끼고 북해를 건너라고 할 때, '나는 하지 못한다.'고 말하면 이것은 참으로 하지 못하는 것이지만, 어른을 위해 나뭇가지를 꺾는 것을 남에게 '하지 못한다.'고 말하면 이것은 하지 않는 것이지, 할 수 없는 것이 아닙니다."}

■ 不爲也 非不能也
　　불 위 야　비 불 능 야

　하지 않는 것이지, 할 수 없는 것이 아니다.

　{스스로 정한 한계선에 얽매여 있는 것이지, 능력이 안 되는 것이 아니다. 자신의 역량이 있는데도 불구하고 스스로 지어놓은 한계라는 틀을 벗어나지 못하는 것이다.}

■ 權 然後知輕重 度 然後知長短
（권 연후지경중 도 연후지장단）

저울에 달아 본 후에야 경중을 알 수 있고, 자로 재어 본 후에야 길고 짧음을 알 수 있다.

*權 ; 저울에 달다. 度 ; 재다.

{물건은 다 그러하지만, 사람의 마음을 헤아리기는 그와 같지 않다. 사람 마음의 무게와 길이는 헤아려 가늠하기가 어렵다는 말이다.}

■ 猶緣木而求魚
（유연목이구어）

나무에 올라가 고기를 잡으려는 것과 같다.

*猶 ; 마치. 緣 ; 가장자리.

{도저히 불가능한 일을 굳이 하려 함.}

【名言】연목구어(緣木求魚) ; 나무에 올라가서 고기를 잡으려 한다는 뜻이다. 고기를 잡으려면 물로 가야 한다. 엉뚱하게도 나무 위에 올라간다면 그것은 목적과는 반대되는 행동이다. 즉 전연 성공할 가능성이 없는 것을 비유해서 하는 말이다.

맹자와 제 선왕(齊宣王)의 문답에 나오는 말이다.

주(周)나라 신정왕(愼靚王) 3년(BC 318), 맹자는 양(梁)나

라를 떠나 제(齊)나라로 갔다. 이미 50 고개를 넘었을 때였다. 동방의 제(齊)는 서방의 진(秦), 남방의 초(楚)와 더불어 전국 제후 중에서도 대국이었다. 선왕도 도량이 넓은 보통내기가 아니었다. 맹자는 그 점에 매력을 느끼고 있었다.

그러나 시대의 요구는 맹자가 말하는 왕도정치가 아니고 부국강병이었으며, 외교상의 책모도 원교근공책(遠交近攻策)이나 합종책 또는 연횡책 등이었다.

선왕은 맹자에게 춘추시대의 패자였던 제의 환공(桓公), 진(晉)의 문공(文公)의 패업을 듣고 싶다고 했다. 선왕은 중국의 통일이 관심사였다.

맹자가 물었다. "왕께서는 전쟁을 일으켜 신하의 생명을 위태롭게 하고, 이웃나라와 원수를 맺는 것을 좋아하십니까?"

"아니오, 좋아하지는 않소. 그걸 부득이 하는 것은 내게 대망(大望)이 있어서지요."

"그럼 왕의 그 대망이란 것이 무엇인지 말씀해 주십시오."

인의(仁義)에 바탕을 둔 왕도정치를 말하는 맹자를 앞에 놓고 선왕은 다소 얼굴이 무색해졌다. 웃음으로 넘겨버릴 뿐 좀처럼 입을 열려고 하지 않았다.

맹자는 유인책을 썼다. "전쟁의 목적은 의식(衣食)에 있습니까, 인생의 안락에 있습니까?"

"아니오, 나의 욕망은 그런 것이 아니오."

선왕은 맹자의 교묘한 변론에 말려들었다.

맹자는 맹렬히 추궁했다. "그렇다면 잘 알겠습니다. 영토를 확장하여 진(晉)이나 초(楚) 같은 대국으로 하여금 조공을 바치게 한 다음, 중국에 군림하여 사방 오랑캐들을 어루만지는 것입니다. 그러나 그런 방법(일방적인 무력)으로 그 같은 소원을 이루려 한다면, 그것은 나무에 올라가 고기를 잡으려는 것과 같습니다(猶緣木而求魚也)."

천하통일을 무력으로 꾀하려는 것은 "나무에서 물고기를 구하는" 것과 같은 것으로, "목적과 수단이 맞지 않으므로 불가능하다"는 말을 듣고 선왕은 놀라며 의외로 생각했다.

"그토록 무리한 일입니까?"

"그보다 더 무리한 일입니다. 나무에서 물고기를 구하는 것은 물고기를 구하지 못할 뿐 뒤따르는 재난은 없습니다. 그러나 왕과 같은 방법(일방적인 무력사용)으로 대망(영토 확장)을 달성하려고 하면, 심신을 다하되 결국은 백성을 잃고 나라를 망하게 하는 대재난이 닥칠 뿐, 좋은 결과는 오지 않습니다."

"뒤에 재난이 있게 되는 까닭을 가르쳐 주지 않겠소?"
하고 선왕은 무릎을 내밀며 바짝 다가앉았다.

이렇게 해서 맹자는 교묘하게 대화의 주도권을 쥐고 인의
(仁義)를 바탕으로 하는 왕도정치론을 당당히 설파했다.

■ 寡固不可以敵衆 弱固不可以敵强
과 고 불 가 이 적 중   약 고 불 가 이 적 강

수가 적은 편은 많은 편을 이길 수 없으며, 약소국은 강대
국을 이길 수 없다.

*寡 ; 적다.

【名言】중과부적(衆寡不敵) ; 처음부터 역량의 차이가 커
서 싸움의 상대가 못 된다는 말이다.

왕도정치의 이상을 설파하기 위해 여러 나라를 방문하던
길에 맹자는 제나라 선왕(宣王)을 만나게 되었다. 선왕은 맹
자에게 패왕이 되는 길을 묻고자 했는데, 이에 대해 맹자는
오직 왕도정치만이 옳은 길이라고 하면서 이렇게 말했다.

"가령 작은 나라인 추(鄒)와 큰 나라인 초(楚)가 싸운다
면 어느 쪽이 이길 거라고 생각하십니까?"

"그야 당연히 초나라가 이기겠지요."

"자, 그렇다면 수가 적은 편은 많은 편을 이길 수 없으며

(寡固不可以敵衆), 약소국은 강대국을 이길 수 없으며(弱固
不可以敵強), 약자는 강자에게 패하게 마련입니다. 지금 천
하에 사방 일천 리 되는 땅을 가진 나라가 아홉이 있는데, 제
나라도 땅을 모두 합치면 일천 리쯤 되므로 그 중 하나가 되
는 셈입니다. 하나를 가지고 여덟을 복종시키려는 것은 작은
추나라가 거대한 초나라에 대적하려는 것과 무엇이 다르겠
습니까?"

"그러면 어떻게 해야 합니까?"

"어진 덕으로 나라를 다스린다면 천하의 백성들 중 누
가 임금을 우러러보지 않겠으며, 누가 자신들을 다스려 주
기를 바라지 않겠습니까? 그러면 저절로 천하는 왕의 것이
될 것입니다. 왕도를 따르는 자만이 천하를 지배할 수 있습
니다."

그러나 제선왕은 이를 수긍하면서도 맹자의 건의를 받아
들이지는 않았다.

■ 無恒産 因無恒心
無恒産 因無恒心

항산이 없으면 항심이 없다. 즉 생활이 안정되지 않으면
바른 마음을 견지하기 어렵다는 말이다.

*恒産 ; 일정하고 안정된 재산, 생업(生業). 恒心 ; 사람이 늘 지니고 있는 착한 마음.

{임금의 자리는 하늘이 내린 것이라는 생각이 통하던 시대에, 백성을 하늘로 생각하고 그들에게 얼마만큼 안정된 생활을 제공하느냐 하는 것이 정치의 요체이며, 백성들의 실생활을 돌보는 것이 임금의 도리라고 설파한 것이다.

맹자의 이러한 생각은 민본사상을 바탕으로 한 깊은 통찰력의 결과로, 역사상 혁명의 주체는 항상 중산층이었다는 사실과 일치하고 있다. 오늘날도 국민들의 생활안정이 통치의 근본이라는 의미에서, "항산이 있어야 항심이 있다"는 식으로 자주 인용된다.}

【名言】무항산무항심(無恒産無恒心) ; "항산이 없으면 항심이 없다"는 뜻으로, 생활이 안정되지 않으면 바른 마음을 견지하기 어렵다는 말이다. 맹자는 성선설(性善說)을 바탕으로 인(仁)에 의한 덕치(德治)를 주장한 유가의 대표적인 학자이다.

주(周)의 난왕(赧王) 8년(BC 307) 경, 맹자는 그 이념인 왕도정치를 위하여 여러 나라를 유세하며 돌아다녔으나, 어느 나라에서도 그 의견이 용납되지 않아 고향인 추(鄒 : 산동성)로 되돌아왔다. 그 무렵 등(縢 : 산동성)이라는 소국에서는 정공(定公)이 죽고 그 아들 문공(文公)이 즉위하였다. 문공은 전부터 맹자에게 사숙하고 있던 까닭에 맹자를 초빙하여 정치의 고문을 삼았다.

문공은 나라를 어떻게 다스리면 좋으냐고 물었다. 맹자도 문공의 정열에 감격하여 당당하게 자기 견해를 말하였는데, 이것이 유명한 정전설(井田說)이다. 그 요지는 이렇다.

《시경》 가운데, "봄에는 파종으로 바쁘니, 겨울 동안에 가옥의 수리를 서둘러라." 하고 경계한 시가 있는데, 국정도 우선 민중의 경제생활의 안정으로부터 시작된다. 항산(恒産), 즉 일정한 생업과 항심(恒心), 즉 변치 않는 절조와의 관계는, "항산이 있는 자는 항심이 있고, 항산이 없는 자는 항심이 없다."라고 말할 수 있다.

항심이 없으면 어떠한 나쁜 짓이라도 하게 된다. 민중이 죄를 범한 후에 처벌하는 것은 법망을 쳐 놓는 것과 마찬가지다. 옛날 하(夏)는 1인당 50무(畝), 은(殷)은 1인당 70무, 주(周)는 백 무의 밭을 주어 경작하게 하여 그 10분의 1을 조세로 받아들였다.

하의 법은 공법(貢法)이라 하여, 수년간의 평균수입을 잡아 가지고 일정액을 납부시켰기 때문에 풍년이 들면 남아돌아가고, 흉년 들어 부족하여도 납부시키는 결점이 있었다.

은의 법은 조법(助法)이라 하여, 사전(私田)과 공전(公田)으로 나누어 공전에서의 수확을 납부시켰다. 주의 법은 철법(撤法)이라 하지만, 조법을 이어받고 있는 점을 고려한다면, 조법이야말로 모범이라 할 수 있겠다.

이리하여 맹자는 『항산』을 구체화한 후, 다음으로『항심』을 기르는 방법으로서 학교에 있어서의 도덕교육을 강조하고 있다. 이어 문공은 신하인 필전(畢戰)에게 정전법(井田法)에 대하여 질문토록 한 일이 있는데, 여기서 맹자는 조법을 더욱 명확하게 말하고 있다.

국가는 군자(君子 : 치자)와 야인(野人 : 피치자)으로 성립되는데, 그 체제를 유지하자면 먼저 군자의 녹위(祿位)를 세습제로 하여야 한다. 야인은 조법에 의한 9분의 1의 세를 납부토록 한다. 그러기 위하여, 10리 사

私田 (100무)	私田	私田
私田	公田	私田
私田	私田	私田

정전제(井田制)

방의 토지를 우물 정(井)자 형으로 구분하여, 9백 무는 여덟 집이 각각 백 무씩 사유토록 한다. 공전(公田)의 공동작업이 끝난 후 각자의 밭일을 한다. 민중은 상호 부조의 체제가 이

루어지기 때문에 토지를 떠나려 하지 않게 된다.

　이상에 의하여 분명해진 바와 같이 이 정전법은 원시 공산적인 것이었으리라는 것이다. 그러나 그 전제로 치자(治者)와 피치자(被治者)를 구별하는 주장은 후세의 지배계급에 의하여 맹자가 존경을 받게 된 최대의 이유가 되었다.

　《맹자》 등문공편에도 나온다. "창고가 찬 연후에 예절을 안다(倉廩實則知禮節)"와 같이 공·맹의 주장이 단순한 수신(修身)만이 아니었던 것을 말해 준다.

梁惠王章句上

{第一節} 孟子見梁惠王. 王曰 : “叟不遠千里而來, 亦將有以利吾國乎?”

孟子對曰 : “王何必曰利? 亦有仁義而已矣. 王曰‘何以利吾國’? 大夫曰 ‘何以利吾家’? 士庶人曰 ‘何以利吾身’? 上下交征利而國危矣. 萬乘之國弑其君者, 必千乘之家 ; 千乘之國弑其君者, 必百乘之家. 萬取千焉, 千取百焉, 不爲不多矣. 苟爲後義而先利, 不奪不饜. 未有仁而遺其親者也, 未有義而後其君者也. 王亦曰仁義而已矣, 何必曰利?”

{第二節} 孟子見梁惠王, 王立於沼上, 顧鴻鴈麋鹿, 曰 : “賢者亦樂此乎?”

孟子對曰 : “賢者而後樂此, 不賢者雖有此, 不樂也. 詩雲 : ‘經始靈台, 經之營之, 庶民攻之, 不日成之. 經始勿亟, 庶民子來. 王在靈囿, 麀鹿攸伏, 麀鹿濯濯, 白鳥鶴鶴. 王在靈沼, 於牣魚躍.’ 文王以民力爲台爲沼. 而民歡樂之, 謂其台曰靈台, 謂其沼曰靈沼, 樂其有麋鹿魚鼈. 古之人與民偕樂, 故能樂也. 湯誓曰 : ‘時日害喪? 予及女偕亡.’ 民欲與之偕亡, 雖有台池鳥獸, 豈能獨樂哉?”

{第三節} 梁惠王曰：“寡人之於國也, 盡心焉耳矣. 河內凶, 則移其民於河東, 移其粟於河內. 河東凶亦然. 察鄰國之政, 無如寡人之用心者. 鄰國之民不加少, 寡人之民不加多, 何也?”

孟子對曰：“王好戰, 請以戰喻. 塡然鼓之, 兵刃既接, 棄甲曳兵而走. 或百步而後止, 或五十步而後止. 以五十步笑百步, 則何如?”

曰：“不可, 直不百步耳, 是亦走也.”

曰：“王如知此, 則無望民之多於鄰國也. 不違農時, 穀不可勝食也；數罟不入洿池, 魚鼈不可勝食也；斧斤以時入山林, 材木不可勝用也. 穀與魚鼈不可勝食, 材木不可勝用, 是使民養生喪死無憾也. 養生喪死無憾, 王道之始也.

五畝之宅, 樹之以桑, 五十者可以衣帛矣；雞豚狗彘之畜, 無失其時, 七十者可以食肉矣；百畝之田, 勿奪其時, 數口之家可以無飢矣；謹庠序之敎, 申之以孝悌之義, 頒白者不負戴於道路矣. 七十者衣帛食肉, 黎民不飢不寒, 然而不王者, 未之有也.

狗彘食人食而不知檢, 塗有餓莩而不知發；人死, 則曰：‘非我也, 歲也.’ 是何異於刺人而殺之, 曰：‘非我也, 兵也.’ 王無罪歲, 斯天下之民至焉.”

{第四節} 梁惠王曰：“寡人願安承敎.”

孟子對曰 : "殺人以梃與刃, 有以異乎?" 曰 : "無以異也."
"以刃與政, 有以異乎?" 曰 : "無以異也."

曰 : "庖有肥肉, 廐有肥馬, 民有饑色, 野有餓莩, 此率獸而
食人也. 獸相食, 且人惡之. 爲民父母, 行政不免於率獸而食
人. 惡在其爲民父母也? 仲尼曰 : '始作俑者, 其無後乎!' 爲其
象人而用之也. 如之何其使斯民饑而死也?"

{第五節} 梁惠王曰 : "晉國, 天下莫強焉, 叟之所知也. 及寡
人之身, 東敗於齊, 長子死焉 ; 西喪地於秦七百裏 ; 南辱於楚.
寡人恥之, 願比死者一灑之, 如之何則可?"

孟子對曰 : "地方百裏而可以王. 王如施仁政於民, 省刑罰,
薄稅斂, 深耕易耨. 壯者以暇日修其孝悌忠信, 入以事其父兄,
出以事其長上, 可使制梃以撻秦楚之堅甲利兵矣. 彼奪其民時,
使不得耕耨以養其父母, 父母凍餓, 兄弟妻子離散. 彼陷溺其
民, 王往而征之, 夫誰與王敵? 故曰 : '仁者無敵.' 王請勿疑!"

{第六節} 孟子見梁襄王. 出, 語人曰 : "望之不似人君, 就之
而不見所畏焉. 卒然問曰 : '天下惡乎定?' 吾對曰 : '定於一.'
'孰能一之?' 對曰 : '不嗜殺人者能一之.' '孰能與之?' 對曰 :
'天下莫不與也. 王知夫苗乎? 七八月之間旱, 則苗槁矣. 天油
然作雲, 沛然下雨, 則苗浡然興之矣. 其如是, 孰能禦之? 今夫
天下之人牧, 未有不嗜殺人者也, 如有不嗜殺人者, 則天下之

民皆引領而望之矣. 誠如是也, 民歸之, 由水之就下, 沛然誰能
禦之? ’”

{第七節} 齊宣王問曰 : “齊桓、晉文之事可得聞乎?”

孟子對曰 : “仲尼之徒無道桓、文之事者, 是以後世無傳焉.
臣未之聞也. 無以, 則王乎?”

曰 : “德何如, 則可以王矣?” 曰 : “保民而王, 莫之能禦也.”
曰 : “若寡人者, 可以保民乎哉?” 曰 : “可.” 曰 : “何由知吾可
也?” 曰 : “臣聞之胡齕曰, 王坐於堂上, 有牽牛而過堂下者,
王見之, 曰 : ‘牛何之?’ 對曰 : ‘將以釁鍾.’ 王曰 : ‘舍之! 吾不
忍其觳觫, 若無罪而就死地.’ 對曰 : ‘然則廢釁鍾與?’曰 : ‘何可
廢? 以羊易之!’ 不識有諸?” 曰 : “有之.” 曰 : “是心足以王
矣. 百姓皆以王爲愛也, 臣固知王之不忍也.” 王曰 : “然. 誠有
百姓者. 齊國雖褊小, 吾何愛一牛? 即不忍其觳觫, 若無罪而
就死地, 故以羊易之也.” 曰 : “王無異於百姓之以王爲愛也. 以
小易大, 彼惡知之? 王若隱其無罪而就死地, 則牛羊何擇焉?”
王笑曰 : “是誠何心哉? 我非愛其財. 而易之以羊也, 宜乎百姓
之謂我愛也.” 曰 : “無傷也, 是乃仁術也, 見牛未見羊也. 君子
之於禽獸也, 見其生, 不忍見其死 ; 聞其聲, 不忍食其肉. 是以
君子遠庖廚也.”

{第八節} 王說曰 : “詩雲 : ‘他人有心, 予忖度之.’ 夫子之謂

也. 夫我乃行之, 反而求之, 不得吾心. 夫子言之, 於我心有戚戚焉. 此心之所以合於王者, 何也?”曰：“有復於王者曰：‘吾力足以舉百鈞’, 而不足以舉一羽；‘明足以察秋毫之末’, 而不見輿薪, 則王許之乎?”曰：“否.”“今恩足以及禽獸, 而功不至於百姓者, 獨何與? 然則一羽之不舉, 爲不用力焉；輿薪之不見, 爲不用明焉, 百姓之不見保, 爲不用恩焉. 故王之不王, 不爲也, 非不能也.”曰：“不爲者與不能者之形何以異?”曰：“挾太山以超北海, 語人曰‘我不能’, 是誠不能也. 爲長者折枝, 語人曰‘我不能’, 是不爲也, 非不能也. 故王之不王, 非挾太山以超北海之類也；王之不王, 是折枝之類也. 老吾老, 以及人之老；幼吾幼, 以及人之幼. 天下可運於掌. 詩云：‘刑於寡妻, 至於兄弟, 以禦於家邦.’ 言舉斯心加諸彼而已. 故推恩足以保四海, 不推恩無以保妻子. 古之人所以大過人者無他焉, 善推其所爲而已矣. 今恩足以及禽獸, 而功不至於百姓者, 獨何與? 權, 然後知輕重；度, 然後知長短. 物皆然, 心爲甚. 王請度之! 抑王興甲兵, 危士臣, 構怨於諸侯, 然後快於心與?”王曰：“否. 吾何快於是? 將以求吾所大欲也.”

曰：“王之所大欲可得聞與?”王笑而不言. 曰：“爲肥甘不足於口與? 輕暖不足於體與? 抑爲采色不足視於目與? 聲音不足聽於耳與? 便嬖不足使令於前與? 王之諸臣皆足以供之, 而王豈爲是哉?" 曰 : "否. 吾不爲是也." 曰 : "然則王之所大欲可知已. 欲辟土地, 朝秦楚, 莅中國而撫四夷也. 以若所爲求若所欲, 猶緣木而求魚也." 曰 : "若是其甚與?" 曰 : "殆有甚焉. 緣木求魚, 雖不得魚, 無後災. 以若所爲, 求若所欲, 盡心力而爲之, 後必有災." 曰 : "可得聞與?" 曰 : "鄒人與楚人戰, 則王以爲孰勝?" 曰 : "楚人勝." 曰 : "然則小固不可以敵大, 寡固不可以敵衆, 弱固不可以敵強. 海內之地方千裏者九, 齊集有其一. 以一服八, 何以異於鄒敵楚哉? 蓋亦反其本矣. 今王發政施仁, 使天下仕者皆欲立於王之朝, 耕者皆欲耕於王之野, 商賈皆欲藏於王之市, 行旅皆欲出於王之塗, 天下之欲疾其君者皆欲赴愬於王. 其若是, 孰能禦之?"

王曰 : "吾惛, 不能進於是矣. 願夫子輔吾志, 明以教我. 我雖不敏, 請嘗試之." 曰 : "無恒產而有恒心者, 惟士爲能. 若民, 則無恒產, 因無恒心. 苟無恒心, 放辟, 邪侈, 無不爲已. 及陷於罪, 然後從而刑之, 是罔民也. 焉有仁人在位, 罔民而可爲也? 是故明君制民之產, 必使仰足以事父母, 俯足以畜妻子, 樂歲終身飽, 凶年免於死亡. 然後驅而之善, 故民之從之也輕. 今也制民之產, 仰不足以事父母, 俯不足以畜妻子, 樂歲終身苦, 凶年不免於死亡. 此惟救死而恐不贍, 奚暇治禮義哉? 王欲行之, 則盍反其本矣. 五畝之宅, 樹之以桑, 五十者可以衣帛

矣 ; 雞豚狗彘之畜, 無失其時, 七十者可以食肉矣 ; 百畝之田,
勿奪其時, 八口之家可以無饑矣 ; 謹庠序之教, 申之以孝悌之
義, 頒白者不負戴於道路矣. 老者衣帛食肉, 黎民不饑不寒, 然
而不王者, 未之有也."

제2편 양혜왕(梁惠王) 下

■ 與民同樂

백성과 즐거움을 함께한다.

【名言】 여민동락(與民同樂) ; 임금과 백성이 함께 즐긴다는 뜻으로, 백성과 동고동락하는 통치자의 자세를 비유하는 말이다. 임금이 백성을 잘 다스려 백성과 더불어 즐기는 것이야말로 태평성대의 참된 모습이다. 임금은 좋은 옷에 좋은 음식을 즐기는데, 백성들은 헐벗고 굶주린다면 이는 폭정이라고 할 수 있다.

여(與)는 "준다, 베푼다, 함께"와 같은 뜻을 갖는데, 베푼다는 뜻에서 권력을 잡은 사람을 가리키기도 한다. 정권을 잡은 정당을 가리켜 여당(與黨)이라고 하는 것도 같은 이치다.

맹자는 인의(人義)와 덕(德)으로써 다스리는 왕도정치(王道政治)를 주창하였는데, 그 바탕에는 백성을 정치적 행위의 주체로 보는 민본사상(民本思想)이 깔려 있다.

맹자가 양혜왕(梁惠王)에게 말했다. "지금 임금께서 음악을 연주하시는데, 백성들이 종과 북, 피리소리를 듣고는 이맛살을 찌푸리며, '우리 임금은 음악을 즐기면서 어찌하여 우리를 이런 지경에까지 이르게 하여 부자(父子)가 서로 만나지 못하고, 형제와 처자가 뿔뿔이 흩어지게 하는가?'라고 불평하며, 또 임금께서 사냥을 하는데, 백성들이 그 행차하는 거마(車馬) 소리와 화려한 깃발을 보고는 이맛살을 찌푸리며, '우리 임금은 사냥을 즐기면서 어찌하여 우리를 이 지경에까지 이르게 하는가?'라고 원망한다면, 이는 다른 이유가 아니라 백성들과 즐거움을 함께하지 않기 때문입니다(此無他 不與民同樂也).

지금 임금께서 음악을 연주하시는데, 백성들이 종과 북, 피리소리를 듣고는 모두들 기뻐하는 빛을 띠며, '우리 임금께서 질병 없이 건강하신가 보다, 어찌 저리 북을 잘 치실까'하며, 임금이 사냥을 하는데 백성들이 모두들 기뻐하는 빛을 띠며, '우리 임금께서 질병 없이 건강하신가 보다, 어찌 저리 사냥을 잘 하실까.'라고 한다면, 이는 다른 이유가 아니라 백성들과 즐거움을 함께하기 때문입니다(此無他 與民同樂也)."

왕이 백성들에게는 고통을 주면서 자기만 즐긴다면 백성들이 반발하겠지만, 백성들과 즐거움과 고통을 함께한다면 왕이 즐기는 것을 함께 기뻐할 것이라는 말이다. 『여민동락』은 항상 백성과 함께하는 통치자의 이상적인 자세를 비유하는 말로 사용된다.

■ 匹夫之勇
<small>필 부 지 용</small>

지략도 없이 혈기만 믿고 내보이는 용기.

【名言】 필부지용(匹夫之勇) ; 맹자가 제국 유세를 시작한 후 맨 먼저 제(齊)나라를 찾아갔을 때의 일이다. 때는 전국시대, 약육강식의 세상이라 조금이라도 빈틈을 보이면 타국에게 침공을 당하고 만다. 그래서 제 선왕(宣王)은 이 고명한 학자의 의견을 구했던 것이다.

선왕이 맹자에게 물었다. "선생께서는 이웃나라와의 국교는 어떻게 해야 한다고 생각하십니까?"

"대국은 소국을 섬긴다는 기분으로, 겸허한 태도로 사귀지 않으면 안 됩니다. 이것은 인자(仁者)로서 비로소 가능한 극히 어려운 일이나, 은(殷)의 탕왕(湯王)이나 주(周)의 문왕은 그것을 해냈습니다. 또 소국은 대국을 섬기지 않으면 안 됩니다. 이것도 쉬운 일이 아니어서 지자(智者)이어야 비로소 가능한 일입니다. 그러나 문왕의 조부 대왕은 그것을 실행했기에 주(周)가 뒷날 대국이 될 수 있었던 것입니다. 또 월왕 구천은 최후에 숙적인 오(吳)나라에 승리를 얻을 수가 있었던 것입니다.

소가 대를 섬긴다는 것은 하늘의 도리로서 당연한 일입니다. 그것을 인식하면서 대국의 입장으로서 소국을 섬긴다는 것은 '하늘을 즐긴다'고도 할 수 있겠습니다. 또 이 하늘의 도리에 거스르지 않도록 대국을 섬기는 소국은 '하늘을 두려워하는' 것입니다. 하늘을 즐기는 자는 천하를 보전할 수가 있고, 하늘을 두려워하는 자는 나라를 보전할 수가 있습니다. 그래서 《시경》에도 '하늘의 위의를 두려워하여, 맞는 때에 보전한다(畏天之威 於時保之).'라는 말이 있는 것입니다."

"과연 훌륭한 말씀입니다!"

선왕은 맹자의 대답을 듣고 자신도 모르게 외쳤다. 도리로서는 참으로 훌륭하다. 그러나 내 자신의 일로서 생각하면, 그래서는 어떤 나라에 대해서도 섬기고만 있어야 힌다.

선왕으로서는 그것이 너무나도 체면이 서지 않는 일이라 느껴져 도저히 참을 수가 없을 것 같은 생각이 들었다.

"훌륭한 말씀임에는 틀림없으나," 하고 선왕은 말을 계속했다. "저로서는 좋지 않은 일인지는 모르지만, 과인은 용

(勇)을 좋아합니다.”

맹자는 대답했다. “왕께서는 작은 용기(小勇)를 좋아해서
는 안 됩니다. 무릇 칼을 어루만지며, ‘저들이 어찌 나를 감
당하겠는가!’ 하는 것은 필부의 용기(匹夫之勇)로서, 한 사람
을 대적할 뿐입니다. 왕께서는 부디 좀 더 커다란 용기를 갖
도록 하십시오.”

『큰 용기』란 백성을 도탄에서 구하려고 나서는 것이
매우 훌륭한 것으로 왕도정치를 실행할 수 있는 원동력이
된다.

■ 樂民之樂者 民亦樂其樂

군주가 백성들의 즐거워하는 것을 즐거워하면 백성들 역
시 군주가 즐거워하는 것을 즐거워한다.

{상하가 마음을 함께하면 나라는 잘 다스려진다.}

■ 憂民之憂者 民亦憂其憂

백성들의 근심을 걱정해 주면 백성들도 왕의 근심을 걱
정해 준다.

{백성의 즐거움을 즐거워하는 자는 백성들도 그 군주의 즐

거움을 즐거워하고, 백성의 근심을 근심하는 자는 백성들도
그 군주의 근심을 근심한다. 즐거워하기를 천하로써 하고, 근
심하기를 천하로써 하며, 그러고도 왕 노릇 하지 못하는 자는
없다.}

■ 樂_낙以_이天_천下_하 憂_우以_이天_천下_하

천하로써 즐거워하고 천하로써 근심한다.

{천하 백성들의 즐거움으로 즐거워하고, 천하 백성들의
근심으로 근심한다.}

■ 罪_죄人_인不_불孥_노

죄인이라도 처자식까지 벌하지는 않는다.

*罪 ; 허물, 죄. 孥 ; 자식, 처자식, 종.

{죄인을 처벌하는 데 있어서 처자식에게까지 죄를 미치
게 하지 않는다.}

【名言】죄인불노(罪人不孥) ; 그 한 몸에만 죄를 주고 처
자에겐 미치지 않게 함을 이르는 말이다. 제(齊)나라 선왕(宣
王)과 맹자가 문답하는 가운데 나온 말이다.

제선왕이 물었다. "사람들이 모두 나에게 명당(明堂)을

헐어버리라고 말합니다. 그것을 헐어야 할까요?"

맹자가 대답하였다. "명당은 왕자(王者)의 당(堂)입니다. 왕께서 왕도정치를 행하고자 한다면 그것을 헐지 마십시오."

"왕도정치에 대하여 들려주시오."

"옛날 주나라 문왕(文王)이 기(岐) 땅을 다스릴 때에는 경작자에게는 정전제(井田制)로 하였고, 벼슬살이 한 사람에게는 그 녹을 대대로 주었고, 관문과 시장에서는 사정을 살피기는 하였으나 세를 징수하지는 않았고, 물고기 잡는 것을 금하지 않았고, 죄인의 처자에게까지 벌이 미치지 않게(罪人不孥) 하였습니다. 늙고 아내가 없으면 홀아비(鰥)라 하고, 늙고 남편이 없으면 과부(寡)라 하고, 늙고 자식이 없으면 외로운 사람(獨)이라 하고, 어리고 아비가 없으면 고아(孤)라고 합니다. 이 네 부류의 사람들은 천하의 궁박한 백성들로서 호소할 곳 없는 사람들입니다. 문왕은 이 네 부류의 사람들을 먼저 돌보았던 것입니다."

이렇듯 일할 능력이나 의지할 데가 없는 늙은이와 어린이를 일러 『환과고독(鰥寡孤獨)』이라 한다.

■ 顧左右而言他
고 좌 우 이 언 타

묻는 말에 엉뚱하게 다른 대답을 한다.

【名言】고좌우이언타(顧左右而言他) ; 맹자가 제선왕(齊宣王)을 찾아가 일러 말했다. "왕의 신하가 그의 처자를 친구에게 맡기고 초나라로 놀러갔다 돌아와 보니, 그 친구가 처자를 굶주리고 추위에 떨게 만들었습니다. 왕께서는 그 사람을 어떻게 하시겠습니까?"

"믿고 맡긴 처자를 굶주리게 한 친구는 당장 절교해야 합니다."

"사사(士師 : 지금의 법무장관)가 그 부하를 제대로 거느리지 못하면 어떻게 하시겠습니까?"

"당장 그만두게 하겠습니다."

"그렇다면 사경(四境) 안이 제대로 다스려지지 않을 때는 어떻게 하시겠습니까?"

왕은 좌우를 돌아보며 다른 말을 했다(王顧左右而言他).

설마 맹자가 그런 유도질문을 해올 줄 몰랐던 임금은, 미처 대답할 마음의 여유를 갖지 못하고 그만 우물쭈물 넘기고 만 것이다. 미리 알고 있었다면, "그것은 과인의 잘못이다." 하고 솔직한 대답을 할 수 있었던 제 선왕이었지만, 먼저 한 대답이 "버리겠소.", "그만두게 하겠소." 한 끝이라서, "내가 임금 자리를 그만두어야지요." 하고 대답하지 않으면 안 되었던 것이다.

지금도 역시 이 제 선왕과 같은 입장에서 솔직히 시인해야 할 일을 시인하지 못하고 엉뚱한 딴 이야기로 현장을 얼버무리는 그런 것을 가리켜 『고좌우이언타』라고 한다.

이에 대해 우리나라 조선시대에 전해오는 재미있는 이야기가 있다. 옛날 과거제도에 강급제(講及第)란 것이 있었는데, 이것은 시를 짓는 것이 아니라, 사서삼경을 외게 한 다음 그 뜻을 물어 틀리지 않으면 급제를 시키는 제도였다. 당시는 과거에 급제하는 것이 평생소원인 세상이었으므로 어지간한 선비면 『사서삼경』 정도는 원문은 물론이요, 주석까지 훵하니 외는 판이었다.

그러므로 거의가 만점의 합격 성적을 보여주고 있었다. 그러나 급제에는 몇 명이란 정원이 있다. 어떻게 떨어뜨리느냐 하는 것이 시험관들의 큰 골칫거리가 아닐 수 없다. 그래서 가끔 대답할 수 없는 질문을 해서 모조리 떨어뜨리는 수법을 쓰곤 했다. 그 한 가지로 등장한 문제가 바로 이 『고좌우이언타』였다.

"좌우를 돌아보며 다른 것을 말했다는데, 도대체 그 다른 말이 무엇이냐?" 하고 시험관이 구두시험을 하는 것이다. 그래서 백 명이고 2백 명이고 모조리 낙제를 시켜 내려가는데, 한 젊은 경상도 선비 차례가 되었다.

젊은 선비는 시험관의 질문은 들은 척도 않고, "시생이 과거를 보러 서울로 올라오는데, 낙동강 나루에 닿았을 때 오리란 놈이 지나가며 강물 위에 알을 쑥 빠뜨리지 않겠습니까……"

어쩌고 하며 천연덕스럽게 딴청을 부렸다. 시험관은 그만 짜증을 내며, "아니, 묻는 말에는 대답하지 않고 무슨 엉뚱한 이야기냐?"하고 쏘아붙였다. 그러자 그 선비는, "『고좌우이언타』란 바로 이런 것입니다."하고 정중히 대답을 했다.

시험관들은 그제야 그 선비의 수단에 넘어간 것을 알고 마주보며 껄껄 웃었다. 결과는 물론 합격이었다. 과거의 문이 너무 좁다 보니 이런 우스꽝스럽지만 재치 있는 현상까지 있었던 것이다.

■ 故國者 非謂有喬木之謂也

고국(故國), 즉 유서 있는 오래된 나라라는 것은, 연륜이 쌓인 나무가 우거져 있기 때문에 그렇게 부르는 것이 아니다.

*故國 ; 유서 있는 오래된 나라. 喬 높다.

{고국이라는 것은 세신(世臣 ; 대대로 이어 내려오면서

한 가문이나 왕가를 섬기는 신하)이 모여 있는 나라를 말하는 것이다.}

■ 簞食壺漿 以迎王師
단 사 호 장　이 영 왕 사

대그릇에 담은 밥과 호리병에 넣은 음료수를 가지고 나와 임금의 군사들을 맞이한다.

*簞食(단사) ; 간소한 음식. 壺漿 ; 병에 든 마실 것. 王師 ; 임금의 군대.

【名言】단사호장(簞食壺漿) ; 대나무로 만든 밥그릇에 담은 밥과 병에 넣은 마실 것이라는 뜻으로, 넉넉하지 못한 사람의 거친 음식, 또는 길을 떠날 때 준비하는 간단한 음식물, 또는 소박한 정성으로 백성들이 군대를 환영하기 위하여 갖춘 음식을 이르는 말이기도 하다.

제(齊)나라가 연(燕)나라를 공격하여 이기자, 연나라 백성들은 기뻐하며 군대를 환영하였는데, 맹자는 제나라 왕에게 이렇게 말했다.

"대그릇에 담은 밥과 호리병에 넣은 음료수를 가지고 나와 임금의 군사들을 맞이하는 것은(簞食壺漿 以迎王師) 제나라가 그들을 구해주기를 바라기 때문입니다. 제나라가

어려움에 처한 백성들을 구하지 않는다면 연나라의 백성들
은 임금의 군대를 환영하지 않을 것입니다.”

넉넉하지 못한 백성들이 도시락밥과 호리병에 담은 물
등의 간소한 음식물을 준비하여 군대를 환영하고 위로한다
는 뜻이다. 대그릇에 담은 밥과 제기에 담은 국이라는 뜻으
로 얼마 되지 않는 변변치 않은 음식을 가리키는 『단사두갱
(簞食豆羹)』과 비슷한 말이다.

■ 若大旱之望雲霓
약 대 한 지 망 운 예

큰 가물에 운예를 기다리듯 한다.

*旱 ; 가물다. 望 ; 바라다. 雲霓 ; 구름과 무지개, 즉 비가
올 징조.

{서쪽에 무지개가 서면 강가에 소를 매지 말라는 속담이
있다. 즉 비가 올 징조라는 뜻.}

■ 出乎爾者 反乎爾者也
출 호 이 자 반 호 이 자 야

너에게서 나온 것은 반드시 너에게로 돌아온다.

*爾 ; 너.

【名言】출호이반호이(出乎爾反乎爾) ; 증자(曾子)의 말이

다.

추목공(鄒穆公)이 맹자에게 물었다. "우리나라가 노나라와의 충돌에 있어서, 지휘자들이 서른세 명이나 죽었는데, 그 밑에 있는 백성들은 한 사람도 죽지 않았습니다. 상관이 죽는 것을 바라보고만 있는 그들을 모조리 처벌하려니 수가 너무 많아 손을 댈 수가 없고, 그냥 버려두면 앞으로도 윗사람 죽는 것을 미운 놈 바라보듯 하고 있을 터이니, 이를 어찌하면 좋겠습니까?"

목공의 이와 같은 물음에 맹자는, "흉년이나 재난이 든 해에 왕의 백성이 늙은이와 어린아이들은 굶주려 죽고, 장정들은 사방으로 살길을 찾아 헤어진 수가 몇 천 명이나 됩니다. 그때 왕의 곡식창고와 재물창고에는 곡식과 재물들이 그득 차 있었습니다. 그런데도 백성들을 구제할 책임이 있는 사람들은 이를 보고하여 구제할 대책을 세우지 않고 보고만 있었습니다. 이것은 윗사람이 직무에 태만하여 아랫사람들을 죽게 만든 것입니다.

옛날 증자가 말하기를, '네게서 나온 것이 네게로 돌아간다(出乎爾者 反乎爾者).'고 하였습니다. 백성들은 그들이 받은 푸대접을 지금에 와서 돌려준 것뿐입니다. 왕께서 백성들을 허물하지 마십시오. 왕께서 어진 정치를 하시면, 지

금 그 백성들이 그들 윗사람의 고마움에 보답하기 위해 앞
장서서 죽게 될 것입니다.”라고 대답했다.

『출호이 반호이』는 “네게서 나온 것이 네게로 되돌아
간다”는 뜻이다. “가는 말이 고와야 오는 말도 곱다”는
말과 같은 성질의 말이다.

■ 間於齊楚

제(齊)나라와 초(楚)나라 사이에 끼어 있다.
{약자가 강자 틈에 끼여 괴로움을 당한다는 말이다.}

■ 事齊乎 事楚乎

제(齊)나라도 섬겨야 하고 초(楚)나라도 섬겨야 한다는 뜻
으로, 양쪽 사이에서 이러지도 저러지도 못하여 난감한 상황
을 이르는 말이다.

　*事 ; 섬기다.

　【名言】간어제초(間於齊楚) ; 전국시대에 강국이었던 제
(齊)나라와 초(楚)나라 사이에 낀 등(鄧)나라는 두 강자의 틈
바구니에서 오랫동안 모진 고초를 겪어야 했다. 맹자가 등나
라를 방문했을 때, 등문공(滕文公)이 맹자에게 물었다.

"등나라는 작은 나라로서, 제나라와 초나라 사이에 있습니다. 제나라와 초나라 중 어떤 나라를 섬겨야 합니까(滕小國也 間於齊楚 事齊乎 事楚乎)?"

맹자가 대답했다. "이는 내가 해결할 수 있는 문제가 아닙니다. 하지만 굳이 대답하라고 하신다면 한 가지 방법은 있습니다. 성 밑에 못을 깊게 파고 성을 높이 쌓은 후 백성과 함께 지키는 겁니다. 만일 백성들이 죽을 때까지 떠나지 않고 지킨다면 그에 따르십시오. 그러나 그렇지 않다면 빨리 이곳을 떠나야 합니다. 둘 중 하나를 택하십시오."

약자가 강자들 사이에서 괴로움을 받을 때 택할 수 있는 것은 당당하게 겨루거나, 아니면 미련을 버리고 떠나는 것 가운데 한 가지밖에 다른 수는 없다. 맹자는 등문공에게 두 나라의 눈치를 보며 조바심하기보다는 왕도정치를 베풀면 백성들이 죽음으로써 지켜줄 것이라고 했던 것이다.

■ 君子不以其所以養人者害人
군 자 불 이 기 소 이 양 인 자 해 인

군자는 사람을 기르는 것으로 사람을 해치지 않는다.

{토지(土地)는 백성을 기르기 위한 것이지, 그 땅을 빼앗기 위해 전쟁을 한다는 것은 도리상 모순되는 일이다.}

梁惠王章句下

{第一節} 莊暴見孟子, 曰 : "暴見於王, 王語暴以好樂, 暴未有以對也." 曰 : "好樂何如?" 孟子曰 : "王之好樂甚, 則齊國其庶幾乎!"

他日見於王曰 : "王嘗語莊子以好樂, 有諸?" 王變乎色, 曰 : "寡人非能好先王之樂也, 直好世俗之樂耳." 曰 : "王之好樂甚, 則齊其庶幾乎! 今之樂猶古之樂也." 曰 : "可得聞與?" 曰 : "獨樂樂, 與人樂樂, 孰樂?" 曰 : "不若與人." 曰 : "與少樂樂, 與眾樂樂, 孰樂?" 曰 : "不若與眾."

"臣請爲王言樂 : 今王鼓樂於此, 百姓聞王鍾鼓之聲, 管籥之音, 舉疾首蹙頞而相告曰 : '吾王之好鼓樂, 夫何使我至於此極也? 父子不相見, 兄弟妻子離散.' 今王田獵於此, 百姓聞王車馬之音, 見羽旄之美, 舉疾首蹙頞而相告曰 : '吾王之好田獵, 夫何使我至於此極也? 父子不相見, 兄弟妻子離散.' 此無他, 不與民同樂也.

今王鼓樂於此, 百姓聞王鍾鼓之聲, 管籥之音, 舉欣欣然有喜色而相告曰 : '吾王庶幾無疾病與? 何以能鼓樂也?' 今王田獵於此, 百姓聞王車馬之音, 見羽旄之美, 舉欣欣然有喜色而

相告曰‘吾王庶幾無疾病與? 何以能田獵也?’ 此無他, 與民同
樂也. 今王與百姓同樂, 則王矣.”

{第二節} 齊宣王問曰: “文王之囿方七十裏, 有諸?” 孟子對
曰: “於傳有之.” 曰: “若是其大乎?” 曰: “民猶以爲小也.”
曰: “寡人之囿方四十裏, 民猶以爲大, 何也?” 曰: “文王之囿
方七十裏, 芻蕘者往焉, 雉兔者往焉, 與民同之. 民以爲小, 不
亦宜乎? 臣始至於境, 問國之大禁, 然後敢入. 臣聞郊關之內
有囿方四十裏, 殺其麋鹿者如殺人之罪. 則是方四十裏, 爲阱
於國中. 民以爲大, 不亦宜乎?”

{第三節} 齊宣王問曰: “交鄰國有道乎?”

孟子對曰: “有. 惟仁者爲能以大事小, 是故湯事葛, 文王事
昆夷; 惟智者爲能以小事大, 故大王事獯鬻, 句踐事吳. 以大
事小者, 樂天者也; 以小事大者, 畏天者也. 樂天者保天下, 畏
天者保其國. 詩雲: ‘畏天之威, 於時保之.’”

王曰: “大哉言矣! 寡人有疾, 寡人好勇.”

對曰: “王請無好小勇. 夫撫劍疾視曰, ‘彼惡敢當我哉’! 此
匹夫之勇, 敵一人者也. 王請大之! 詩雲: ‘王赫斯怒, 爰整其
旅, 以遏徂莒, 以篤周祜, 以對於天下.’ 此文王之勇也. 文王一
怒而安天下之民. 書曰: ‘天降下民, 作之君, 作之師. 惟曰其
助上帝, 寵之四方. 有罪無罪, 惟我在, 天下曷敢有越厥志?’ 一

人衡行於天下, 武王恥之. 此武王之勇也. 而武王亦一怒而安天下之民. 今王亦一怒而安天下之民, 民惟恐王之不好勇也."

{第四節} 齊宣王見孟子於雪宮. 王曰 : "賢者亦有此樂乎?"

孟子對曰 : "有. 人不得, 則非其上矣. 不得而非其上者, 非也 ; 爲民上而不與民同樂者, 亦非也. 樂民之樂者, 民亦樂其樂 ; 憂民之憂者, 民亦憂其憂. 樂以天下, 憂以天下, 然而不王者, 未之有也. 昔者齊景公問於晏子曰 : '吾欲觀於轉附、朝儛, 遵海而南, 放於琅邪. 吾何修而可以比於先王觀也?' 晏子對曰 : '善哉問也! 天子適諸侯曰巡狩, 巡狩者巡所守也 ; 諸侯朝於天子曰述職, 述職者述所職也. 無非事者. 春省耕而補不足, 秋省斂而助不給. 夏諺曰 : "吾王不遊, 吾何以休? 吾王不豫, 吾何以助? 一遊一豫, 爲諸侯度." 今也不然 : 師行而糧食, 饑者弗食, 勞者弗息. 睊睊胥讒, 民乃作慝. 方命虐民, 飮食若流. 流連荒亡, 爲諸侯憂. 從流下而忘反謂之流, 從流上而忘反謂之連, 從獸無厭謂之荒, 樂酒無厭謂之亡. 先王無流連之樂, 荒亡之行. 惟君所行也.' 景公說, 大戒於國, 出舍於郊. 於是始興發補不足. 召大師曰 : '爲我作君臣相說之樂!' 蓋徵招角招是也. 其詩曰 : '畜君何尤?' 畜君者, 好君也."

{第五節} 齊宣王問曰 : "人皆謂我毁明堂. 毁諸? 已乎?"

孟子對曰 : "夫明堂者, 王者之堂也. 王欲行王政, 則勿毁之矣." 王曰 : "王政可得聞與?"

對曰 : "昔者文王之治岐也, 耕者九一, 仕者世祿, 關市譏而
不征, 澤梁無禁, 罪人不孥. 老而無妻曰鰥. 老而無夫曰寡. 老
而無子曰獨. 幼而無父曰孤. 此四者, 天下之窮民而無告者. 文
王發政施仁, 必先斯四者. 詩雲 : '哿矣富人, 哀此煢獨.'" 王
曰 : "善哉言乎! "

曰 : "王如善之, 則何爲不行?" 王曰 : "寡人有疾, 寡人好
貨."

對曰 : "昔者公劉好貨 ; 詩雲 : '乃積乃倉, 乃裹餱糧, 於橐
於囊. 思戢用光. 弓矢斯張, 干戈戚揚, 爰方啟行.' 故居者有積
倉, 行者有裹糧也, 然後可以爰方啟行. 王如好貨, 與百姓同
之, 於王何有?" 王曰 : "寡人有疾, 寡人好色."

對曰 : "昔者大王好色, 愛厥妃. 詩雲 : '古公亶父, 來朝走
馬, 率西水滸, 至於岐下. 爰及姜女, 聿來胥宇.' 當是時也, 內
無怨女, 外無曠夫. 王如好色, 與百姓同之, 於王何有?"

{第六節} 孟子謂齊宣王曰 : "王之臣有托其妻子於其友, 而
之楚遊者. 比其反也, 則凍餒其妻子, 則如之何?" 王曰 : "棄
之."

曰 : "士師不能治士, 則如之何?" 王曰 : "已之."

曰 : "四境之內不治, 則如之何?" 王顧左右而言他.

{第七節} 孟子見齊宣王曰：“所謂故國者, 非謂有喬木之謂也, 有世臣之謂也. 王無親臣矣, 昔者所進, 今日不知其亡也.”

王曰：“吾何以識其不才而舍之?”

曰：“國君進賢, 如不得已, 將使卑逾尊, 疏逾戚, 可不慎與? 左右皆曰賢, 未可也；諸大夫皆曰賢, 未可也；國人皆曰賢, 然後察之；見賢焉, 然後用之. 左右皆曰不可, 勿聽；諸大夫皆曰不可, 勿聽；國人皆曰不可, 然後察之；見不可焉, 然後去之. 左右皆曰可殺, 勿聽；諸大夫皆曰可殺, 勿聽；國人皆曰可殺, 然後察之；見可殺焉, 然後殺之. 故曰, 國人殺之也. 如此, 然後可以爲民父母.”

{第八節} 齊宣王問曰：“湯放桀, 武王伐紂, 有諸?” 孟子對曰：“於傳有之.”

曰：“臣弒其君, 可乎?”

曰：“賊仁者謂之賊, 賊義者謂之殘, 殘賊之人謂之一夫. 聞誅一夫紂矣, 未聞弒君也.”

{第九節} 孟子見齊宣王曰：“爲巨室, 則必使工師求大木. 工師得大木. 則王喜, 以爲能勝其任也. 匠人斲而小之, 則王怒, 以爲不勝其任矣. 夫人幼而學之, 壯而欲行之. 王曰‘姑舍女所學而從我’, 則何如? 今有璞玉於此, 雖萬鎰, 必使玉人雕琢之. 至於治國家, 則曰‘姑舍女所學而從我’, 則何以異於教玉人雕琢玉哉?"

{第十節} 齊人伐燕, 勝之. 宣王問曰 : "或謂寡人勿取, 或謂寡人取之. 以萬乘之國伐萬乘之國, 五旬而舉之, 人力不至於此. 不取, 必有天殃. 取之, 何如?"

孟子對曰 : "取之而燕民悅, 則取之. 古之人有行之者, 武王是也. 取之而燕民不悅, 則勿取. 古之人有行之者, 文王是也. 以萬乘之國伐萬乘之國, 簞食壺漿, 以迎王師. 豈有他哉? 避水火也. 如水益深, 如火益熱, 亦運而已矣."

{第十一節} 齊人伐燕, 取之. 諸侯將謀救燕. 宣王曰 : "諸侯多謀伐寡人者, 何以待之?"

孟子對曰 : "臣聞七十裏爲政於天下者, 湯是也. 未聞以千裏畏人者也. 書曰 : '湯一征, 自葛始.' 天下信之. '東面而征, 西夷怨 ; 南面而征, 北狄怨. 曰, 奚爲後我? 民望之, 若大旱之望雲霓也. 歸市者不止, 耕者不變. 誅其君而吊其民, 若時雨降, 民大悅. 書曰 : '徯我後, 後來其蘇.'

今燕虐其民, 王往而征之. 民以爲將拯己於水火之中也, 簞食壺漿, 以迎王師. 若殺其父兄, 系累其子弟, 毀其宗廟, 遷其重器, 如之何其可也? 天下固畏齊之強也. 今又倍地而不行仁政, 是動天下之兵也. 王速出令, 反其旄倪, 止其重器, 謀於燕眾, 置君而後去之, 則猶可及止也."

{第十二節} 鄒與魯鬨. 穆公問曰：“吾有司死者三十三人,
而民莫之死也. 誅之, 則不可勝誅；不誅, 則疾視其長上之死
而不救, 如之何則可也?”

孟子對曰：“凶年饑歲, 君之民老弱轉乎溝壑, 壯者散而之
四方者, 幾千人矣；而君之倉廩實, 府庫充, 有司莫以告, 是上
慢而殘下也. 曾子曰：‘戒之戒之! 出乎爾者, 反乎爾者也.’ 夫
民今而後得反之也. 君無尤焉. 君行仁政, 斯民親其上、死其
長矣.”

{第十三節} 滕文公問曰：“滕, 小國也, 間於齊楚. 事齊乎?
事楚乎?” 孟子對曰：“是謀非吾所能及也. 無已, 則有一焉：鑿
斯池也, 築斯城也, 與民守之, 效死而民弗去, 則是可爲也.”

{第十四節} 滕文公問曰：“齊人將築薛, 吾甚恐. 如之何則
可?”

孟子對曰：“昔者大王居邠, 狄人侵之, 去之岐山之下居焉.
非擇而取之, 不得已也. 苟爲善, 後世子孫必有王者矣. 君子創
業垂統, 爲可繼也. 若夫成功, 則天也. 君如彼何哉? 強爲善而
已矣.”

{第十五節} 滕文公問曰：“滕, 小國也. 竭力以事大國, 則不
得免焉. 如之何則可?”

孟子對曰：“昔者大王居邠, 狄人侵之. 事之以皮幣, 不得免

焉;事之以犬馬, 不得免焉;事之以珠玉, 不得免焉. 乃屬其耆老而告之曰:'狄人之所欲者, 吾土地也. 吾聞之也:君子不以其所以養人者害人. 二三子何患乎無君? 我將去之.' 去邠, 逾梁山, 邑於岐山之下居焉. 邠人曰:'仁人也, 不可失也.' 從之者如歸市. 或曰:'世守也, 非身之所能爲也. 效死勿去.' 君請擇於斯二者."

{第十六節} 魯平公將出. 嬖人臧倉者請曰:"他日君出, 則必命有司所之. 今乘輿已駕矣, 有司未知所之. 敢請." 公曰:"將見孟子."

曰:"何哉? 君所爲輕身以先於匹夫者, 以爲賢乎? 禮義由賢者出. 而孟子之後喪逾前喪. 君無見焉!" 公曰:"諾."

樂正子入見, 曰:"君奚爲不見孟軻也?" 曰:"或告寡人曰, '孟子之後喪逾前喪', 是以不往見也."

曰:"何哉君所謂逾者? 前以士, 後以大夫;前以三鼎, 而後以五鼎與?" 曰:"否. 謂棺槨衣衾之美也."

曰:"非所謂逾也, 貧富不同也." 樂正子見孟子, 曰:"克告於君, 君爲來見也. 嬖人有臧倉者沮君, 君是以不果來也."

曰:"行或使之, 止或尼之. 行止, 非人所能也. 吾之不遇魯侯, 天也. 臧氏之子焉能使予不遇哉?"

제3편 공손추(公孫丑) 上

■ 以齊王由反手也
이 제 왕 유 반 수 야

제나라의 왕 노릇하는 것은 손바닥을 뒤집는 것과 같다.
*由 ; 말미암다.

【名言】이여반장(易如反掌) ; "손바닥을 뒤집듯 쉽다"
라는 뜻으로, 아주 쉬운 일을 비유하는 말이다. 보통 줄여서
『여반장(如反掌)』이라고 한다.

공손추가 스승인 맹자에게 물었다. "선생님께서 제(齊)나
라의 요직에 계시면 관중(管仲)과 안자(晏子 : 안영)의 공을
다시 기약할 수 있으시겠습니까?"

관중은 제(齊) 환공(桓公) 때의 재상으로, 부국강병을 이
룩하여 환공이 춘추오패(春秋五覇)의 한 사람이 되도록 보좌
한 인물이나. 안영 역시 제(齊) 영공(靈公)과 장공(莊公), 경
공(景公) 3대를 보좌하며 명재상으로 이름을 떨친 인물이다.
그러나 맹자는 자신이 그들과 비교되는 것을 그리 달가워하
지 않았다.

맹자가 말했다. "제나라의 왕 노릇하는 것은 손바닥을 뒤

집는 것과 같다(以齊王 由反手也)."

　이 말은 제나라는 영토가 넓고 백성도 많은 대국(大國)이어서 어진 정치를 시행하여 천하통일의 왕업(王業)을 이룩하기란 손바닥을 뒤집는 것처럼 쉬운 일이라는 뜻이다. 맹자는 관중과 안영이 그러한 대국에서 군주의 전폭적인 신뢰를 업고서도 왕도정치를 펴지 못하였으므로 그들의 공적을 낮게 본 것이다.

■ 雖有智慧 不如乘勢
　　수 유 지 혜　불 여 승 세

　비록 지혜를 갖추어 사물에 밝더라도 어찌 일의 추세나 정세에 따르지 않을 수 있으리오?

　*慧 ; 슬기롭다. 乘 ; 타다, 오르다.

　{비록 지혜가 있다고 해도 시세(時勢)를 타는 것만 못하다. 왕업을 성취하는 데는 지혜만 가지고는 안 된다. 이를 성취시킬 시세가 필요한 것이다.}

■ 事半古之之人 功必倍之 惟此時爲然
　　사 반 고 지 지 인　공 필 배 지　유 차 시 위 연

　일은 옛 사람이 한 것의 반만 하고도 공은 결국 곱절이 될 것이니, 오로지 지금만이 그렇게 할 수 있는 때다.

【名言】사반공배(事半功倍) ; "일은 반밖에 하지 않았지만, 공은 배나 된다"는 뜻으로, 노력을 조금밖에 하지 않았는데도 얻는 성과는 아주 큼을 비유하여 이르는 말이다.

제(齊)나라 출신의 제자 공손추가 춘추시대 제나라의 재상 관중(管仲)과 안자(晏嬰)의 공적을 치켜세우며, "선생님께서 제(齊)나라의 요직에 계시면 관중(管仲)과 안자(晏子 : 안영)의 공을 다시 기약할 수 있으시겠습니까?"

관중은 제(齊) 환공(桓公) 때의 재상으로, 부국강병을 이룩하여 환공이 춘추오패(春秋五覇)의 한 사람이 되도록 보좌한 인물이다. 안영 역시 제(齊) 영공(靈公)과 장공(莊公), 경공(景公) 3대를 보좌하며 명재상으로 이름을 떨친 인물이다. 그러나 맹자는 자신이 그들과 비교되는 것을 그리 달가워하지 않았다.

맹자가 말했다. "제나라의 왕 노릇하는 것은 손바닥을 뒤집는 것과 같다(以齊王 由反手也)."

"지금 만승의 나라에서 어진 정치를 행한다면, 백성들은 기뻐할 것이니, 마치 거꾸로 매달려 있다가 풀려난 것과 같을 것이다. 일은 옛 사람이 한 것의 반만 하고도 공은 결국 곱절이 될 것이니, 오로지 지금만이 그렇게 할 수 있는 때다(當今之時 萬乘之國 行仁政 民之悅之 猶解倒懸也 故事半古

之人 功必倍之 惟此時爲然)."

만승(萬乘)은 1만 대의 수레를 갖춘 천자의 나라를 뜻한다.

맹자는, 제나라가 만승의 나라로서 어진 정치만 편다면 옛날 문왕이 이룩하였던 패업을 어렵지 않게 이룩할 수 있으니, 이를 일러 "수고는 옛 사람이 한 것의 절반만 하더라도 그 공은 곱절이 될 것이니, 오로지 지금만이 그렇게 할 수 있는 때이다(故事半古之人 功必倍之 惟此時爲然)."라고 말한 것이다. 사반공배의 반대말로는 『사배공반(事倍功半)』이란 말이 있다.

■ 我四十不動心

나는 마흔에 마음을 움직이지 않게 되었다.

【名言】부동심(不動心) ; 『부동심』은 마음을 움직이지 않는다는 말이다. 마음이 어떤 일이나 외부의 충격으로 인해 동요되는 일이 없는 것을 뜻한다.

제자 공손추와 맹자의 일문일답에 이런 내용이 나온다. 공손추가 물었다. "선생님께서 제(齊)나라의 재상이 되어 도를 행하시게 된다면, 패(覇)나 왕(王)을 이루신다 해도 이상하다 할 것은 없습니다. 그러나 그렇게 되면 마음이 움직이시겠습니까, 그렇지 않습니까?"

맹자가 대답했다. "그렇지 않다. 나는 마흔에 마음을 움직이지 않게 되었다(否 我四十不動心)."

마흔 살 때부터 어떤 것에도 마음이 동요되는 일이 없었다는 말이다. 공자가 "마흔에 의혹을 하지 않았다(四十不惑)."는 말과 같은 내용으로 사람들은 풀이하고 있다. 의혹이 없으면 자연 동요하는 일이 없기 때문이다.

공손추는 다시 물었다. "그럼 선생님께선 맹분(孟賁)과는 거리가 머시겠습니다."

맹분은 한 손으로 황소의 뿔을 잡아 뽑아 죽게 만들었다는 그 당시의 이름난 장사였다.

"맹분과 같은 그런 부동심은 어려운 것이 아니다. 고자(告子) 같은 사람도 나보다 먼저 부동심이 되었다."

고자는 맹자와 동시대 사람으로, 인간의 본성에 대해 대립했다.

"부동심에도 도(道)가 있습니까?"

이렇게 묻는 말에 맹자는 있다고 대답하고 몇 가지 예를 들어 설명한다. 그리고 끝으로 부동심을 위한 근본적인 수양 방법으로 공자의 말을 인용하여 이렇게 말했다.

"옛날 증자(曾子)께서 자양(子襄)을 보고 말씀하셨다. 그

대는 용병을 좋아하는가. 내 일찍이 공부자께로부터 큰 용기
에 대해 들었다. '스스로 돌이켜보아 옳지 못하면 비록 천한
사람일지라도 내가 양보를 한다. 스스로 돌이켜보아 옳으면
비록 천만 명일지라도 밀고 나간다.'고 하셨다."

즉 양심의 명령에 따라 행동을 하는 곳에 참다운 용기가
생기고, 이러한 용기가 『부동심』의 밑거름이 된다는 이야
기다.

■ 守^수約^약也^야

지킴이 치밀하다.

*守約 ; 지킨 것이 그 요점을 얻은 것을 말함.

{용사 맹시사(孟施舍)는 스스로를 지키는 요령을 얻고 있
었다. 상대를 두려워하지 않고 그 위에 적대의 태도를 취하
지 않고 자주성이 있었다. 수약(守約)이란 처세 상 대단히
필요한 것이다.}

■ 我^아知^지言^언 我^아善^선養^양吾^오浩^호然^연之^지氣^기

나는 말을 알며, 나는 나의 호연지기를 잘 기른다.

*浩 ; 크다.

【名言】호연지기(浩然之氣) ; 호(浩)는 넓고 크다는 뜻이다. 넓고 큰 기운이『호연지기』다. 넓고 큰 기운이 과연 어떤 것일까. 이 말을 처음 쓴 맹자의 설명을 들어보자.

공손추가 부동심(不動心)에 대한 긴 이야기 끝에, "선생님은 어떤 점에 특히 뛰어나십니까?" 하고 묻자 맹자는, "나는 나의 호연지기를 잘 기르고 있다(我善養吾浩然之氣)."고 대답했다. 그러자 공손추는 다시, "감히 무엇을 가리켜 호연지기라고 하는지요." 하고 물었다. 맹자는 말로 표현하기 어렵다고 전제하고 다음과 같이 설명하고 있다.

"그 기운 됨이 지극히 크고 지극히 강해서 그것을 올바로 길러 상하게 하는 일이 없으면 하늘과 땅 사이에 꽉 차게 된다. 그 기운 됨이 의(義)와 도(道)를 함께 짝하게 되어 있다. 의와 도가 없으면 그 기운은 그대로 시들어 없어지게 된다. 이것은 의(義)를 쌓고 쌓아 생겨나는 것으로, 하루아침에 의를 한다고 해서 얻어지는 것이 아니다. 일상생활에 조금이라도 양심에 개운치 못한 것이 있으면 그 기운은 곧 시들고 만다." 하고, 이어서 그 기운을 기르는 방법을 길게 설명하고 있다.

■ 心勿忘 勿助長也
　　심 물 망　물 조 장 야

서둘러서 억지로 돕는 일을 해서도 안 된다.

*勿 ; 말다. 忘 ; 잊다.

【名言】조장(助長) ; 바람직하지 않은 일을 더 심해지도록 부추김. 『조장(助長)』은 글자가 나타내고 있는 것과는 다른 뜻을 지니고 있다. 흔히 "조장시킨다"는 말을 쓰곤 하지만, 대개의 경우 좋지 못한 결과를 가져오게 만든다든가, 혹은 그 자체가 옳지 못한 것을 부추기거나 눈감아 주는 따위를 말하게 된다. 아무튼 『조장』이란 말을 좋은 경우에 쓰지 않는 것은, 그 글자가 지니고 있는 뜻 이외에 다른 뜻이 있기 때문이다.

제자 공손추가 맹자에게 물었다. "선생님께서 만약 제나라의 경상(卿相)이 되어 정치적으로 성공한다면, 그 때도 선생님께서는 마음을 움직이지 않겠습니까?"

"나는 40이 넘어서부터는 더 마음이 움직이지 않는다. 유혹에도 넘어가지 않는다."

여기서 맹자는 부동심(不動心)을 설명했다.

"선생님의 부동심은 어떠한 장점을 가지고 계십니까?"

"말을 알아듣는 일과 호연지기(浩然之氣)를 기르는 데 있다." 여기서 맹자는 호연지기에 대해 설명하고 이 기풍을 기르는 방법에 대하여 명쾌하게 대답했다. 물이 흐르는 듯한 일문일답이었다. 맹자는 계속했다.

"호연지기를 기르는 데 있어서는 그 행하는 바가 다 도의(道義)에 어긋나지 않아야 하지만, 정기(正氣), 즉 기(氣)만을 목적으로 길러서는 안 된다. 그렇다고 해서 양기(養氣)의 방법을 전혀 무시해서도 물론 안 된다. 송(宋)나라 사람처럼 서둘러서 억지로 돕는 일을 해서도 안된다(心勿忘勿助長也)"(마음의 도의가 생장함에 따라 서서히 길러 갈 필요가 있다.)

맹자는 송나라 사람의 예를 들어『조장』이란 말을 설명하게 된다. 송나라에 어떤 사람이, 자기 집 곡식이 무럭무럭 자라나지 않는 것이 안타까워, 대궁을 하나하나 뽑아 올려 길게 만들고 집으로 돌아와 식구들을 보고 이렇게 말했다. "오늘은 정말 피로하다. 곡식이 자라는 것을 내가 도와주었거든."

아들이 듣고 깜짝 놀라 밭으로 달려가 보았더니, 곡식은 벌써 다 말라 있었다는 것이다. 맹자는 이 이야기 끝에, "천하에 곡식이 자라나는 것을 억지로 돕는 것 같은 일을 하지 않는 사람이 드물다. 돕는 것이 아무 소용이 없다 해서 버려두는 사람은 김을 매주지 않는 사람이고, 자라는 것을 돕는 사람은 싹을 뽑아 올리는 사람이다. 유익함이 없을 뿐만 아니라 도리어 해를 끼친다." 하고 『조장』이 게으름을 피우는 이상의 나쁜 결과를 가져오는 것을 다시 한 번 강조하고 있다.

이 세상의 모든 시끄러운 일들을 가만히 분석해 보면 어느 것 하나 이 조장의 결과가 아닌 것이 없을 것 같다. 그래서 차라리 내버려두라는 『무위자연(無爲自然)』의 사상이 대두되는 것이리라.

■ 學不厭而教不倦

배우기를 싫어하지 않고 가르치기를 게을리 하지 않는다.
*厭 ; 싫다. 倦 ; 게으르다.

【名言】학불염이교불권(學不厭而教不倦) ; 맹자의 말 가운데 나오는 공자에 대한 이야기다.

공손추가 이야기 끝에 맹자에게, "그러시면 선생님은 벌써 성인이십니다." 하고 말하자,

맹자는 이를 사양하여, "옛날에 자공(子貢)이 공자께, '선생님은 성인이십니다.' 하고 말하자, 공자께서 말씀하시기를, '내가 성인은 되지 못하지만, 나는 배우기를 싫어하지 않고 가르치기를 게을리 하지 않는다(聖則吾不能 我學不厭而教不倦也).'고 하셨다. 성인은 공자 같은 성인께서도 자처하신 일이 없는데, 그게 무슨 소리냐?" 하고 부인도 시

인도 아닌 대답을 했다.

이『학불염이교불권』에 대해서는《논어》술이편에서도 공자가 자신을 가리켜, "말없이 마음속으로 깨닫고, 배우기를 싫어하지 않고, 남을 가르치기를 게을리 하지 않는다면 무엇이 내게 있으리오(黙而識之 學而不厭 誨人不倦 何有於我哉)." 하고 말했다.

"무엇이 내게 있으리오?"는 겸사의 뜻으로도 풀이되고, 그것은 내게 있어서 별로 문제될 것이 없다고 자부하는 말로도 풀이된다. 맹자는 앞에서 한 공자의 이 말을 자공의 말을 빌려 이렇게 말하고 있다. "배우기를 싫어하지 않는다는 것은 지(智)요, 가르치기를 게을리 하지 않는 것은 인(仁)이다. 인과 지를 겸하셨으니 선생님은 성인이시다."

역시 성인이 아니면 그렇게 되기 어려운 일이다.

■ 行一不義 殺一不辜 而得天下 皆不爲也
   행일불의   살일불고   이득천하   개불위야

한 가지라도 불의를 행하며, 한 사람이라도 죄 없는 사람을 죽여서 천하를 얻게 된다는 것은 모두 하지 않을 것이다.

*辜 ; 허물. 皆 ; 모두.

{단 하나라도 의 아닌 일을 하거나, 단 한 사람이라도 죄

없는 사람을 죽이는 일을 해서 천하를 얻는 일은 옛 성인은
아무도 하지 않았다. 개(皆)는 모두란 뜻으로 백이(伯夷), 숙
제(叔齋), 이윤(伊尹), 공자(孔子)를 지칭한다.}

■ 以德行仁者王

덕(德)으로 어진 정치를 베푸는 사람이 진정한 왕자다.

{무력이나 권력으로 천하를 빼앗고, 겉으로만 인자(仁者)
를 가장하는 자를 패자(覇者)라 한다(以力假仁者覇).}

■ 以力服人者 非心服也 力不贍也
以德服人者 中心悅而誠服也

힘으로 남을 복종시키면 마음속으로 복종하는 것이 아니
라 힘이 모자라서 복종할 뿐이며, 덕으로 남을 복종시키면
마음속으로 기뻐하며 진정으로 복종한다.

*服 ; 복종하다. 贍 ; 넉넉하다. 悅 ; 기쁘다. 誠 ; 참되다.

■ 仁則榮 不仁則辱

어질면 곧 영화로워지고, 어질지 못하면 곧 욕되어진다.

*辱 ; 욕되게 하다.

{인은 사람의 편안한 집이요, 의는 사람의 바른 길이다. 사람의 성품이 착함은 오히려 물이 아래로 흐르는 것과 같아 사람은 착하지 아니함이 있을 수 없고, 물은 아래로 흐르지 않음이 있을 수 없다(仁人之安宅也 義人之正路也 人性之善也 猶水之就下也 人無有不善 水無有不下).}

■ 禍福無不自己求之者
　　화 복 무 부 자 기 구 지 자

화와 복은 자신으로부터 구하지 않는 것이 없다.

*禍 ; 화, 재난.

{화(禍)와 복(福)은 운명이 아니라, 자신의 말과 행위로부터 나온다.}

■ 尊賢使能 俊傑在位 則天下之士皆悅 而願立於其朝矣
　　존 현 사 능 준 걸 재 위 즉 천 하 지 사 개 열 이 원 립 어 기 조 의

현자를 존중하고, 능력자를 마땅히 직책에서 부리고, 영준(英俊)하고 걸출(傑出)한 인물들을 관직에 앉히면 천하의 선비들이 모두 기뻐하여 그러한 조정에서 벼슬하기를 염원할 것이다.

*尊賢 ; 현자를 존중함. 俊傑 ; 재주와 슬기가 뛰어난 사

람. 悅 ; 기뻐하다.

■ 無_무是_시非_비之_지心_심 非_비人_인也_야

시비의 마음이 없으면 사람이 아니다.

*是非 ; 잘잘못

■ 惻_측隱_은之_지心_심 仁_인之_지端_단也_야

불쌍히 여기는 마음은 어짊의 지극함이다.

*惻隱 ; 가엾고 불쌍함. 端 ; 바르다, 끝, 까닭, 원인.

【名言】측은지심(惻隱之心) ; 맹자의 사단설(四端說) 가운데 나오는 말로, "불쌍히 여기는 마음이 없는 것은 사람이 아니고, 부끄러운 마음이 없으면 사람이 아니며, 사양하는 마음이 없으면 사람이 아니며, 옳고 그름을 아는 마음이 없으면 사람이 아니다.

불쌍히 여기는 마음은 어짊의 지극함이고, 부끄러움을 아는 마음은 옳음의 지극함이고, 사양하는 마음은 예절의 지극함이고, 옳고 그름을 아는 마음은 지혜의 지극함이다(無惻隱之心 非人也 無羞惡之心 非人也 無辭讓之心 非人也 無是非之心 非人也. 惻隱之心 仁之端也 羞惡之心 義之端也 辭

讓之心 禮之端也 是非之心 智之端也)."

이 말은 맹자가 독창적으로 주창한 인성론으로서 『사단설』 또는 『성선설(性善說)』이라고도 한다. 성선설이란 사람의 본성은 『선(善)』이라고 보는 학설이다.

맹자에 따르면 사람의 본성은 의지적인 확충작용에 의해 덕성으로 높일 수 있는 단서를 천부적으로 가지고 있다. 측은(惻隱)·수오(羞惡)·사양(辭讓)·시비(是非)의 마음이 4단(四端)이며, 그것은 각각 인(仁)·의(義)·예(禮)·지(智)의 근원을 이룬다.

맹자의 정치사상의 핵심은 왕도정치인데, 이 왕도정치가 가능한 것은 사람의 본성이 선하기 때문이라는 것이다. 즉, 사람의 본성은 착하다고 보고, 그 마음을 확대하여 나가면 『인의예지』 네 가지 덕을 완성하여, 다시 이 덕행으로 천하 백성들을 교화시킴으로써 왕도정치가 실현된다고 보았다.

■ 人告之以有過則喜 禹聞善言則拜
인 고 지 이 유 과 즉 희 우 문 선 언 즉 배

자로는 남이 자기의 결함을 지적해 주면 기뻐하고, 우임금은 남이 자기에게 좋은 말로 충고해 주면 매우 감격해 하였다.

　*拜 ; 사의를 표하다.

　【名言】문과즉희(聞過則喜) ; 잘못을 저질렀을 때 비판을 기꺼이 받아들인다.

　맹자는 제자들과 함께 남의 비판을 달갑게 받아들이는 문제에 대해 토론하면서 세 사람, 즉 자로(子路)와 우(禹)임금, 순(舜)임금을 그 전형적인 실례로 들었다. 자로는 춘추시대 노나라 사람으로 이름은 중유(仲由)다. 공자의 제자들 중에서 가장 성실하고 강직하며 실천적인 인물, 우임금은 하(夏)나라를 개국한 사람으로 일찍이 홍수의 재난을 다스렸으며, 요임금, 순임금과 함께 사람들에게 널리 칭송받는 군왕, 그리고 순임금은 대순(大舜)이라고도 불리어지는데, 우임금은 순임금에게서 왕위를 물려받았다.

　"자로는 남이 자기의 결함을 지적해 주면 기뻐하고, 우임금은 남이 자기에게 좋은 말로 충고해 주면 매우 감격해 하였다(人告之以有過則喜 禹聞善言則拜). 순임금은 더했는데, 그는 자신의 치적을 여러 사람들의 공로로 간주했으며, 자신의 결함은 고치고 남의 장점을 본받고자 노력하였다. 순임금은 일찍이 농사일도 하고 도자기도 굽고, 어부 노릇도 하였으며, 나중에는 임금에까지 올랐는데, 그의 장점은 어느 하나라도 남에게 배우지 않는 것이 없다. 남의 장점을 따라 배워 자기를 제고함으로써 여러 사람들에게 보다 많고 좋은 일을 하게 하는 것, 그것이 바로 남이 잘 되도록 도와주는 것이다."

"좋은 약은 입에 쓰고 바른 말은 귀에 거슬린다(良藥苦口 忠言逆耳)"라는 말이 있는데, 이 말은 충언(忠言)은 귀에 거슬리나 결국은 자신에게 이롭다는 말이다.

■ 舍己從人 樂取於人以爲善
사 기 종 인 낙 취 어 인 이 위 선

자기의 그른 점을 버리고 남의 옳은 점을 받아들여 흔쾌히 남의 옳은 점을 흡수하여 선을 행한다.

*舍 ; 집, 버리다. 從 ; 좇다.

{대개 사람은 다른 사람의 선을 시기하고 흉보지만, 순임금은 다른 사람의 선을 자기의 선으로 하는 큼이 있었다.}

【名言】사기종인(舍己從人) ; 남의 언행을 거울삼아 나의 언행을 바로잡음.

맹자가 말했다. "자로는 사람들이 그에게 잘못이 있다고 일러주면 기뻐하였고, 우임금은 옳은 말을 들으면 절을 하셨다. 위대한 순임금께서는 더 훌륭하셨으니, 선(善)을 남과 더불어 하셨다. '자기를 버리고 남을 따르며(舍己從人)' 남에게서 취하여 선을 행하기를 즐기셨다. 농사짓고, 질그릇을 굽고, 고기 잡는 이에서부터 임금이 되기까지 남에게서 취하지 않은 것이 없다. 남에게서 취하여 선을 행하는 것, 이것이 남이 선을 행하도록 돕는 것이다. 그러므로 군자는 사람들이 선을 행하는 것을 도와주는 것보다 더 중대한 일은 없다."

조선 중기의 학자이자 문신인 이황(李滉)의 《퇴계집(退溪集)》에도 다음과 같은 구절이 있다.

"자기를 버리고 다른 사람을 따를 줄 모르는 것은 배우는 사람의 큰 병이다(不能舍己從人 學者之大病). 천하의 의리는 그 끝 간 데가 없는데, 어떻게 자기 자신만이 옳고 남은 그르다고 할 수 있는가(天下之義理無窮 豈可是己而非人). 사람이 질문을 하면, 곧 얕고 가까운 말이라도 반드시 마음에 담아두고 잠깐 뒤에 대답하며, 섣불리 질문에 응해 답하지 말라(人有質問 則淺近說 必留意 少間而答之 未嘗應聲而對)."

"나를 버리고 남을 좇는다(舍己從人)"는 말은, 자기 자신의 생각이나 의견만을 내세우지 않고 다른 사람의 뜻을 좇는다는 뜻인데, 타인의 말과 행동을 본받아 자신의 언행을 바로잡는다는 말이다. 《서경(書經)》 대우모에도 같은 말이 있다.

■ 君子莫大乎與人爲善
군자막대호여인위선

군자에게는 남과 함께 좋은 일을 하는 것보다 더 큰 일이 없다.

　*莫 ; 없다.

■ 如以朝衣朝冠 坐於塗炭
　여 이 조 의 조 관　좌 어 도 탄

　관복을 입고 진흙이나 숯 위에 앉는 것과 같다.

　*朝衣朝冠 ; 조정에 출사할 때 입는 관복. 坐 ; 앉다. 塗炭
; 몹시 곤궁하거나, 고통스런 지경.

　{부정한 군주, 부정한 신하가 있는 조정에 벼슬하는 것을
백이(伯夷)는 이렇게 생각했다. 조의조관(朝衣朝冠)은 조정
에 출사할 때 입는 관복.}

公孫丑章句上

{第一節} 公孫醜問曰：“夫子當路於齊, 管仲、晏子之功, 可複許乎?”

孟子曰：“子誠齊人也, 知管仲、晏子而已矣! 或問乎曾西曰：‘吾子與子路孰賢?’曾西蹴然曰：‘吾先子之所畏也.’曰：‘然則吾子與管仲孰賢?’曾西艴然不悅, 曰：‘爾何曾比予於管仲! 管仲得君如彼其專也, 行乎國政如彼其久也, 功烈如彼其卑也：爾何曾比予於是!’”

曰：“管仲, 曾西之所不爲也, 而子爲我願之乎?”

曰：“管仲以其君霸, 晏子以其君顯；管仲、晏子猶不足爲與?”

曰：“以齊王由反手也.”

曰：“若是, 則弟子之惑滋甚! 且以文王之德, 百年而後崩, 猶未洽於天下. 武王、周公繼之, 然後大行. 今言王若易然, 則文王不足法與?”

曰：“文王何可當也! 由湯至於武丁, 賢聖之君六七作；天下歸殷久矣, 久則難變也. 武丁朝諸侯, 有天下, 猶運之掌也. 紂之去武丁, 未久也；其故家遺俗, 流風善政, 猶有存者；又有微子、微仲、王子比幹、箕子、膠鬲, 皆賢人也, 相與輔相之;故久而後失之也. 尺地莫非其有也, 一民莫非其臣也. 然而文 王猶方百裏起, 是以難也. 齊人有言曰: '雖有智慧, 不如乘勢;雖有基, 不如待時.” 今時則易然也. 夏後、殷、周之盛, 地未有過千者也. 而齊有其地矣. 雞鳴狗吠相聞, 而達乎四境. 而齊有其民矣. 地不改辟矣, 民不改聚矣;行仁政而王, 莫之能禦也! 且王者之不作, 未有疏於此時者也;民之憔悴於虐政, 未有甚於此時 者也. 饑者易爲食, 渴者易爲飲. 孔子曰: '德之流行, 速於置郵而傳命.' 當今之時, 萬乘之國, 行仁政;民之悅之, 猶解倒懸也. 故事半古之之人, 功必倍之;惟此時爲然.”

{第二節} 公孫醜問曰: “夫子加齊之卿相, 得行道焉, 雖由此霸王不異矣. 如此, 則動心否乎?”孟子曰: “否. 我四十不動心.”曰: “若是, 則夫子過孟賁遠矣?”曰: “是不難, 告子先我不動心.”曰: “不動心有道乎?”曰: “有. 北宮黝之養勇也:不膚橈, 不目逃;思以一毫挫於人, 若撻之於市朝;不受於褐 寬博, 亦不受於萬乘之君;視刺萬乘之君, 若刺褐夫:無嚴諸侯;惡聲至, 必反之. 孟施舍之所養勇也, 曰: '視不勝猶勝也;量敵而後進, 慮勝而後會, 是畏三軍者也. 舍豈能爲必勝哉, 能無懼而已矣! 孟施舍似曾子, 北宮黝似子夏;

夫二子之勇, 未知其孰賢 ; 然而孟施舍守約也. 昔者曾子謂子
讓子襄曰 : '子好勇乎? 吾嘗 聞大勇於夫子矣 : 自反而不縮,
雖褐寬博, 吾不惴焉. 自反而縮, 雖千萬人吾往矣" 孟施舍之
守氣, 又不如曾子之守約也." 曰 : "敢問夫子之動心, 與告子
之不動心, 可得聞與? 告子曰 : '不得於言, 勿求於心 ; 不得
於心, 勿求於氣.' 不得於心, 勿求於氣, 可 ; 不得於言, 勿求
於心, 不可. 夫志、氣之帥也 ; 氣、體之充 也. 夫志至焉, 氣
次焉. 故曰 : '持其志, 無暴其氣.'" "旣曰 : '志至焉, 氣
次焉.' 又曰 : '持其志, 無暴其氣' 者, 何也?"曰 : "志壹則
動氣, 氣壹則動志也. 今有蹶者趨者, 是氣也, 而反動其心."
"敢問夫子惡乎長?"曰 : "我知言, 我善養吾浩然之氣."
"敢問何謂浩然之氣?"曰 : "難言也. 其爲氣也, 至 大至
剛 ; 以直養而無害, 則塞於天地之間. 其爲氣也, 配義與道 ;
無是, 餒矣. 是集義所生者, 非義襲而取之也. 行有不慊於心,
則餒矣. 我故曰 : '告子未嘗知義,' 以其外之也. 必有事焉而
勿正, 心勿忘, 勿助長也. 無若宋人然. 宋人有閔其苗之不長而
揠之者 ; 芒芒然歸, 謂其人曰 : '今日病矣, 予助苗長矣.' 其
子趨而往視之, 苗則槁矣. 天下之不助苗長者寡矣. 以爲無益
而舍之者, 不耘苗者也. 助之長者, 揠苗者也. 非徒無益, 而又
害之." "何謂知言?"曰 : "詖辭知其所蔽, 淫辭知其所陷,

邪辭知其所離, 遁辭知其所窮. 生於其心, 害於其政 ; 發於其
政, 害於其事. 聖人復起, 必從吾言矣. 宰我、子貢善爲說辭,
冉牛、閔子、顏淵善言德行 ; 孔子兼之, 曰 : '我於辭命, 則
不能也.' 然則夫子既聖矣乎?"曰 : "惡, 是何言也! 昔者子
貢問於孔子曰 : '夫子聖矣乎?'孔子曰 : '聖則吾不能. 我
學不厭而教不倦也.' 子貢曰 : '學不厭, 智也, 教不倦, 仁也.
仁且智, 夫子既聖矣.' 夫聖, 孔子不居 ; 是何言也! 昔者竊聞
之 : 子夏、子遊、子張, 皆有聖人之一體 ; 冉牛、閔子、顏
淵, 則具體而微. 敢問所安?"曰 : "姑舍是"曰 : "伯夷伊
尹何如?"曰 : "不同道. 非其君不事, 非其民不使 ; 治則進,
亂則退 ; 伯夷也. 何事非君, 何使非民 ; 治亦進, 亂亦進 : 伊
尹也. 可以仕則仕, 可以止則止, 可以久則久, 可以速則速 : 孔
子也. 皆古聖人也. 吾未能有行焉 ; 乃所願, 則學孔子也."

"伯夷、伊尹於孔子, 若是班乎?"曰 : "否. 自有生民以來,
未有孔子也."曰 : "然則有同與?"曰 : "有. 得百裏之地而
君之, 皆能以朝諸侯有天下. 行一不義, 殺一不辜, 而得天下,
皆不爲也 : 是則同."曰 : "敢問其所以異?"曰 : "宰我、
子貢、有若, 智足以知聖人, 汙, 不至阿其所好. 宰我曰 : '以
予觀於夫子, 賢於堯、舜遠矣.' 子貢曰 : '見其禮而知其政,
聞其樂而知其德 ; 由百世之後, 等百世之王, 莫之能違也. 自生

民以來, 未有夫子也.' 有 若曰 : '豈惟民哉! 麒麟之於走獸,
鳳凰之於飛鳥, 太山之於丘垤, 河海之於行潦 : 類也. 聖人之
於民, 亦類也. 出於其類. 拔乎其萃. 自生民以來, 未有盛於孔
子也.'"

{第三節} 孟子曰 : "以力假仁者霸, 霸必有大國. 以德行仁
者王, 王不待大 : 湯以七十裏, 文王以百裏. 以力服人者, 非心
服也, 力不贍也. 以德服人者, 中心悅而誠服也, 如七十子之服
孔子也, 詩雲 : '自西自東, 自南自北, 無思不服.' 此之謂也."

{第四節} 孟子曰 : "仁則榮, 不仁則辱. 今惡辱而居不仁,
是猶惡濕而居下也. 如惡之, 莫如貴德而尊士. 賢者在位, 能
者在職, 國家閑暇. 及是時, 明其政刑, 雖大國必畏之矣. 詩雲
: '迨天之未陰雨, 徹彼桑土, 綢繆牖戶. 今此下民, 或敢侮予!'
孔子曰 : '爲此詩者, 其知道乎!' 能治其國家, 誰敢侮之! 今
國家 閑暇, 及是時, 般樂怠敖, 是自求禍也. 禍福無不自己求
之者. 詩雲 : '永言配命. 自求多福.' 太甲曰 : '天作孽, 猶
可違 ; 自作孽, 不可活.' 此之謂也."

{第五節} 孟子曰 : "尊賢使能, 俊傑在位, 則天下之士, 皆
悅而願立於其朝矣. 市廛而不征, 法而不廛, 則天下之商, 皆悅
而願藏於其市矣. 關, 譏而不征, 則天下之旅, 皆悅而願出於其
路矣. 耕者, 助而不稅, 則天下之農, 皆悅而願耕於其野矣. 廛,

無夫裏之布, 則天下之民, 皆悅而願爲之氓矣. 信能行此五者, 則鄰 國之民, 仰之若父母矣. 率其子弟, 攻其父母, 自生民以 來, 未有能濟者也. 如此, 則無敵於天下. 無敵於天下者, 天吏 也. 然而不王者, 未之有也."

{第六節} 孟子曰："尊賢使能, 俊傑在位, 則天下之士皆悅 而願立於其朝矣. 市廛而不征, 法而不廛, 則天下之商皆悅而 願藏於其市矣. 關譏而不征, 則天下之旅皆悅而願出於其路矣. 耕者助而不稅, 則天下之農皆悅而願耕於其野矣. 廛無夫裏之 布, 則天下之民皆悅而願爲之氓矣. 信能行此五者, 則鄰國之 民仰之若父母矣. 率其子弟, 攻其父母, 自生民以來, 未有能濟 者也. 如此, 則無敵於天下. 無敵於天下者, 天吏也. 然而不王 者, 未之有也."

{第七節} 孟子曰："人皆有不忍人之心. 先王有不忍人之 心, 斯有不忍人之政矣. 以不忍人之心, 行不忍人之政, 治天下 可運之掌上. 所以謂人皆有不忍人之心者：今人乍見孺子將 入於井, 皆有怵惕惻隱之心；非所以內交於孺子之父母也, 非 所以要譽於鄉黨朋友也, 非惡其聲而然也. 由是觀之, 無惻隱 之心, 非人也；無 羞惡之心, 非人也；無辭讓之心, 非人也； 無是非之心, 非人也. 惻隱之心, 仁之端也；羞惡之心, 義之端 也；辭讓之心, 禮之端也；是非之心, 智之端也. 人之有是四

端也, 猶其有四體也. 有是四端而自謂不能者, 自賊者也 ; 謂
其君不能者, 賊其君者也. 凡有四端於我者, 知皆擴而充之矣.
若火之始然, 泉之始達. 苟能充 之, 足以保四海 ; 苟不充之,
不足以事父母."

{第八節} 孟子曰 : "矢人豈不仁於函人哉! 矢人惟恐不傷
人, 函人惟恐傷人. 巫匠亦然. 故術不可不慎也. 孔子曰 : '裏
仁爲美 ; 擇不處仁, 焉得智! '夫仁, 天之尊爵也, 人之安宅
也, 莫之禦而不仁, 是不智也. 不仁不智, 無禮無義, 人役也.
人役而恥爲役, 由弓人而恥爲弓, 矢人而恥爲矢也. 如恥之, 莫
如爲仁. 仁者如射 : 射者正己而後發, 發而不中, 不怨勝己者,
反求諸己而已矣."

{第九節} 孟子曰 : "子路, 人告之以有過, 則喜. 禹聞善言,
則拜. 大舜有大焉 : 善與人同, 舍己從人, 樂取於人以爲善 ;
自耕稼陶漁以至爲帝, 無非取於人者. 取諸人以爲善, 是與人
爲善者也. 故君子莫大乎與人爲善."

{第十節} 孟子曰 : "伯夷非其君不事, 非其友不友, 不立於
惡人之朝, 不與惡人言 ; 立於惡人之朝, 與惡人言, 如以朝衣
朝冠, 坐於塗炭. 推惡惡之心, 思與鄉人立, 其冠不正, 望望然
去之, 若將浼焉. 是故, 諸侯雖有善其辭命而至者, 不受也 ; 不
受也者, 是亦不屑就已. 柳下惠不羞汙君, 不卑小官 ; 進不隱

賢, 必以其 道, 遺佚而不怨, 厄窮而不憫. 故曰 : '爾爲爾, 我
爲我 ; 雖袒裼裸裎於我側, 爾焉能浼我哉!' 故由由然與之偕
而不自失焉. 援而止之而止 ; 援而止之而止者, 是亦不屑去
已." 孟子曰 : "伯夷隘, 柳下惠不恭, 隘與不恭, 君子不由
也."

제4편 공손추(公孫丑) 下

■ 天時不如地利 地利不如人和
천시불여지리 지리불여인화

천시(天時)는 지리(地利)만 못하고, 지리는 인화(人和)만 못하다.

【名言】천시지리인화(天時地利人和) ;『천시(天時)』는 봄·여름·가을·겨울의 4시와 밤과 낮, 추위와 더위, 비와 바람, 개고 흐린 것 등 기후와 같은 자연조건을 말한다. 그러나 이 밖에 사람이 직접 보고 느끼지 못하는 신명의 도움이라든가 운수 같은 것을 말하는 경우도 많다. 곡식이 제 철을 만나지 못하면 자라지 못하듯, 사람도 그가 타고난 재질과 그가 살고 있는 시대가 서로 맞지 않으면 그 재질을 제대로 발휘하지 못하고 병들거나 말라죽거나 하고 만다. 즉 초목이 때를 타듯 사람도 때를 타기 때문이다.

『지리(地利)』는 지리적 조건이 유리한 것을 말한다. 『인화(人和)』는 사람과 사람 사이의 정신적인 협력을 말한다. 사람의 생활에는 이 세 가지 요소가 절대적인 역할을 한다. 북극과 남극지대에서 초목이 자라지 못하는 것은『천시』와『지리』때문이다. 온대지방에서 겨울에 곡식이 마음대로 자라지 못하는 것도『천시』때문이다. 똑같은 기후조건에서도 어느 지방은 살기 좋고 어느 지방은 살기 나쁜 것은 지리적 조건이 다르기 때문이다. 똑같은 천시와 지리 속에서도 잘 살고 못 사는 나라가 있고 마을이 있고 집이 있는 것은 인화의 차이 때문이다.

맹자는 말하기를, "백성들을 국경 안에 머물게 하는 데는 영토의 경계로써 하지 않고, 방위를 튼튼히 하는 데는 산과 골짜기의 험함으로써 하지 않고, 위엄을 천하에 떨치는 데는 무력으로써 하지 않는다고 하였다. '도(道)를 얻는 사람은 돕는 사람이 많고, 도를 잃은 사람은 돕는 사람이 적다. 돕는 사람이 적은 것이 극단에 이르면 친척까지 배반하고, 돕는 사람이 많은 것이 극단에 이르면 천하(天下)가 나에게 순종한다(得道者多助 失道者寡助 寡助之至 親戚畔之 多助之至 天下順之).' 천하가 순종함으로써 친척이 배반하는 것을 치는 것이기 때문에 군자는 싸우지 않지만, 싸우면 반드시 이긴다." 즉, 민심(民心)을 얻는 자가 천하를 얻는다는 뜻이다.

결국 사람이 서로 기쁜 마음으로 협력하지 않으면 아무리 천시와 지리적 조건이 좋아도 그 힘을 발휘하기 어렵다

는 것을 맹자는 강조하고 있는 것이다. 뒤이어 맹자는 이에
따른 인화의 중요성을 길게 설명하고 있는데, 그 인화를 이
룩하는 근본조건은 위정자가 백성을 사랑할 줄 알고, 도리
에 벗어나지 않는 올바른 정치를 하는 것이라고 결론을 내
리고 있다. 인화단결(人和團結)이란 말은 인화를 바탕으로
한 단결의 중요성을 강조하는 뜻에서 생긴 말이라 볼 수 있
다.

■ 得道者多助 失道去寡助 寡助之至

■ 親戚畔至 多助之至 天下順之

　도(道)를 얻은 사람에게는 도와주는 자가 많고, 도를 잃
은 사람에게는 도와주는 자가 적다. 도와주는 자가 극히 적
을 경우에는 친척마저도 배반하고, 도와주는 자가 극히 많
을 경우에는 온 천하가 그에 순응한다.

■ 吾進退 豈不綽綽然有餘裕哉

　내가 나아가고 물러나는 데 어찌 태연하게 여유가 있지
않겠는가.

*豈 ; 어찌. 綽綽 ; 여유(餘裕)가 있는 모양.

{내가 듣기로는 벼슬자리에 있는 자는 그 직책을 지켜내지 못하면 그 자리에서 물러나야 하고, 말할 책임이 있는 자는 자기의 말이 받아들여지지 못하면 그 자리에서 물러나야 한다. 나는 벼슬자리도 없고 말할 책임도 없으니, 나아가고 물러나는 것이 모두 자유스럽다.

이 말은 사람은 바른 길을 지키고 있으면 자기의 태도에 여유가 있다는 말로 쓰인다.}

■ <ruby>其<rt>기</rt></ruby><ruby>過<rt>과</rt></ruby><ruby>也<rt>야</rt></ruby> <ruby>如<rt>여</rt></ruby><ruby>日<rt>일</rt></ruby><ruby>月<rt>월</rt></ruby><ruby>之<rt>지</rt></ruby><ruby>食<rt>식</rt></ruby> <ruby>民<rt>민</rt></ruby><ruby>皆<rt>개</rt></ruby><ruby>見<rt>견</rt></ruby><ruby>之<rt>지</rt></ruby> <ruby>及<rt>급</rt></ruby><ruby>其<rt>기</rt></ruby><ruby>更<rt>갱</rt></ruby><ruby>也<rt>야</rt></ruby> <ruby>民<rt>민</rt></ruby><ruby>皆<rt>개</rt></ruby><ruby>仰<rt>앙</rt></ruby><ruby>之<rt>지</rt></ruby>

옛날의 군자들도 과오는 있다. 그러나 그 과오는 마치 일식이나 월식과 같아서 이것을 숨기려 하지 않았기 때문에 백성들은 모두 다 그것을 보았고, 그들이 과오를 고치면 일식, 월식이 빛을 회복하듯 모두 우러러보았다. 과오를 아낌없이 고쳤기 때문이다.

■ <ruby>人<rt>인</rt></ruby><ruby>亦<rt>역</rt></ruby><ruby>孰<rt>숙</rt></ruby><ruby>不<rt>불</rt></ruby><ruby>欲<rt>욕</rt></ruby><ruby>富<rt>부</rt></ruby><ruby>貴<rt>귀</rt></ruby> <ruby>而<rt>이</rt></ruby><ruby>獨<rt>독</rt></ruby><ruby>於<rt>어</rt></ruby><ruby>富<rt>부</rt></ruby><ruby>貴<rt>귀</rt></ruby><ruby>之<rt>지</rt></ruby><ruby>中<rt>중</rt></ruby> <ruby>有<rt>유</rt></ruby><ruby>私<rt>사</rt></ruby><ruby>壟<rt>농</rt></ruby><ruby>斷<rt>단</rt></ruby><ruby>焉<rt>언</rt></ruby>

부귀를 마다 할 사람이야 있겠는가. 하지만 부귀 속에 혼자 농단을 해서야 쓰겠는가.

*孰 ; 누구. 龍斷 ; 이익을 혼자 차지함. 독점함.

【名言】농단(壟斷) ; 원문은 용단(龍斷)으로 되어 있지만, 여기서는 『용(龍)』이 『농(壟)』의 뜻으로 쓰인다. 설(說)이 열(悅)로 쓰이는 것과 같은 이치다. 농(壟)은 언덕, 단(斷)은 낭떠러지, 즉 높직한 낭떠러지를 말한다. 다시 말해 앞과 좌우를 잘 살펴볼 수 있는 지형과 위치를 말하는데, 이곳에 서서 시장 상황을 종합적으로 판단한 뒤에 그 날의 물가동향을 예측하고 나서 물건이 부족할 만한 것을 도중에서 모조리 사들여 폭리를 취하는 행동에서 생긴 말이다.

맹자가 제나라 객경(客卿)의 자리를 사퇴하고 집에 물러나와 있게 되자, 맹자를 굳이 붙들고 싶었던 제 선왕(齊宣王)은 시자(時子)라는 사람을 통해 자기 의사를 맹자에게 이렇게 전하게 했다.

"수도 중심지에 큰 저택을 제공하고 다시 만 종(鍾 : 1종은 8곡斛, 1곡은 10두斗])의 녹을 주어 제자들을 양성시킴으로써 모든 대신들과 국민들로 하여금 본보기가 되게 하고 싶다."

이야기를 진진(陳臻)이란 제자를 통해 전해들은 맹자는,

"시자는 그것이 옳지 못한 것인 줄을 알지 못할 것이다. 만 종의 녹으로 나를 붙들고 싶어 하지만, 내가 만일 녹을 탐

낸다면 10만 종 녹을 받는 객경의 자리를 굳이 사양하고 만 종의 녹을 받겠느냐? 옛날 계손(季孫)이란 사람이 자숙의(子叔疑)를 이렇게 평했다. 자신이 뜻이 맞지 않아 물러났으면 그만둘 일이지, 또 그 제자들로 대신이 되게 하니 이상하지 않은가. 부귀를 마다 할 사람이야 있겠는가. 하지만 부귀 속에 혼자 농단을 해서야 쓰겠는가(人亦孰不欲富貴 而獨於富貴之中有私壟斷焉)"

이렇게 계손의 말을 인용하고 나서 다시 농단에 대한 설명을 다음과 같이 했다.

"옛날 시장이란 것은 각자가 가지고 있는 것을 서로 바꾸는 곳이었는데, 시장은 그런 거래에서 흔히 일어나는 시비를 가려주는 소임을 하고 있었다. 그런데 한 못난 사나이가 있어, 반드시 농단을 찾아 그 위로 올라가 좌우를 살핀 다음 시장의 이익을 그물질했다. 사람들이 이를 밉게 보아서 그에게 세금을 물리게 되었는데, 장사꾼에게 세금을 받는 일이 이 못난 사나이에서 비롯된 것이다."

아주 소박한 상행위의 성립과 이에 대한 세금의 징수 등 경제사적인 설명으로서 꽤 흥미있는 이야기다. 그러나 맹자가 이 이야기를 하게 된 본래의 의도는, 『농단』 즉 이익의 독점행위가 정정당당한 일이 될 수 없는 것과 마찬가지로,

부귀를 독점할 생각은 조금도 없다는 것을 밝히려고 한 것뿐
이다. 이와 같이 『농단(壟斷)』이란 원래는 우뚝 솟은 언덕
을 말하였으나, 바뀌어서 『혼자 차지』즉 『독점(獨占)』이
란 뜻으로 쓰이게 된 것이다.

■ 彼一時 此一時也
　　피　일　시　　차　일　시　야

　그때는 그때고, 지금은 지금이다.

　【名言】피일시차일시(彼一時此一時) ; 맹자가 가장 희망
을 걸고 있던 제 선왕(齊宣王)을 단념하고 제나라를 떠나게
되었을 때. 충우(充虞)라는 제자가 맹자를 모시고 함께 오
다가 노상에서 이렇게 물었다.

　"선생님께서 매우 언짢으신 기색이십니다. 전에 선생님
께서는 말씀하시기를, 군자는 하늘도 원망하지 않고 사람
도 허물하지 않는다고 하시지 않았습니까?"그러자 맹자
는, "그것도 한때요, 이것도 한때라(彼一時 此一時也)."하
고 다음과 같이 언짢은 기색을 하지 않을 수 없는 이유를 말
했다.

　"5백 년마다 통일천하하는 왕자가 일어난 것이 지금까지
의 역사였다. 그 왕자가 일어나면 반드시 세상에 이름을 남기

는 사람이 있기 마련이다. 주나라가 일어난 지 지금 7백 년이 지났다. 5백이란 수도 훨씬 지났지만, 세상 형편으로 보아서는 지금이 그 시기다. 하늘이 천하를 바로잡으려 하지 않는다. 바로잡기로 한다면 지금 세상에 나를 버리고 또 누가 있겠는가. 내가 어떻게 마음이 좋을 수 있겠느냐?"

옛날에 수양하는 사람의 마음가짐을 원칙 면에서 말한 것이다. 그러나 이토록 어지러운 세상을 바로잡으려 하지 않는 하늘이 어찌 원망스럽지 않을 수 있겠느냐 하는 뜻이다. 맹자의 이 같은 원망은 백성을 건지려는 성자의 지극한 사랑에서였다.

그러나 지금은 이 말이 인간의 약점을 변호하는 선례로 전락하고 말았다. 자기모순에 빠진 일관성 없는 처사에 대한 자기변명으로 흔히 쓰이는 말이다. 물론 답변에 궁한 상대방을 변호하거나 위로하기 위한 말로 쓰일 수도 있다.

■ 五百年必有王者興 其間必有名世者

5백 년이면 반드시 왕자가 일어나고, 그 사이에는 반드시 이름 높은 사람이 나타난다. 왕자(王者)는 성군을 가리킨다.

■ 如欲平治天下 當今之世 舍我其誰也
_{여 욕 평 치 천 하　당 금 지 세　사 아 기 수 야}

만약 천하를 평화롭게 다스리려고 한다면 오늘날의 세상에서 나(맹자 자신을 일컬음)를 내놓고 누가 있겠는가?

*當今 ; 비로 지금. 誰 ; 누구.

公孫丑章句下

{第一節} 孟子曰:"天時不如地利, 地利不如人和. 三裏之城, 七裏之郭, 環而攻之而不勝. 夫環而攻之, 必有得天時者矣;然而不勝者, 是天時不如地利也. 城非不高也, 池非不深也, 兵革非不堅利也, 米粟非不多也;委而去之, 是地利不如人和也.

故曰:域民不以封疆之界, 固國不以山溪之險, 威天下不以兵革之利. 得道者多助, 失道者寡助. 寡助之至, 親戚畔之;多助之至, 天下順之. 以天下之所順, 攻親戚之所畔;故君子有不戰, 戰必勝矣."

{第二節} 孟子將朝王, 王使人來曰:"寡人如就見者也, 有寒疾, 不可以風. 朝, 將視朝, 不識可使寡人得見乎?"

對曰:"不幸而有疾, 不能造朝."

明日, 出吊於東郭氏. 公孫醜曰:"昔者辭以病, 今日吊, 或者不可乎?"

曰:"昔者疾, 今日愈, 如之何不吊?"

王使人問疾, 醫來.

孟仲子對曰:"昔者有王命, 有采薪之憂, 不能造朝. 今病小愈, 趨造於朝, 我不識能至否乎.”

使數人要於路, 曰：“請必無歸, 而造於朝!”

不得已而之景醜氏宿焉.

景子曰：“內則父子, 外則君臣, 人之大倫也. 父子主恩, 君臣主敬. 醜見王之敬子也, 未見所以敬王也.”

曰：“惡! 是何言也! 齊人無以仁義與王言者, 豈以仁義爲不美也? 其心曰：‘是何足與言仁義也’雲爾, 則不敬莫大乎是. 我非堯舜之道, 不敢以陳於王前, 故齊人莫如我敬王也.”

景子曰：“否, 非此之謂也. 禮曰：‘父召無諾；君命召不俟駕.’ 固將朝也, 聞王命而遂不果, 宜與夫禮若不相似然.”

曰：“豈謂是與? 曾子曰：‘晉楚之富, 不可及也；彼以其富, 我以吾仁；彼以其爵, 我以吾義, 吾何慊乎哉?’ 夫豈不義而曾子言之? 是或一道也. 天下有達尊三：爵一, 齒一, 德一. 朝廷莫如爵, 鄕黨莫如齒, 輔世長民莫如德. 惡得有其一以慢其二哉? 故將大有爲之君, 必有所不召之臣；欲有謀焉, 則就之. 其尊德樂道, 不如是, 不足與有爲也. 故湯之於伊尹, 學焉而後臣之, 故不勞而王；桓公之於管仲, 學焉而後臣之, 故不勞而霸. 今天下地醜德齊, 莫能相尙, 無他. 好臣其所敎, 而不好臣其所受敎. 湯之於伊尹, 桓公之於管仲, 則不敢召. 管仲且猶不可召, 而況不爲管仲者乎?”

{第三節} 陳臻問曰：“前日於齊, 王饋兼金一百而不受；於宋, 饋七十鎰而受；於薛, 饋五十鎰而受. 前日之不受是, 則今日之受非也；今日之受是, 則前日之不受非也. 夫子必居一於此矣.”

孟子曰：“皆是也. 皆適於義也. 當在宋也, 予將有遠行. 行者必以贐, 辭曰：‘饋贐.’ 予何爲不受？當在薛也, 予有戒心. 辭曰：‘聞戒.’ 故爲兵饋之, 予何爲不受？若於齊, 則未有處也. 無處而饋之, 是貨之也. 焉有君子而可以貨取乎？”

{第四節} 孟子之平陸. 謂其大夫曰：“子之持戟之士, 一日而三失伍, 則去之否乎？”曰：“不待三.”

“然則子之失伍也亦多矣. 凶年饑歲, 子之民, 老羸轉於溝壑, 壯者散而之四方者, 幾千人矣.”曰：“此非距心之所得爲也.”

曰：“今有受人之牛羊而爲之牧之者, 則必爲之求牧與芻矣. 求牧與芻而不得, 則反諸其人乎？抑亦立而視其死與？”曰：“此則距心之罪也.”

他日, 見於王曰：“王之爲都者, 臣知五人焉. 知其罪者, 惟孔距心. 爲王誦之.”王曰：“此則寡人之罪也.”

{第五節} 孟子謂蚔鼃曰：“子之辭靈丘而請士師, 似也, 爲其可以言也. 今既數月矣, 未可以言與？”蚔鼃諫於王而不用, 致爲臣而去. 齊人曰：“所以爲蚔鼃, 則善矣；所以自爲, 則吾不知也." 公都子以告.

曰:"吾聞之也:有官守者, 不得其職則去;有言責者, 不得其言則去. 我無官守, 我無言責也, 則吾進退, 豈不綽綽然有餘裕哉?"

{第六節} 孟子爲卿於齊, 出吊於滕, 王使蓋大夫王驩爲輔行. 王驩朝暮見, 反齊滕之路, 未嘗與之言行事也.

公孫醜曰:"齊卿之位, 不爲小矣;齊滕之路, 不爲近矣. 反之而未嘗與言行事, 何也?"

曰:"夫既或治之, 予何言哉?"

{第七節} 孟子自齊葬於魯, 反於齊, 止於嬴. 充虞請曰:"前日不知虞之不肖, 使虞敦匠事. 嚴, 虞不敢請. 今願竊有請也, 木若以美然."

曰:"古者棺槨無度, 中古棺七寸, 槨稱之. 自天子達於庶人. 非直爲觀美也, 然後盡於人心. 不得, 不可以爲悅;無財, 不可以爲悅. 得之爲有財, 古之人皆用之, 吾何爲獨不然? 且比化者, 無使土親膚, 於人心獨無恔乎? 吾聞之也, 君子不以天下儉其親."

{第八節} 沈同以其私問曰:"燕可伐與?"

孟子曰:"可. 子噲不得與人燕, 子之不得受燕於子噲. 有仕於此, 而子悅之, 不告於王而私與之吾子之祿爵;夫士也, 亦無王命而私受之於子, 則可乎? 何以異於是?" 齊人伐燕. 或問曰 : "勸齊伐燕, 有諸?"

曰 : "未也. 沈同問'燕可伐與'? 吾應之曰 '可', 彼然而伐之也. 彼如曰'孰可以伐之?' 則將應之曰 : '爲天吏, 則可以伐之.' 今有殺人者, 或問之曰'人可殺與?' 則將應之曰 '可'. 彼如曰 '孰可以殺之?' 則將應之曰 : '爲士師, 則可以殺之.' 今以燕伐燕, 何爲勸之哉?"

{第九節} 燕人畔. 王曰 : "吾甚慚於孟子."

陳賈曰 : "王無患焉. 王自以爲與周公, 孰仁且智?" 王曰 : "惡!是何言也?"

曰 : "周公使管叔監殷, 管叔以殷畔. 知而使之, 是不仁也 ; 不知而使之, 是不智也. 仁智, 周公未之盡也, 而況於王乎? 賈請見而解之." 見孟子問曰 : "周公何人也?"

曰 : "古聖人也." 曰 : "使管叔監殷, 管叔以殷畔也, 有諸?" 曰 : "然."

曰 : "周公知其將畔而使之與?" 曰 : "不知也."

"然則聖人且有過與?"

曰 : "周公, 弟也 ; 管叔, 兄也. 周公之過, 不亦宜乎? 且古之君子, 過則改之 ; 今之君子, 過則順之. 古之君子, 其過也, 如日月之食, 民皆見之 ; 及其更也, 民皆仰之. 今之君子, 豈徒順之, 又從爲之辭."

{第十節} 孟子致爲臣而歸. 王就見孟子, 曰："前日願見而不可得, 得侍, 同朝甚喜. 今又棄寡人而歸, 不識可以繼此而得見乎?" 對曰："不敢請耳, 固所願也."

他日, 王謂時子曰："我欲中國而授孟子室, 養弟子以萬鍾, 使諸大夫國人皆有所矜式. 子盍爲我言之?" 時子因陳子而以告孟子, 陳子以時子之言告孟子.

孟子曰："然. 夫時子惡知其不可也? 如使予欲富, 辭十萬而受萬, 是爲欲富乎? 季孫曰：'異哉子叔疑! 使己爲政, 不用, 則亦已矣, 又使其子弟爲卿. 人亦孰不欲富貴? 而獨於富貴之中, 有私龍斷焉.' 古之爲市也, 以其所有易其所無者, 有司者治之耳. 有賤丈夫焉, 必求龍斷而登之, 以左右望而罔市利. 人皆以爲賤, 故從而征之. 征商, 自此賤丈夫始矣."

{第十一節} 孟子去齊, 宿於晝. 有欲爲王留行者, 坐而言. 不應, 隱幾而臥. 客不悅曰："弟子齊宿而後敢言, 夫子臥而不聽, 請勿複敢見矣."

曰："坐! 我明語子. 昔者魯繆公無人乎子思之側, 則不能安子思；泄柳、申詳, 無人乎繆公之側, 則不能安其身. 子爲長者慮, 而不及子思, 子絶長者乎? 長者絶子乎?"

{第十二節} 孟子去齊. 尹士語人曰："不識王之不可以爲

湯武, 則是不明也 ; 識其不可, 然且至, 則是幹澤也. 千裏而見王, 不遇故去. 三宿而後出晝, 是何濡滯也? 士則茲不悅." 高子以告.

曰 : "夫尹士惡知予哉? 千裏而見王, 是予所欲也 ; 不遇故去, 豈予所欲哉? 予不得已也. 予三宿而出晝, 於予心猶以爲速. 王庶幾改之. 王如改諸, 則必反予. 夫出晝而王不予追也, 予然後浩然有歸志. 予雖然, 豈舍王哉? 王由足用爲善. 王如用予, 則豈徒齊民安, 天下之民舉安. 王庶幾改之, 予日望之. 予豈若是小丈夫然哉? 諫於其君而不受, 則怒, 悻悻然見於其面. 去則窮日之力而後宿哉?"

尹士聞之曰 : "士誠小人也."

{第十三節} 孟子去齊. 充虞路問曰 : "夫子若有不豫色然. 前日虞聞諸夫子曰 : '君子不怨天, 不尤人.' "

曰 : "彼一時, 此一時也. 五百年必有王者興, 其間必有名世者. 由周而來, 七百有餘歲矣. 以其數則過矣, 以其時考之則可矣. 夫天, 未欲平治天下也 ; 如欲平治天下, 當今之世, 舍我其誰也? 吾何爲不豫哉?"

{第十四節} 孟子去齊, 居休. 公孫醜問曰 : "仕而不受祿, 古之道乎?" 曰 : "非也. 於崇, 吾得見王. 退而有去志, 不欲變, 故不受也. 繼而有師命, 不可以請. 久於齊, 非我志也."

제5편 등문공(滕文公) 上

■ 彼丈夫也 我丈夫也 吾何畏彼哉
(피 장부야   아 장부야   오 하 외 피 재)

그도 장부이고. 나도 장부인데, 내 어찌 그를 두려워하랴.

{누구에게나 바른 길은 하나뿐이다. 용자(勇者) 성간(成 覵)이 제(齊)나라 경공(景公)에게 한 말이다.}

■ 上有好者 下必有甚焉者矣
(상 유 호 자   하 필 유 심 언 자 의)

君子之德風 小人之德草也
(군 자 지 덕 풍   소 인 지 덕 초 야)

윗자리에 있는 사람이 좋아하는 것이 있으면, 그 아래 있는 사람은 반드시 그것을 더 좋아하게 된다. 군자의 덕은 바람이고 소인의 덕은 풀(草)이다.

*甚 ; 성하다, 심하다.

{위에 무엇을 좋아하는 자가 있으면 아래에는 반드시 그보다 더 심한 자가 있기 마련이다. 군자의 덕은 바람이고 소인의 덕은 풀이다. 풀은 바람이 불면 반드시 바람을 따라 눕게 마련이다.}

【名言】 군자지덕풍(君子之德風) ; "군자의 덕은 바람과 같다"라는 뜻은, 바람이 불면 풀이 그 방향으로 눕듯이 윗사람의 행동은 곧 아랫사람이 행동하는 데 표본이 된다는 말이다. 지도적인 위치에 서 있는 사람의 경거망동을 경계하는 뜻이 담겨 있다.

"위에서 뭔가를 좋아하면 아래는 반드시 따라 하되 정도가 심해진다. 군자의 덕은 바람과 같고, 소인의 덕은 풀과 같다. 바람이 불면 풀은 마침내 바람에 쓸려 따르게 마련이다."

남을 지도하고 다스리는 입장에 서 있는 사람이라면 먼저 솔선수범해야 할 것이다. 자신은 온갖 부정한 짓을 도맡아 하면서 아랫사람에게 정도를 걸으라고 한다면 이 말을 들을 사람은 아무도 없을 것은 너무나 당연하다.

《논어》 안연편에도 같은 말이 나온다.

계강자(季康子)가 하루는 정치에 대해 공자에게 물었다.

"무도한 인간들을 죽이고 도가 있는 사람을 공직에 나아가게 한다면 어떻겠습니까?"

공자가 대답하였다. "그대는 정치를 하겠다면서 어떻게 사람 죽이는 방법을 쓰겠다는 것이오? 그대가 먼저 착해지려고 노력하면 백성들도 절로 착해질 것입니다. 군자의 덕은 바람과 같은 것이고, 소인의 덕은 풀과 같은 것입니다. 바람이 불면 풀은 필경 바람에 쓸려 따르게 마련이지요(子爲政 焉用殺 子欲善而民善矣 君子之德風 小人之德草 草上之風必偃)."

"윗물이 맑아야 아랫물이 맑다"는 우리 속담이 있는데, 바로 이 성구와 그 의미가 같다.

■ 有恒産者有恒心
유 항 산 자 유 항 심

일정한 재산이 있으면 안정된 마음도 있는 법이다.

*恒産 ; 일정하고 안정된 재산, 생업(生業). 恒心 ; 사람이 늘 지니고 있는 착한 마음.

{사람은 생활할 수 있는 재산이나 생업이 있으면 언제나 변치 않는 떳떳한 마음을 지닐 수가 있다. 백성에게 일정한 재산이나 생업을 갖게 하는 것이 민심을 안정시키는 방법이다.}

「양혜왕(梁惠王)」편에는 생활이 안정되지 않으면 바른 마음을 견지하기 어렵다는 말로서, "항산이 없으면 항심이 없다"는 『무항산무항심(無恒産無恒心)』이라는 성어가 있다.

■ 罔民而可爲也

백성을 그물질하는 짓을 할 수 있으리오.

*罔 ; 그물.

{먹이를 주어 고기를 모아 그물로써 잡는 것처럼 백성이 죄를 짓도록 해놓고, 죄를 지으면 형벌을 주는 일 같은 것은 할 일이 아니다.}

■ 人倫明於上 小民親於下

인륜이 위에서 밝아지면 일반 백성들은 아래에서 친밀해지게 마련이다.

{위에 있는 자가 군신·부자·부부·붕우·장유 등 사람으로서 지켜야 할 길을 밝힘으로써 비로소 아래 있는 백성은 서로 상친(相親)하고 화락(和樂)한다.}

■ 飽食暖衣逸居 而無敎 則近於禽獸

배불리 먹고 따스하게 입으며, 편안하게 살지라도 가르침이 없으면 금수에 가깝다.

*飽 ; 배부르다. 暖 ; 따뜻하다. 逸 ; 편안하다.

【名言】난의포식(暖衣飽食) ; 옷을 따뜻이 입고 음식을 배부르게 먹는다는 뜻으로, 의식(衣食) 걱정이 없는 편한 생활을 이르는 말. 6o세가 지난 맹자가 등(滕)나라 문공에게 초대되어 갔을 때, 맹자는 문공에게 주(周)나라의 정전제(井田濟)를 실시하여 등나라를 이상적인 사회로 만들도록 설득하였다.

이때 등나라에는 묵자(墨子)의 영향을 받은 초(楚)나라 사람으로, 농가(農家)의 대표적인 인물인 허행(許行)이 송(宋)나라로부터 등나라에 와서, 문공에게서 살 집과 전토(田土)를 받고 스스로 짠 거친 옷을 입고 스스로 경작하여 지은 양식을 먹고 사는 자급자족주의의 생활을 실천하고 있었다.

유교의 생활방식을 버리고 허행과 같이 묵자주의 생활을 시작한 진상(陳相)이라는 사람이 맹자에게 물었다.

"등나라 임금도 백성들과 마찬가지로 손수 농사를 지어서 먹어야 하지 않겠습니까?"

맹자는 허행이 사용하는 농기구와 질그릇이 자기가 지은 농산물과 물물 교환한 것이라는 사실을 확인한 다음, 인간의 생활이란 분업을 하는 것이지, 원시적 자급자족이란 어리석은 방법이라는 것을 말하고, 허행 자신도 농기구나 그릇 등을 물물 교환하여 쓰고 있지 않느냐고 깨우쳐 주면서, 우(禹)임금과 후직은 세 차례나 자기의 집 문 앞을 지나면서도 못 들어갔다(禹稷當平世 三過其門而不入)는 것을 예로 들었다. 그리하여 후직(後稷 ; 전설상의 周나라 왕조의 건설자. 周代에, 농업을 다스리는 신으로 숭배되었음)을 시켜 백성들에게 농사짓는 일을 가르치게 하였다. 이리하여 오곡이 익어 백성들이 잘 살게 되었다.

"사람에게 도(道)가 있으니 배불리 먹고 따뜻하게 입고 편안하게 살지라도 가르침이 없으면 금수에 가깝다(人之有道也 飽食暖衣逸居 而無敎 則近於禽獸). 성인이 이것을 근심하여 설(契 ; 상나라의 시조로 전해지는 전설상의 인물)로 하여금 사도(司徒)로 삼아 인륜으로써 가르치게 하니(聖人有憂之 使契爲司徒 敎以人倫), 부자 사이에는 친함이 있고, 군신 사이에는 의가 있고, 부부 사이에는 구별이 있고, 연장자와 연소자 사이에는 차례가 있고, 벗 사이에는 믿음이 있다(父子有親 君臣有義 夫婦有別 長幼有序 朋友有信)."

『포식난의(飽食煖衣)』라고도 한다.

■父子有親 君臣有義 夫婦有別 長幼有序 朋友有信

부자 사이에는 친함이 있고, 군신 사이에는 의가 있고, 부

부 사이에는 구별이 있고, 연장자와 연소자 사이에는 차례가 있고, 벗 사이에는 믿음이 있다.

{유교에서 말하는 5가지 기본적 실천 덕목으로서, 오교(五敎)라고도 한다. 인생에 있어 대인관계를 5가지로 정리하여 서로 지켜야 할 의무를 규정한 것으로, 오상(五常)과 함께 유교 윤리설의 근본을 이룬다.

《맹자》에는 부자(父子)·군신(君臣)·부부(夫婦)·장유(長幼)·붕우(朋友)의 관계와 이와 대응해 친(親)·의(義)·별(別)·서(序)·신(信)을 규정하고 있다.

《중용》에서는 이것을 오달도(五達道)라 이르고, 군신관계를 중시하여 첫째로 들었으며, 이하 부자·부부·곤제(昆弟)·붕우의 순서로 꼽는다.}

■ 以天下與人易 爲天下得人難
이 천 하 여 인 이 위 천 하 득 인 난

천하를 남에게 주는 일은 쉬워도, 천하를 위해 인물을 얻는 일은 어렵다.

■ 江漢以濯之 秋陽以暴之 皜皜乎不可尚已
강 한 이 탁 지 추 양 이 폭 지 호 호 호 불 가 상 이

천을 강수(江水)나 한수(漢水)의 깨끗한 물에 빨아 강한

가을 햇볕에 말린 것처럼 깨끗하고 흰 모양은 한 점 흠잡을 데가 없다.

*濯 ; 씻다. 暴 ; 햇볕 쪼이다. 皜皜 ; 깨끗하고 희다, 호호(晧晧). 尙 ; 오히려.

{증자(曾子)가 그의 스승 공자의 인격을 찬양한 말. 호호호(皜皜乎)는 결백한 모양, 굳고 바른 모양. 상이(尙已)는 이 이상 아무것이라도 더 첨가할 여지가 없는 것.}

■ 出^출於^어幽^유谷^곡 遷^천於^어喬^교木^목

깊은 골짜기에서 나와 높은 나무로 옮겨간다.

*幽 ; 그윽하다, 멀다. 遷 ; 옮기다. 喬木 ; 큰키나무.

{비천한 처지에서 고귀하게 출세하는 것을 말한다. 천교(遷喬)는 관리가 시험에 합격하여 출세하는 것. 원래의 뜻은 꾀꼬리가 교목에 옮겨 앉아도 옛 벗을 잊지 않는 것처럼 사람 역시 출세해도 옛 친구를 버리지 말라는 훈계였다.}

滕文公章句上

{第一節} 滕文公爲世子, 將之楚, 過宋而見孟子. 孟子道性善, 言必稱堯舜.

世子自楚反, 複見孟子. 孟子曰: "世子疑吾言乎? 夫道一而已矣. 成覸謂齊景公曰: '彼丈夫也, 我丈夫也, 吾何畏彼哉?' 顏淵曰: '舜何人也? 予何人也? 有爲者亦若是.' 公明儀曰: '文王我師也, 周公豈欺我哉?' 今滕, 絶長補短, 將五十裏也, 猶可以爲善國. 書曰: '若藥不瞑眩, 厥疾不瘳.'"

{第二節} 滕定公薨. 世子謂然友曰: "昔者孟子嘗與我言於宋, 於心終不忘. 今也不幸至於大故, 吾欲使子問於孟子, 然後行事." 然友之鄒問於孟子.

孟子曰: "不亦善乎! 親喪固所自盡也. 曾子曰: '生, 事之以禮; 死, 葬之以禮, 祭之以禮, 可謂孝矣.' 諸侯之禮, 吾未之學也; 雖然, 吾嘗聞之矣. 三年之喪, 齊疏之服, 飦粥之食, 自天子達於庶人, 三代共之." 然友反命, 定爲三年之喪.

父兄百官皆不欲, 曰: "吾宗國魯先君莫之行, 吾先君亦莫之行也, 至於子之身而反之, 不可. 且志曰: '喪祭從先祖.'"

曰: "吾有所受之也." 謂然友曰: "吾他日未嘗學問, 好馳馬試劍. 今也父兄百官不我足也, 恐其不能盡於大事, 子爲我問孟子." 然友複之鄒問孟子.

孟子曰："然. 不可以他求者也. 孔子曰：'君薨, 聽於塚宰. 歠粥, 面深墨. 即位而哭, 百官有司, 莫敢不哀, 先之也.' 上有好者, 下必有甚焉者矣. '君子之德, 風也 ; 小人之德, 草也. 草尚之風必偃.' 是在世子." 然友反命.

世子曰："然. 是誠在我." 五月居廬, 未有命戒. 百官族人可謂曰知. 及至葬, 四方來觀之, 顏色之戚, 哭泣之哀, 吊者大悅.

【第三節】滕文公問爲國. 孟子曰："民事不可緩也. 詩雲 : '晝爾於茅, 宵爾索綯 ; 亟其乘屋, 其始播百穀.' 民之爲道也, 有恒產者有恒心, 無恒產者無恒心. 苟無恒心, 放辟邪侈, 無不爲已. 及陷乎罪, 然後從而刑之, 是罔民也. 焉有仁人在位, 罔民而可爲也? 是故賢君必恭儉禮下, 取於民有制. 陽虎曰 : '爲富不仁矣, 爲仁不富矣.' 陽虎, 陽貨, 魯季氏家臣也. 天理人欲, 不容並立. 虎之言此, 恐爲仁之害於富也 ; 孟子引之, 恐爲富之害於仁也. 君子小人, 每相反而已矣. 夏後氏五十而貢, 殷人七十而助, 周人百畝而徹, 其實皆什一也. 徹者, 徹也 ; 助者, 藉也. 龍子曰 : '治地莫善於助, 莫不善於貢. 貢者校數歲之中以爲常. 樂歲, 粒米狼戾, 多取之而不爲虐, 則寡取之 ; 凶年,糞其田而不足, 則必取盈焉. 爲民父母, 使民盻盻然, 將終歲勤動, 不得以養其父母, 又稱貸而益之. 使老稚轉乎溝壑, 惡在其爲民父母也?' 夫世祿, 滕固行之矣. 詩云:'雨我公田, 遂及我私.' 惟助爲有公田. 由此觀之, 雖周亦助也. 設爲庠序學校以教之:庠者, 養也;校者, 敎也;序者, 射也. 夏曰校, 殷曰序, 周曰庠, 學則三代共之, 皆所以明人倫也. 人倫明於上, 小民親於下. 有王者起, 必來取法, 是爲王者師也. 詩云'周雖舊邦, 其命維新', 文王之謂也. 子力行之, 亦以新子之國." 使畢戰問井地.

孟子曰:"子之君將行仁政, 選擇而使子, 子必勉之! 夫仁政, 必自經界始. 經界不正, 井地不鈞, 穀祿不平. 是故暴君汙吏必慢其經界. 經界既正, 分田制祿可坐而定也. 夫滕壤地褊小, 將爲君子焉, 將爲野人焉. 無君子莫治野人, 無野人莫養君子. 請野九一而助, 國中什一使自賦. 卿以下必有圭田, 圭田五十畝. 餘夫二十五畝. 死徙無出鄕, 鄕田同井. 出入相友, 守望相助, 疾病相扶持, 則百姓親睦. 方裏而井, 井九百畝, 其中爲公田. 八家皆私百畝, 同養公田. 公事畢, 然後敢治私事, 所以別野人也. 此其大略也. 若夫潤澤之, 則在君與子矣."

{第四節} 有爲神農之言者許行, 自楚之滕, 踵門而告文公曰:"遠方之人聞君行仁政, 願受一廛而爲氓." 文公與之處,其徒數十人, 皆衣褐, 捆屨、織席以爲食.

陳良之徒陳相與其弟辛, 負耒耜而自宋之滕, 曰："聞君行聖人之政, 是亦聖人也, 願爲聖人氓."

陳相見許行而大悅, 盡棄其學而學焉. 陳相見孟子, 道許行之言曰："滕君, 則誠賢君也；雖然, 未聞道也. 賢者與民並耕而食, 饔飧而治. 今也滕有倉廩府庫, 則是厲民而以自養也, 惡得賢?"

孟子曰："許子必種粟而後食乎?"曰："然." "許子必織布而後衣乎?"曰："否. 許子衣褐." "許子冠乎?"曰："冠."曰："奚冠?"曰："冠素."曰："自織之與?"曰："否. 以粟易之." 曰："許子奚爲不自織?"曰："害於耕."曰："許子以釜甑爨, 以鐵耕乎?"曰："然." "自爲之與?"曰："否. 以粟易之."

"以粟易械器者, 不爲厲陶冶；陶冶亦以其械器易粟者, 豈爲厲農夫哉? 且許子何不爲陶冶. 舍皆取諸其宮中而用之? 何爲紛紛然與百工交易? 何許子之不憚煩?"曰："百工之事, 固不可耕且爲也."

"然則治天下獨可耕且爲與? 有大人之事, 有小人之事. 且一人之身, 而百工之所爲備. 如必自爲而後用之, 是率天下而路也. 故曰：或勞心, 或勞力；勞心者治人, 勞力者治於人；治於人者食人, 治人者食於人：天下之通義也.

當堯之時, 天下猶未平, 洪水橫流, 泛濫於天下. 草木暢茂, 禽獸繁殖, 五穀不登, 禽獸逼人. 獸蹄鳥跡之道, 交於中國. 堯獨憂之, 舉舜而敷治焉. 舜使益掌火, 益烈山澤而焚之, 禽獸逃匿. 禹疏九河, 瀹濟漯, 而注諸海; 決汝漢, 排淮泗, 而注之江, 然後中國可得而食也. 當是時也, 禹八年於外, 三過其門而不入, 雖欲耕, 得乎?

後稷教民稼穡. 樹藝五穀, 五穀熟而民人育. 人之有道也, 飽食、暖衣、逸居而無教, 則近於禽獸. 聖人有憂之, 使契爲司徒, 教以人倫: 父子有親, 君臣有義, 夫婦有別, 長幼有序, 朋友有信. 放勳曰: '勞之來之, 匡之直之, 輔之翼之, 使自得之, 又從而振德之.' 聖人之憂民如此, 而暇耕乎?

堯以不得舜爲己憂, 舜以不得禹、皋陶爲己憂. 夫以百畝之不易爲己憂者, 農夫也. 分人以財謂之惠, 教人以善謂之忠, 爲天下得人者謂之仁. 是故以天下與人易, 爲天下得人難. 孔子曰: '大哉堯之爲君! 惟天爲大, 惟堯則之, 蕩蕩乎民無能名焉! 君哉舜也! 巍巍乎有天下而不與焉!' 堯舜之治天下, 豈無所用其心哉? 亦不用於耕耳.

吾聞用夏變夷者, 未聞變於夷者也. 陳良, 楚產也. 悅周公、仲尼之道, 北學於中國. 北方之學者, 未能或之先也. 彼所謂豪傑之士也. 子之兄弟事之數十年, 師死而遂倍之. 昔者孔子沒, 三年之外, 門人治任將歸, 入揖於子貢, 相向而哭, 皆失聲, 然後歸. 子貢反, 築室於場, 獨居三年, 然後歸. 他日, 子夏、子張、子遊以有若似聖人, 欲以所事孔子事之, 強曾子. 曾子曰 : '不可. 江漢以濯之, 秋陽以暴之, 皜皜乎不可尚已.' 今也南蠻鴃舌之人, 非先王之道, 子倍子之師而學之, 亦異於曾子矣. 吾聞出於幽谷遷於喬木者, 末聞下喬木而入於幽谷者. 魯頌曰 : '戎狄是膺, 荊舒是懲.' 周公方且膺之, 子是之學, 亦爲不善變矣."

"從許子之道, 則市賈不貳, 國中無僞. 雖使五尺之童適市, 莫之或欺. 布帛長短同, 則賈相若 ; 麻縷絲絮輕重同, 則賈相若 ; 五穀多寡同, 則賈相若 ; 屨大小同, 則賈相若."

曰 : "夫物之不齊, 物之情也 ; 或相倍蓰, 或相什伯, 或相千萬. 子比而同之, 是亂天下也. 巨屨小屨同賈, 人豈爲之哉? 從許子之道, 相率而爲僞者也, 惡能治國家?"

{第五節} 墨者夷之, 因徐辟而求見孟子. 孟子曰 : "吾固願見, 今吾尙病, 病愈, 我且往見, 夷子不來! "他日又求見孟子.

孟子曰 : "吾今則可以見矣. 不直, 則道不見 ; 我且直之. 吾聞夷子墨者. 墨之治喪也, 以薄爲其道也. 夷子思以易天下, 豈以爲非是而不貴也? 然而夷子葬其親厚, 則是以所賤事親也." 徐子以告夷子.

夷子曰 : "儒者之道, 古之人'若保赤子', 此言何謂也? 之則以爲愛無差等, 施由親始." 徐子以告孟子.

孟子曰 : "夫夷子, 信以爲人之親其兄之子爲若親其鄰之赤子乎? 彼有取爾也. 赤子匍匐將入井, 非赤子之罪也. 且天之生物也, 使之一本, 而夷子二本故也. 蓋上世嘗有不葬其親者. 其親死, 則擧而委之於壑. 他日過之, 狐狸食之, 蠅蚋姑嘬之. 其顙有泚, 睨而不視. 夫泚也, 非爲人泚, 中心達於面目. 蓋歸反虆梩而掩之. 掩之誠是也, 則孝子仁人之掩其親, 亦必有道矣." 徐子以告夷子. 夷子憮然爲間曰 : "命之矣."

제6편 등문공(滕文公) 下

■ 枉尺而直尋
<small>왕 척 이 직 심</small>

여덟 자를 곧게 하기 위하여 한 자를 굽힌다.

*枉 ; 굽다, 굽히다. 尋 ; 여덟 자.

{대(大)를 위해서는 소(小)를 희생시킨다는 말로서, 작은 욕은 돌아보지 않고 큰일을 한다는 뜻으로, 소절(小節)은 굽혀도 대도(大道)를 얻으면 되지 않겠는가. 옛 기록에 있는 말로서, 맹자는 이 말의 공리성(功利性)을 지적하여 이런 생각에 반대하고 있다.『왕척직심(枉尺直尋)』은 "한 자를 굽혀서 여덟 자를 곧게 편다"는 말로서, 한 가지를 손해 보더라도 여덟 가지 이익을 보는 것이 낫다는 뜻을 담고 있는 말이다. 반대로 작은 욕됨에 집착하여 큰일을 하지 않음을『왕심직척(枉尋直尺)』이라 한다.}

【名言】왕척직심(枉尺直尋) ; "한 지를 굽혀서 여덟 자를 곧게 편다"는 말로서, 한 가지를 손해 보더라도 여덟 가지 이익을 보는 것이 낫다는 뜻을 담고 있는 말이다.

이 말은 맹자의 제자인 진대가 스승에게 한 말이다. 왕도정치를 실현하기 위해서는 마음에 들지 않더라도 제후들을 만나 설득해야 하지 않느냐는 뜻으로 말한 것이다.

이 말에 대해 맹자는 옳고 그름을 이렇게 설명했다.

"옛날에 왕량이라는 수레몰이꾼이 왕이 아끼는 신하가 사냥을 나가게 되어 신하의 수레를 몰게 되었는데, 법도에 맞게 수레를 몰았지만, 왕의 신하는 한 마리의 새도 잡지 못했다. 그러자 그 신하는 왕량을 형편없는 몰이꾼이라고 왕에게 말했다. 왕량은 다시 한 번 수레를 몰도록 해달라고 청했다. 이번에는 신하의 비위를 맞춰가며 수레를 몰았더니 새를 열 마리나 잡을 수 있었다.

이에 왕이 왕량을 정식 수레몰이꾼으로 삼으려고 하자, 왕량은 사양하며 이렇게 말했다. '법도대로 수레를 몰았더니 하루 종일 새 한 마리도 잡지 못했습니다. 그러나 그 법도를 따르지 않고 다시 수레를 몰았더니 열 마리나 잡을 수 있었습니다. 저는 법도를 따르지 못했으니 수레를 모는 재주가 없는 사람입니다.'라고 말했다. 수레를 모는 사람도 이렇거늘, 도를 말하는 사람이 도를 굽히면서까지 제후를 따라다닌다면 무슨 꼴이 되겠느냐."

맹자는 옳지 않은 방법으로 뜻을 이루려는 것을 경계한 것이다.

■ 志^지士^사不^불忘^망在^재溝^구壑^학 勇^용士^사不^불忘^망喪^상其^기元^원

뜻있는 선비는 자신이 어디서든 죽을 수 있다는 것을 잊지 않고, 용기 있는 지사는 자신의 머리가 언제든지 잘릴 수 있다는 것을 잊지 않는다.

*溝壑 ; 구렁. 땅이 움쑥하게 팬 곳. 喪 ; 잃다. 元 ; 머리.

■ 以^이順^순爲^위正^정者^자 妾^첩婦^부之^지道^도也^야

순종하는 것을 올바르다고 여기는 것은 아녀자의 도리일 따름이다.

*妾婦 ; 아녀자.

{뛰어난 언변으로 제후들을 설득하는 변설가 경춘(景春)이란 사람이 맹자에게 공손연(公孫衍)이나 장의(張儀) 같은 종횡가인 그들이 한번 성을 내면 제후들이 두려워하고, 가만히 있으면 천하가 조용하니 이들이 진정한 대장부가 아니겠느냐고 말하지, 맹자는, 남자가 관례를 할 때나 여자가 시집을 갈 때 부모가 훈계를 하듯, 반드시 공경하고 삼가서 뜻을 어기는 일이 없도록 순종하는 것을 올바르다고 여기는 것은 아녀자의 도리라며 일축했다.}

거 천 하 지 광 거　입 천 하 지 정 위　행 천 하 지 대 도
■ 居天下之廣居　立天下之正位　行天下之大道

　천하의 너른 집에 살고, 천하의 올바른 자리에 서서 천하
의 큰 길을 간다.

　*廣居 ; 너른 집. 맹자가 가르친 인(仁)의 길.

　{인(仁)이라는 너른 집에 살고, 예(禮)라는 가장 바른 자
리에 서고, 의(義)라는 가장 큰 길을 당당하게 걷는다. 이것
이야말로 대장부가 살아가는 길이다.}

부 귀 불 능 음　빈 천 불 능 이　위 무 불 능 굴　차 지 위 대 장 부
■ 富貴不能淫　貧賤不能移　威武不能屈　此之謂大丈夫

　부귀를 가지고도 그의 마음을 어지럽게 만들 수 없고, 가
난과 천대로 그의 마음을 바꿔 놓지는 못하며, 위세나 폭력으
로도 그의 지조를 꺾지는 못한다. 이런 사람을 가리켜 대장부
라고 한다.

　*威武 ; 위세와 무력. 屈 ; 굽히다.

　【名言】대장부(大丈夫) ; 전국시대 맹자는 공자 다음으로
명성이 높은 유가의 대표 인물로서 아성(亞聖)으로 불리고
있다. 그의 문장은 그 기세가 웅장하여 마치 장강(長江)의 흐
름처럼 거침이 없다. 그는 유가학설을 계승하여 『인의(仁
義)』로 천하를 다스리고, 사람들의 일상행위를 규범화할 것

을 주장했으며, 『인의』를 완전무결한 도덕규범으로 추앙했다.

하루는 종횡가(縱橫家)의 학자인 경춘(景春)이 맹자를 찾아와 공손연(公孫衍)과 장의(張儀)의 위세를 예로 들어 그들이 진정한 대장부(大丈夫)라고 하며 이렇게 말했다.

"공손연과 장의는 참으로 대장부가 아니겠습니까. 그들이 한번 노하면 제후들이 행여나 싶어 겁을 집어먹고, 그들이 조용히 있으면 온 천하가 다 조용합니다."

공손연과 장의는 역사적으로 너무도 유명한 맹자시대의 변사들이다. 경춘의 말처럼 그들이 한번 반감을 가지면 상대는 잠을 편히 자지 못하고, 그들이 조용히 있으면 천하도 따라 조용한 형편이었다. 출세가 사나이의 전부라고 한다면 그들이야말로 사나이 중의 사나이라 할 수 있다. 그러나 맹자가 보는 눈은 달랐다.

"그들이 어떻게 대장부일 수 있겠는가. 그대는 예(禮)를 배우지 않았던가. 장부가 갓을 처음 쓰게 될 때는 아버지가 교훈을 주고, 여자가 시집을 가면 어머니가 교훈을 주는데, 어머니는 대문 앞에서 딸을 보내며 이렇게 말한다. '너희 집에 가거든 공경하고 조심하여 남편에게 어기는 일이 없게 해라.' 남에게 순종함으로써 정당함을 삼는 것은 첩이나 아내가 하는 길이다.”

이것은 공손연과 장의가 집권층의 비위에 맞게 갖은 아부와 교묘한 말재주로 상대의 마음을 낚아 자기 목적을 달성하는 것이 마치 교활한 첩이나 영리한 아내가 남편에게 하는 그런 수법과 다를 것이 없다는 것을 통렬히 비난한 것이다. 그리고 맹자는 그가 생각하고 있는 대장부의 정의에 대해서 이렇게 말했다.

“천하의 너른 집에 살면서, 천하의 올바른 자리에 서고, 천하의 대도(大道)를 행한다. 뜻을 얻으면 백성과 더불어 하고, 뜻을 얻지 못하면 홀로 그 도를 행한다. 부귀도 그 마음을 흩뜨리지 못하고, 빈천도 그 마음을 변화시키지 못한다. 위력이나 무력도 그를 굽히게 하지 못하니, 이런 사람을 일러 대장부라고 하는 것이다(威武不能屈 此之謂大丈夫).”

범인이 보는 대장부와, 철인이 보는 대장부와는 이처럼 많은 차이가 있다. 과연 어느 쪽이 참다운 『대장부』이겠는가. 『위무불굴』은 좁게는 어떤 위엄이나 무력에도 굴하지 않는다는 뜻이지만, 넓게는 부귀공명이나 빈천, 위협 등에도 전혀 흔들림이 없는 대장부의 크고 떳떳한 기상을 이르는 말이다.

■ 東^동面^면而^이征^정西^서夷^이怨^원 南^남面^면而^이征^정北^북狄^적怨^원

어진 자가 동쪽을 향해 정벌하러 나가면 서쪽 오랑캐가 원망하고, 남쪽을 향해 정벌하러 나가면 북쪽 오랑캐가 원망한다.

*夷 ; 서융(西戎 ; 중국 서쪽 변방의 오랑캐). 北狄 ; 융적 (戎狄 ; 북쪽 오랑캐).

{옛날 은(殷)나라 탕왕(湯王)이 갈(葛)을 정벌했을 때 사방의 오랑캐들이 이런 원망을 했다고 한다. 평소에 자기 나라의 학정에 고생하고 있기 때문이다.}

■ 一^일齊^제人^인傅^부之^지 衆^중楚^초人^인咻^휴之^지

한 명의 제나라 사람이 그를 가르치고, 뭇 초나라 사람이 그에게 떠들어댄다.

*傅 ; 스승. 咻 ; 떠들다.

【名言】 일부중휴(一傅衆咻) ; 한 사람이 가르치는데 여러 사람이 듣지 않고 떠든다는 뜻으로, 학습 환경이 좋지 않거나 환경의 영향으로 인해 일의 성과가 없음을 이르는 말.

전국시대 때 맹자가 송(宋)나라의 공족(公族)인 대불승(戴 不勝)이 강왕을 도와 인정(仁政)을 베풀고자 설거주(薛居州)

로 하여금 왕을 보필하게 하였다.

이 소식을 들은 맹자가 송나라를 방문하여 대불승을 만나 묻기를, 어떤 초(楚)나라 대부가 자기 아들에게 제(齊)나라 말을 배우게 하려는데, 제나라 사람으로 하여금 가르치는 것이 나은지, 초나라 사람으로 하여금 가르치는 것이 나은지를 물었다. 대불승은 당연히 제나라 사람을 시켜서 가르치겠다고 답하자, 맹자는 다음과 같이 말했다.

"한 명의 제나라 사람이 그를 가르치고, 뭇 초나라 사람이 그에게 떠들어댄다면(一齊人傅之 衆楚人咻之), 비록 매일 회초리로 때리며 제나라 말을 배우기를 요구하더라도 배우지 못할 것입니다. 그를 몇 년 동안 제나라의 번화한 길거리에 데려다두고 배우게 한다 할지라도 되지 않을 것입니다."

이어서 맹자는 이렇게 말했다.

"즉, 대부께서는 설거주를 착한 선비로 평가하여 그로 하여금 왕의 처소에 거처하게 하였는데, 왕의 처소에 있는 자들이 나이 많은 사람이나 어린 사람, 계급이 낮은 사람이나 높은 사람이 모두 설거주와 같다면 왕이 누구와 더불이 착하지 않은 일을 하겠으며, 왕의 처소에 있는 자들이 나이 많은 사람이나 어린 사람, 계급이 낮은 사람이나 높은 사람이 모두 설거주와 같지 않다면 왕이 누구와 더불어 착한 일을 하겠습니까? 설거주 한 사람이 홀로 송(宋)나라 왕을 어떻게 하겠습니까?"

말 많은 집은 장맛도 쓴 법이다. 아무리 이루려고 해도 주위에서 방해를 하면 이루기 어렵다. 이와 반대되는 표현으로 "곧은 삼밭 속에서 자란 쑥은 곧게 자라게 되는 것처럼 선한 사람과 사귀면 그 감화를 받아 자연히 선해진다."는 『마중지봉(麻中之蓬)』이라는 성어가 있다.

■ 知我者其惟春秋乎 罪我者其惟春秋乎
지 아 자 기 유 춘 추 호　죄 아 자 기 유 춘 추 호

나를 알아주는 것도 《춘추》뿐이요, 나를 죄 주는 것 역시 오직 《춘추》뿐이다.

*春秋 ; 오경(五經) 가운데 하나로 유가의 경전이다. 《춘추》는 본래 노나라의 사관(史官)이 기록한 궁정연대기(宮廷年代記)였는데, 여기에 공자가 독자적인 역사의식과 가치관을 가지고 필삭(筆削)을 가함으로써 단순한 궁정연대기 이상의 의미를 지니게 된 것이다.

{나는(공자) 이 세상의 난신적자(亂臣賊子)에 필주(筆誅 : 남의 죄악이나 과실을 글로 써 책망함)를 가하고자 《춘추》를 썼다. 이 뜻을 알아주는 것은 《춘추》일 것이다. 또 사람

이 죄를 받는다는 천자의 권력을 범한 월권한 나를 벌해 줄 수 있는 것도 역시 《춘추》일 것이다. 자기가 지은 《춘추》에 대해 공자가 한 말이다.}

■ 率獸而食人也
率獸而食人也

짐승을 몰아 사람의 고기를 먹인다.

*率 ; 거느리다, 좇다.

{위정자의 부엌에는 질 좋은 고기가 있고, 마구간에는 살찐 말이 있지만, 백성은 굶주려 고생하고 있다. 이것은 간접적이긴 하지만 짐승에게 사람을 먹이는 것이나 다름없다. 노(魯)나라 현인 공명의(公明儀)의 말.}

■ **作於其心 害於其事 作於其事 害於其政**

그 마음에 일어나서 그 일을 해치고, 그 일에 일어나서 그 정치를 해친다.

【名言】작심삼일(作心三日) ; 결심이 사흘을 가지 못함. 결심이 굳지 못함을 이름.

작심(作心)은 마음을 단단히 먹는다는 뜻이다. 『작심삼일』은 두 가지 뜻으로 쓰인다. 사흘을 두고 생각하고 생각한 끝에 비로소 결정을 보았다는 신중성을 의미하기도 하고, 마음을 단단히 먹기는 했지만, 사흘만 지나면 그 결심이 흐지부지되고 만다는 뜻으로도 쓰인다. 즉 앞의 경우는 사흘을 두고 작심했다는 뜻이고, 뒤의 경우는 작심한 것이 사흘밖에 못 간다는 뜻이다.

그러나 어떤 일을 결정하는 데 있어 사흘씩이나 두고두고 생각을 한다면 그 일이 어렵고 실현 가능성이 적은 것임을 알 수 있다. 사흘을 두고 작심한 것이 사흘이 못 가서 그 작심이 헛것이 될 수도 있는 일이니, 결국 옹졸한 사람의 자신 없는 태도로 볼 수 있다. 『작심(作心)』이란 말이 나오는 대목이다.

"……그 마음이 생겨나면 그 일에 해가 되고, 그 일이 일어나면 그 다스림에 해를 끼치게 된다(……作於其心 害於其事 作於其事 害於其政)."

『작심』은 마음을 일으킨다는 뜻이다. 억지로 하기 싫은 깃을 의식적으로 일깨운다는 말이 된다.

"고작 삭심삼일이야?"하는 말들을 한다. 자신도 의욕도 없는 경우를 말한다. 결심이 오래 가야 사흘 간다는 뜻으로 못 믿겠다는 말이다.

■ 孔子成春秋而亂臣賊子懼

공자께서 《춘추(春秋)》를 완성하니 나라를 어지럽히는 신하와 어버이를 해치는 자식들이 두려워하게 되었다.

{공자가 살았던 시기는 춘추시대로서, 도의가 땅에 떨어지고 세상이 쇠해 각종 사설(邪說)이 들끓어 신하가 임금을 죽이고, 자식이 어버이를 해치는 일이 생겨났는데, 공자가 이를 바로잡기 위해 천자(天子)의 일을 다룬 《춘추》를 완성함으로써 비로소 난신적자들이 두려워하게 되었다고 맹자는 말한 것이다.}

【名言】난신적자(亂臣賊子) ; 나라를 어지럽히는 신하와 어버이를 해치는 자식. 세상을 살아가는 데 전혀 도움이 되지 않는 천하에 몹쓸 사람이나 역적의 무리를 가리키는 말이다.

맹자의 제자 공도자(公都子)가 맹자에게 물었다. "사람들이 이르기를, 선생님께서는 논쟁을 좋아하신다고 하는데, 그 까닭을 알고 싶습니다."

맹자가 대답했다. "나는 논쟁을 좋아하는 것이 아니라, 천하의 도가 땅에 떨어졌기 때문에 어쩔 수 없이 하는 것일 뿐이다."

　　그리고 맹자는 이어서 선대(先代)의 우(禹)임금과 주공(周公), 공자(孔子) 등 세 성인을 계승하는 것이 자신의 뜻임을 밝히고 다음과 같이 말했다.

　　"옛날 우(禹)임금이 홍수를 막으니 천하가 태평해졌고, 주공(周公)이 오랑캐를 아우르고 맹수를 몰아내니 백성들이 편안해졌고, 공자께서 《춘추》를 완성함으로써 나라를 어지럽히는 신하와 어버이를 해치는 자식들이 두려워하게 되었다(昔者禹抑洪水而天下平　周公兼夷狄驅猛獸而百姓寧　孔子成春秋而亂臣賊子懼)."

　　『난신적자』는 바로 "공자께서 《춘추》를 완성함으로써 나라를 어지럽히는 신하와 어버이를 해치는 자식들이 두려워하게 되었다(孔子成春秋而亂臣賊子懼)."는 데서 나온 말이다.

■ 距楊墨子　聖人之徒也
(거 양 묵 자　성 인 지 도 야)

　　양주와 묵적을 마아낼 사람은 성인이다.

　　*踞 ; 웅크리고 앉다. 楊墨 ; 양주와 묵적.

　　{양주(楊朱, 양자)의 자애설(自愛說), 묵적(墨翟 ; 묵자)의 겸애설(兼愛說)을 막을 자가 있으면 그 자는 성인의 무리라

칭찬해도 좋을 것이다. 양주, 묵적의 설은 모두 세상을 미혹
시키는 설이기 때문이다.}

■ 蚓而後充其操者也
(인 이 후 충 기 조 자 야)

지렁이 같은 생활을 하면서 절조를 지키는 자, 즉 조그마
한 결백을 지키면서 스스로 존귀하다고 말하고 있다. 이런
것을 어찌 진실한 절조라 할 수 있겠는가.

*蚓 ; 지렁이. 操 ; 절조.

{결백한 선비로서 이름 높은 진중자(陳仲子)는 그의 형
대(戴)의 녹을 불의한 녹이라 하여 먹지도 않고, 형의 집 또
한 불의한 집이라 하여 형의 집에서 나와 혼자 살면서 자기
생활을 결백하다고 생각한다. 진중자의 그런 태도를 맹자는
지렁이 같다고 비웃은 것이다.}

滕文公章句 下

{第一節} 陳代曰：“不見諸侯, 宜若小然；今一見之, 大則以王, 小則以霸. 且志曰：‘枉尺而直尋.’, 宜若可爲也.”

孟子曰：“昔齊景公田, 招虞人以旌, 不至, 將殺之. 志士不忘在溝壑, 勇士不忘喪其元. 孔子奚取焉? 取非其招不往也, 如不待其招而往, 何哉? 且夫枉尺而直尋者, 以利言也. 如以利, 則枉尋直尺而利, 亦可爲與? 昔者趙簡子使王良與嬖奚乘, 終日而不獲一禽. 嬖奚反命曰：‘天下之賤工也.’ 或以告王良. 良曰：‘請複之.’ 強而後可, 一朝而獲十禽. 嬖奚反命曰：‘天下之良工也.’ 簡子曰：‘我使掌與女乘.’ 謂王良. 良不可, 曰：‘吾爲之範我馳驅, 終日不獲一；爲之詭遇, 一朝而獲十. 詩雲："不失其馳, 舍矢如破." 我不貫與小人乘, 請辭.’ 禦者且羞與射者比. 比而得禽獸, 雖若丘陵, 弗爲也. 如枉道而從彼, 何也? 且子過矣, 枉己者, 未有能直人者也.”

{第二節} 景春曰：“公孫衍、張儀豈不誠大丈夫哉? 一怒而諸侯懼, 安居而天下熄.”

孟子曰：“是焉得爲大丈夫乎? 子未學禮乎? 丈夫之冠也, 父命之；女子之嫁也, 母命之, 往送之門, 戒之曰：‘往之女家,必敬必戒, 無違夫子!' 以順爲正者, 妾婦之道也. 居天下之廣居, 立天下之正位, 行天下之大道. 得志與民由之, 不得志獨行其道. 富貴不能淫, 貧賤不能移, 威武不能屈. 此之謂大丈夫."

{第三節} 周霄問曰："古之君子仕乎?"

孟子曰："仕. 傳曰：'孔子三月無君, 則皇皇如也, 出疆必載質.' 公明儀曰：'古之人三月無君則吊.' "

"三月無君則吊, 不以急乎?"

曰："士之失位也, 猶諸侯之失國家也. 禮曰：'諸侯耕助, 以供粢盛；夫人蠶繅, 以爲衣服. 犧牲不成, 粢盛不潔, 衣服不備, 不敢以祭. 惟士無田, 則亦不祭.' 牲殺器皿衣服不備, 不敢以祭, 則不敢以宴, 亦不足吊乎?"

"出疆必載質, 何也?"

曰："士之仕也, 猶農夫之耕也, 農夫豈爲出疆舍其耒耜哉?"

曰："晉國亦仕國也, 未嘗聞仕如此其急. 仕如此其急也, 君子之難仕, 何也?"

曰："丈夫生而願爲之有室, 女子生而願爲之有家. 父母之心, 人皆有之. 不待父母之命、媒妁之言, 鑽穴隙相窺, 踰牆相從, 則父母國人皆賤之. 古之人未嘗不欲仕也, 又惡不由其道. 不由其道而往者, 與鑽穴隙之類也."

{第四節} 彭更問曰 : "後車數十乘, 從者數百人, 以傳食於
諸侯, 不以泰乎?"

孟子曰 : "非其道, 則一簞食不可受於人 ; 如其道, 則舜受
堯之天下, 不以爲泰, 子以爲泰乎?"

曰 : "否. 士無事而食, 不可也."

曰 : "子不通功易事, 以羨補不足, 則農有餘粟, 女有餘布 ;
子如通之, 則梓匠輪輿皆得食於子. 於此有人焉, 入則孝, 出則
悌, 守先王之道, 以待後之學者, 而不得食於子. 子何尊梓匠輪
輿而輕爲仁義者哉?"

曰 : "梓匠輪輿, 其志將以求食也 ; 君子之爲道也, 其志亦
將以求食與?"

曰 : "子何以其志爲哉? 其有功於子, 可食而食之矣. 且子
食志乎? 食功乎?" 曰 : "食志."

曰 : "有人於此, 毀瓦畫墁, 其志將以求食也, 則子食之
乎?" 曰 : "否."

曰 : "然則子非食志也, 食功也."

{第五節} 萬章問曰 : "宋, 小國也. 今將行王政, 齊楚惡而伐
之, 則如之何?"

孟子曰 : "湯居亳, 與葛爲鄰, 葛伯放而不祀. 湯使人問之
曰 : '何爲不祀?' 曰 : '無以供犧牲也.' 湯使遺之牛羊. 葛伯食

之, 又不以祀. 湯又使人問之曰：‘何爲不祀?’ 曰：‘無以供粢盛也.’ 湯使亳眾往爲之耕, 老弱饋食. 葛伯率其民, 要其有酒食黍稻者奪之, 不授者殺之. 有童子以黍肉餉, 殺而奪之. 書曰：‘葛伯仇餉.’ 此之謂也. 爲其殺是童子而征之, 四海之內皆曰：‘非富天下也, 爲匹夫匹婦複讎也.’ ‘湯始征, 自葛載’, 十一征而無敵於天下. 東面而征, 西夷怨 ; 南面而征, 北狄怨, 曰：‘奚爲後我?’ 民之望之, 若大旱之望雨也. 歸市者弗止, 芸者不變, 誅其君, 吊其民, 如時雨降. 民大悅. 書曰：‘徯我後, 後來其無罰!’ ‘有攸不惟臣, 東征, 綏厥士女, 匪厥玄黃, 紹我周王見休, 惟臣附於大邑周.’ 其君子實玄黃於匪以迎其君子, 其小人簞食壺漿以迎其小人, 救民於水火之中, 取其殘而已矣. 太誓曰：‘我武惟揚, 侵於之疆, 則取於殘, 殺伐用張, 於湯有光.’ 不行王政雲爾, 苟行王政, 四海之內皆舉首而望之, 欲以爲君. 齊楚雖大, 何畏焉?”

{第六節} 孟子謂戴不勝曰：“子欲子之王之善與? 我明告子. 有楚大夫於此, 欲其子之齊語也, 則使齊人傳諸? 使楚人傳諸?”

曰：“使齊人傳之.”

曰：“一齊人傳之, 眾楚人咻之, 雖日撻而求其齊也, 不可得矣 ; 引而置之莊嶽之間數年, 雖日撻而求其楚, 亦不可得矣.

子謂薛居州, 善士也. 使之居於王所. 在於王所者, 長幼卑尊, 皆薛居州也, 王誰與爲不善? 在王所者, 長幼卑尊, 皆非薛居州也, 王誰與爲善? 一薛居州, 獨如宋王何?"

{第七節} 公孫醜問曰 : "不見諸侯, 何義?"

孟子曰 : "古者不爲臣不見. 段幹木逾垣而辟之, 泄柳閉門而不內, 是皆已甚. 迫, 斯可以見矣. 陽貨欲見孔子而惡無禮, 大夫有賜於士, 不得受於其家, 則往拜其門. 陽貨矙孔子之亡也, 而饋孔子蒸豚；孔子亦矙其亡也, 而往拜之. 當是時, 陽貨先, 豈得不見? 曾子曰 : '脅肩諂笑, 病於夏畦.' 子路曰 : '未同而言, 觀其色赧赧然, 非由之所知也.' 由是觀之, 則君子之所養可知已矣."

{第八節} 戴盈之曰 : "什一, 去關市之征, 今茲未能. 請輕之, 以待來年, 然後已, 何如?"

孟子曰 : "今有人日攘其鄰之雞者, 或告之曰 : '是非君子之道.' 曰 : '請損之, 月攘一雞, 以待來年, 然後已.' 如知其非義, 斯速已矣, 何待來年."

{第九節} 公都子曰 : "外人皆稱夫子好辯, 敢問何也?"

孟子曰 : "予豈好辯哉? 予不得已也. 天下之生久矣, 一治一亂. 當堯之時, 水逆行泛濫於中國, 蛇龍居之, 民無所定, 下者爲巢, 上者爲營窟. 書曰 : '洚水警餘.' 洚水者, 洪水也. 使禹治之. 禹掘地而注之海, 驅蛇龍而放之菹, 水由地中行, 江、淮、河、漢是也. 險阻既遠, 鳥獸之害人者消, 然後人得平土而居之.

堯舜既沒, 聖人之道衰, 暴君代作, 壞宮室以爲汚池, 民無所安息, 棄田以爲園囿, 使民不得衣食, 邪說暴行又作, 園囿汚池, 沛澤多而禽獸至, 及紂之身, 天下又大亂. 周公相武王, 誅紂伐奄, 三年討其君, 驅飛廉於海隅而戮之, 滅國者五十, 驅虎豹犀象而遠之, 天下大悅. 書曰:'丕顯哉, 文王謨, 丕承哉, 武王烈, 佑啓我後人, 鹹以正無缺.'

世衰道微, 邪說暴行有作, 臣弑其君者有之, 子弑其父者有之. 孔子懼, 作春秋. 春秋, 天子之事也, 是故孔子曰:'知我者, 其惟春秋乎;罪我者, 其惟春秋乎.'

聖王不作, 諸侯放恣, 處士橫議, 楊朱墨翟之言, 盈天下, 天下之言, 不歸楊則歸墨. 楊氏爲我, 是無君也;墨氏兼愛, 是無父也. 無父無君. 是禽獸也. 公明儀曰:'庖有肥肉, 廐有肥馬, 民有饑色, 野有餓莩, 此率獸而食人也.' 楊墨之道不息, 孔子之道不著, 是邪說誣民, 充塞仁義也. 仁義充塞, 則率獸食人, 人將相食. 吾爲此懼. 閑先聖之道, 距楊墨, 放淫辭, 邪說者, 不得作, 作於其心, 害於其事, 作於其事, 害於其政, 聖人復起, 不易吾言矣.

昔者禹抑洪水, 而天下平 ; 周公兼夷狄, 驅猛獸, 而百姓寧 ; 孔子成春秋, 而亂臣賊子懼. 詩雲：'戎狄是膺, 荊舒是懲, 則莫我敢承.' 無父無君, 是周公所膺也. 我亦欲正人心, 息邪說, 距詖行, 放淫辭, 以承三聖者. 豈好辯哉? 予不得已也. 能言距楊墨者, 聖人之徒也.

{第十節} 匡章曰："陳仲子豈不誠廉士哉? 居於陵, 三日不食, 耳無聞, 目無見也. 井上有李, 螬食實者過半矣, 匍匐往將食之, 三咽, 然後耳有聞, 目有見."

孟子曰："於齊國之士, 吾必以仲子爲巨擘焉. 雖然, 仲子惡能廉? 充仲子之操, 則蚓而後可者也. 夫蚓, 上食槁壤, 下飲黃泉. 仲子所居之室, 伯夷之所築與? 抑亦盜蹠之所築與? 所食之粟, 伯夷之所樹與? 抑亦盜蹠之所樹與? 是未可知也."

曰："是何傷哉? 彼身織屨, 妻辟纑, 以易之也."

曰："仲子, 齊之世家也. 兄戴, 蓋祿萬鍾. 以兄之祿爲不義之祿而不食也, 以兄之室爲不義之室而不居也, 辟兄離母, 處於於陵. 他日歸, 則有饋其兄生鵝者, 己頻顣曰：'惡用是鶂鶂者爲哉?' 他日, 其母殺是鵝也, 與之食之. 其兄自外至, 曰：'是鶂鶂之肉也.' 出而哇之. 以母則不食, 以妻則食之 ; 以兄之室則弗居, 以於陵則居之. 是尚爲能充其類也乎? 若仲子者, 蚓而後充其操者也."

제7편 이루(離婁) 上

■ 離婁之明 公輸子之巧 不以規矩 不能成方員
(이루지명 공수자지교 불이규구 불능성방원)

　이루(離婁)의 밝음과 공수자(公輸子)의 재주로도 규(規)와 구(矩)를 쓰지 않으면 능히 네모와 원을 만들지 못한다.

　*離婁 ; 중국 황제(黃帝) 때에 살았으며, 눈이 아주 밝았다고 전해지는 전설상의 인물. 公輸子 ; 춘추시대 노(魯)나라의 나무를 잘 다루던 유명한 목수. 規矩 ; 지름이나 선의 거리를 재는 도구. 그림쇠.

　{이루처럼 눈이 밝은(눈썰미 있는) 사람도, 공수자처럼 세공에 재주가 있는 사람도 그림쇠(컴퍼스)와 굽은자(曲尺)를 쓰지 않으면 사각이나 원형을 그릴 수가 없다. 즉 요순이라도 인정(仁政)이라는 법을 쓰지 않으면 천하를 다스릴 수가 없다. 모든 것에는 도구나 방법이 필요한 것이다.}

■ 不以仁政 不能平治天下
(불이인정 불능평치천하)

　仁으로 정치를 하지 않으면 천하를 태평스럽게 다스릴

수 없다.

■ 爲高必因丘陵 爲下必因川澤

높은 것을 만들려면 반드시 언덕을 이용해야 하고, 낮은 것을 만들려면 반드시 내와 못을 이용해야 한다.

*因 ; 연유. 澤 ; 못.

{정치도 이렇듯 선왕(先王)의 도(道)를 따라서 하는 것이 좋다.}

■ 不仁而在高位 是播其惡於衆也

어질지 못한 자가 높은 자리에 앉으면 그 악덕을 뭇사람들에게 퍼뜨린다.

*播 ; 뿌리다, 퍼뜨리다.

■ 規矩 方員之至也 聖人 人倫之至也

곱자와 걸음쇠는 직각과 원의 지극함이요, 성인은 인륜의 지극함이다.

{규(規), 즉 그림쇠(콤파스)는 원을 그리고, 구(矩), 즉 곡

척(曲尺)은 방형(方形)을 만드는 가장 좋은 표준이다. 성인은 인류의 도의 지극한 표준이다. 각자가 자기의 맡은 역할을 충실히 할 때 그 사회는 바람직하고 화목하고 소통할 수 있는 사회가 될 것이다.}

■ 殷鑑不遠 在夏后之世
은 감 불 원　　재 하 후 지 세

은나라의 거울은 먼 데 있지 않다. 전대인 하나라에 있다.

　*殷鑑 ; 은(殷)나라의 거울이란 뜻으로, 즉 은나라가 거울삼아 볼 수 있는 것..

　{은나라 주왕(紂王)이 반성의 거울로 삼을 전례는 가까운 하(夏)나라 걸왕(桀王)의 시대에 있다는 뜻으로, 가까운 전례를 반성의 본보기로 삼으라는 말.}

　【名言】 은감불원(殷鑑不遠) ; 은감(殷鑑)은 은(殷)나라의 거울이란 뜻이다. 즉 은나라가 거울삼아 볼 수 있는 것을 말한다.

　하(夏)나라가 망함으로써 은나라가 일어났다가 어떻게 해서 망했는가 하는 것을 거울삼아 은나라는 그런 일을 되풀이하지 말아야 할 것이다. 그 하나라가 망한 전례가 지금으로부터 머지않은 과거에 있다. 그것을 은나라의 거울로 삼았다 하는 뜻이『은감불원』이다.

《시경(詩經)》대아편(大雅篇)에 나오는 노래다.

"은나라의 거울은 먼 데 있지 않다(殷鑑不遠). 전대인 하나라에 있다(在夏後之世)."

망국의 선례(先例)는 바로 전대(前代)에 있다는 뜻이었다.

이 노래는 중국 고대 왕조인 하의 걸왕(桀王)과 은나라 주왕(紂王)의 행위와 결부된다. 이 둘은 혁명으로 망한 왕이라는 공통점과 함께『걸주(桀紂)』로 함께 불리는 폭군의 대명사이다. 걸왕은 총희 말희의 환심을 사기 위한 사치와 환락으로 국정을 내팽개쳤으며, 마침내 은나라의 탕왕(湯王)에게 멸망했다.

은왕조도 600년 뒤 주왕에 이르러 하왕조와 같은 운명의 길을 걷게 된다. 주왕 역시 달기(妲己)라는 여인과 함께『주지육림(酒池肉林)』에서 놀았으며, 이를 간하는 신하는『포락지형(炮烙之刑)』에 저했다. 이 같은 폭정을 만류한 삼공(三公) 가운데 구후(九侯)와 악후(鄂侯)는 처형되고, 훗날 주(周)나라의 문왕(文王)이 될 서백(西伯)은 유폐되었다. 그 때 서백이 주왕에게 간한 말이 바로 이 시다. 즉 하나라 걸왕의 전철을 밟지 말라는 충언이었다. 따라서 이 말은 반대의미에서 귀감이라고 할 수 있다. 현대의 정치가들도 새겨들어야 할 이야기다.

■ 天子不仁 不保四海 諸侯不仁 不保社稷

卿大夫不仁 不保宗廟 士庶人不仁 不保四體

천자가 어질지 못하면 사해를 보존하지 못하고, 제후가 어질지 못하면 사직을 보존하지 못하고, 경대부가 어질지 못하면 종묘를 보존하지 못하고, 사서인이 어질지 못하면 사체를 보존하지 못한다.

*四體 ; 팔다리와 머리와 몸뚱이, 곧 온몸.

{맹자가 말하기를, "삼대(夏·殷·周)가 천하를 얻은 것은 어짊으로써였고, 천하를 잃은 것은 어질지 못함으로써였다. 제후의 나라가 흥하고, 폐하고, 보존하고, 망하는 것도 또한 그러하다.

천자가 仁하지 않으면 사해를 보전하지 못하고, 제후들이 仁하지 못하면 사직을 보전하지 못하고, 경대부가 仁하지 못하면 종묘를 보전하지 못하고, 사서인이 仁하지 못하면 사지를 보전하지 못한다. 지금 사람들은 죽는 것을 싫어하면서도 仁하지 않는 것을 좋아하니 이는 취함을 싫어하

면서 억지로 술을 마시는 것과 같다(惡死亡而樂不仁 是猶
惡醉而强酒).”라고 했다.}

■ 惡醉而强酒

　취하는 것을 싫어하면서도 억지로 술을 마시게 한다.

　*强酒惡醉 ; 술은 많이 마시면서 취하는 것을 싫어한다는
뜻으로, 생각하는 것과 행동하는 것이 사뭇 다름을 이르는
말.

　{불인(不仁)은 내 몸을 망치는 일이다. 내 몸을 망치는 것
을 싫어하면서 남의 불인(不仁)을 좋아하는 것은 술 취한 것
을 미워하면서도 술을 강제로 먹이는 것과 같다.}

■ 愛人不親反其仁 治人不治反其智 禮人不答反其敬
　行有不得者 皆反求諸己 其身正而天下歸之

　사람을 사랑해도 친해지지 않거든 그 사랑하는 마음을
반성해 보아야 하고, 사람을 다스려도 다스려지지 않거든
그 지혜를 반성해 보아야 할 것이며, 사람에게 예의를 표했
는데도 답례하지 않거든 그 존중하는 마음을 돌아보아야 할

것이다. 행하고서도 얻지 못함이 있거든 모두 자신에게 돌이켜 찾아야 하니 그 몸가짐이 바르다면 천하가 돌아오는 것이다.

【名言】 반구저기(反求諸己) ; 남 탓 하지 않고 잘못의 원인을 자신에게서 찾는다. "행유부득반구저기(行有不得反求諸己)"에서 온 말이다. 즉 행동을 해서 원하는 결과가 얻어지지 않더라도 자기 자신을 돌아보고 원인을 찾아야 한다는 말이다. 『반궁자문(反躬自問)』 또는 『반궁자성(反躬自省)』이라고도 한다.

"행하여도 얻지 못하거든 자기 자신에게서 잘못을 구할 것이니(行有不得者皆反求諸己), 자신의 몸이 바르면 천하가 돌아올 것이다."

유사한 표현으로 《논어》 위령공편에, "군자는 허물을 자신에게서 구하고, 소인은 허물을 남에게서 구한다(君子求諸己 小人求諸人)"라는 구절이 있다. 우임금의 아들 백계(伯啓)로부터 유래된 말이다. 우임금이 하나라를 다스릴 때, 제후인 유호씨(有扈氏)가 군사를 일으켜 쳐들어왔다. 우임금은 아들 백계로 하여금 군대를 이끌고 가서 싸우게 하였으나 참패하였다. 백계의 부하들은 패배를 인정하지 못하여 다시 한 번 싸우자고 하였다. 그러나 백계는 이렇게 말했다.

"나는 유호씨에 비하여 병력이 적지 않고 근거지가 적지 않거늘 결국 패배하고 말았다. 이는 나의 덕행이 그보다 못하고, 부하를 가르치는 방법이 그보다 못하기 때문이다. 그러므로 나는 먼저 나 자신에게서 잘못을 찾아 고쳐 나가도록 하겠다."

이후 백계는 더욱 분발하여 날마다 일찍 일어나 일을 하고 검소하게 생활하며, 백성을 아끼고 품덕이 있는 사람을 존중하였다. 이렇게 1년이 지나자 유호씨도 그 사정을 알고 감히 침범하지 못하였을 뿐 아니라, 결국에는 백계에게 감복하여 귀순하였다. 이로부터 『반구저기』는 어떤 일이 잘못되었을 때 그 잘못의 원인을 자기 자신에게서 찾는 말로 사용되었다.

이 말은 우리말의 "내 탓이요"와 의미가 통하며, "잘 되면 제 탓, 안 되면 조상 탓"이라는 속담과는 상반된 뜻이다.

■ 人有恒言 皆曰 天下國家 天下之本在國
　國之本在家 家之本在身

사람은 일상적으로 모두 천하 국가를 말한다. 천하의 근본은 나라에 있고, 나라의 근본은 집(家)에 있으며, 집의 근본은 자기 자신(身)에 있다. 참으로 천하 국가를 염려한다면 가장 가까운 곳에 있는 내 몸을 닦아야 한다.

■ 順天者存 逆天者亡

천리(天理)에 따르는 자는 오래 번성(繁盛)하고, 천리를 거스르는 자는 멸망한다.

■ 滄浪之水淸兮 可以濯我纓

　滄浪之水濁兮 可以濯我足

창랑(滄浪)의 물이 맑으면 갓끈을 씻고, 창랑의 물이 탁하면 발을 씻는다.

*濯 ; 씻다. 纓 ; 갓끈. 濁 ; 흐리다.

{물의 청탁(淸濁)에 따라서 갓끈을 씻을 수도 있고 발을 씻을 수도 있다. 사람은 그 마음 씀에 따라서 선한 결과를 얻을 수도 있고, 악한 결과를 얻을 수도 있다. 초나라의 시인 굴원(屈原)의 〈어부사(漁父辭)〉에서는 어부의 말이라 하고, 뜻을 달리 해석해서 치세난세(治世亂世) 각기 그 때에 따라서 출처진퇴를 하라고 말하고 있다.}

【名言】 창랑지수청혜 가이탁오영(滄浪之水淸兮 可以濯吾
纓) ;《초사》〈어부사(漁父辭)〉; "창랑의 물이 맑거든 내
갓끈을 씻는다."라는 뜻으로, 세상이 맑으면 맑게 맞춰 살
고, 세상이 흐리면 흐리게 살라는 말로서, 세상 돌아가는 대
로 맞춰 살라는 말이다.

이 말은《맹자》에도 인용되어 있는데, 각각 쓰인 뜻이
다르다.《초사》의 예를 들면 다음과 같다.

초나라 충신 굴원(屈原)이 간신의 모함을 받고 벼슬에서
쫓겨나 강가를 거닐며 초췌한 모습으로 시를 읊고 있는데,
고기잡이 영감이 배를 저어 지나다가 그가 굴원인 것을 알
고, 어찌하여 이 꼴이 되었느냐면서 안타까워하며 그 까닭을
물었다. 굴원은 이렇게 대답했다.

"온 세상이 흐려 있는데 나만이 홀로 맑고(擧世皆濁我獨
淸), 뭇사람이 다 취해 있는데 나만이 홀로 깨어 있다(衆人皆
醉 我獨醒). 그래서 쫓겨난 것이다."

그러사 어부는 세상이 다 흐리면 같이 따라 흐리고, 세상
이 다 취해 있으면 같이 따라 취하는 것이 성인이 세상을 사
는 길이다. 무엇 때문에 남다른 생각과 남다른 행동으로 이
꼴을 당하느냐고 꾸중을 했다. 그러자 굴원은 또, "새로 머
리를 감은 사람은 반드시 갓을 털고(新沐者 必彈冠), 새로 몸

을 씻은 사람은 반드시 옷을 턴다(新浴者 必振衣)고 했다."
면서, 차라리 강에 빠져 고깃배에 장사를 지내는 한이 있더
라도 어떻게 깨끗한 몸으로 세상의 먼지를 쓸 수 있느냐고
했다. 그 말에 어부는 빙그레 웃고 다시 배를 저어 떠나가며
이렇게 노래를 불렀다는 것이다.

"창랑의 물이 맑거든 내 갓끈을 씻고, 창랑의 물이 흐리
거든 내 발을 씻으리라(滄浪之水清兮 可以濯吾纓 滄浪之水
濁兮 可以濯吾足)."

어부가 부른 이 노래의 뜻은 세상이 밝으면 밝게 살고, 흐
리면 흐리게 살라는 청탁자적(淸濁自適)의 그런 생활태도를
뜻하고 있는 것이다.

《맹자》이루상(離婁上) ; "……아이들이 노래를 불렀다.
'창랑의 물이 맑으면 내 갓끈을 씻고, 창랑의 물이 흐리면
내 발을 씻으리라(滄浪之水清兮 可以濯我纓 滄浪之水濁兮
可以濯我足).' 그러자 공자는 제자들을 보고, '너희들은 잘
들어라. 맑으면 갓끈을 씻고, 흐리면 발을 씻는다(淸斯濯纓
濁斯濯足). 모두 자기 스스로가 가져오는 것이다.'라고 하
였다."

맹자는 이렇게 예를 들고는 다음과 같은 결론을 내리고
있다. "대저 사람은 스스로 업신여긴 뒤에 남이 업신여기게

되고(人必自海然後 人侮之), 집은 스스로 허문 뒤에 남이 허물고, 나라는 스스로 친 뒤에 남이 치는 것이다."

어부의 경우와는 다른 뜻으로 쓰고 있다. 모든 것이 내가 하기에 달려 있으므로 몸을 깨끗이 지녀야 된다는 뜻으로 쓰고 있는 것이다. 공자가 말했다는 "청사탁영 탁사탁족(淸斯濯纓 濁斯濯足)"이란 말은 많이 쓰이고 있는데, 이 말 역시 두 경우에 다 통용될 수 있는 말이다. 다만 스스로 취한 것이다(自取之也)란 말이 자신이 가져온 것이란 뜻이기는 하나, 이것도 내가 마음대로 행할 수 있다는 뜻으로 풀이될 수 있다.

■ 人必自侮 然後人侮之

사람이 먼저 자기가 자기를 욕보인 다음에야 남이 그를 욕보인다.

*侮 ; 업신여기다, 욕보이다.

■ 家必自毁 而後人毁之

가문은 스스로 무너질 짓을 한 뒤에 남이 무너뜨린다.

*毁 ; 헐다.

■ 天作孽 猶可違 自作孽 不可活

하늘이 만든 재앙은 오히려 피할 수도 있으나, 스스로 만든 재앙은 피할 수 없다.

*孽 ; 서자, 재앙. 活 ; 소생하다.

■ 桀紂之失天下也 失其民也

하(夏)나라 걸왕, 은(殷)나라 주왕이 천하를 잃고 망한 것은 백성을 잃었기 때문이다. 즉 민심을 잃으면 천하를 잃게 되는 것이다.

*桀紂 ; 하나라의 걸(桀)과 은나라의 주(紂). 천하 고금의 포악한 임금의 대표.

■ 民之歸仁也 猶水之就下 獸之走壙也

백성이 어진 것을 따르는 것은 마치 물이 낮은 데로 모이고, 짐승이 넓은 들로 달아나는 것과도 같다.

■ 自暴者 不可與有言也 自棄者 不可與有爲也

자포(自暴)하는 사람과는 함께 말을 할 수가 없고, 자기

(自棄)하는 사람과는 함께 일을 할 수가 없다.

　*暴 ; 해치다. 棄 ; 버리다.

　【名言】 자포자기(自暴自棄) ; 마음에 불만이 있어 행동을 되는 대로 마구 취하고 스스로 자신을 돌아보지 아니함.

　『자포자기』란 말을 우리는 될 대로 돼라 하는 그런 뜻으로 쓰고 있다. 글자대로 새기면 스스로 자신을 학대하고 스스로 자신을 내던져 버리는 것이 자포자기다.

　"자포(自暴)하는 사람과는 함께 말을 할 수가 없고, 자기(自棄)하는 사람과는 함께 일을 할 수가 없다(自暴者 不可與有言也 自棄者 不可與有爲也). 예의에 벗어나는 말을 하는 사람을 자포한다 말하고, 자기 자신이 능히 어진 일을 할 수 없고, 옳은 길로 갈 수 없다고 하는 것을 『자기』라고 말한다. 어짊(仁)은 사람의 편안한 집이요, 옳음은 사람의 바른 길이다(仁 人之安宅也 義 人之正路也). 편안한 집을 비워두고 살지 않으며, 바른 길을 버리고 그곳으로 가지 않으니 슬픈 일이다."라고 했다.

　맹자의 말대로 하면 말을 함부로 하는 것이『자포』고, 행동을 되는 대로 하는 것이『자기』다. 말을 함부로 하는 것은, 어질고 바른 것을 적대시하는 적극적인 태도로 볼 수 있고, 행동을 되는 대로 하는 것은 희망을 잃은 소극적인 태도로 볼 수 있다.

아무튼 『자포자기』는 착하고 바른 일하는 것을 거부하려는 태도를 말하는 것이다. "될 대로 돼라"하는 말 자체가, 자제력을 상실한 감정의 노예가 되기를 자청하는 말이기도 하다.

■ 道在爾 而求諸遠 事在易 而求諸難

도(道)는 가까이에 있는데, 멀리서 찾으려 한다. 일은 쉬운데 어려운 것에서 찾으려 한다.

*爾 ; 너, 그, 이. 求 ; 찾다.

{도는 인정에 근본을 둔 극히 쉬운 것인데, 사람은 특별한 것이라고 생각하고 그것을 구하려 한다. 이런 것은 모두가 잘못된 것이다.}

■ 居下位而不獲於上 民不可得而治也

아랫자리에 있으면서 윗사람의 신임을 얻지 못하면 백성을 다스릴 수 없다.

*獲 ; 얻다.

■ 存乎人者 莫良於眸子

사람의 마음을 알아내는 데는 그 눈동자의 청탁(淸濁)을
살피는 것이 가장 좋다.

*眸 ; 눈동자.

{눈동자는 자기의 악을 감추지 못한다. 마음속이 올바르
면 눈동자가 밝게 빛나지만, 마음속이 올바르지 못하면 눈
동자가 흐리고 어둡다. 사람의 말을 듣고 나서 그의 눈동자
를 잘 바라본다면, 그는 어떻게 자기의 마음을 감출 수 있겠
는가?}

■ 聽其言也 觀其眸子 人焉廋哉

그 사람의 말을 듣고 그 사람의 눈동자를 보면 그 사람을
알 수가 있다. 그 사람이 어떻게 해서 자기를 숨길 수가 있
단 말인가.

*觀 ; 보다. 廋 ; 숨기다. 哉 ; 어조사.

{사람을 살피는 데는 눈동자보다도 더 좋은 것은 없다(存
乎人者 莫良於眸子). 눈동자는 그 악함을 엄폐하지 못한다.
마음이 올바르면 눈동자는 맑고, 마음이 올바르지 못하면
눈동자는 흐릿하다. 그의 말을 듣고 그의 눈동자를 살펴보

면, 사람이 어찌 감추겠는가?}

■ 恭者不侮人 儉者不奪人
_{공 자 불 모 인　검 자 불 탈 인}

　남을 공경하는 사람은 남을 업신여기지 않고, 생활이 검박한 사람은 남의 것을 빼앗지 않는다.

　*恭 ; 공경하다. 侮 ; 업신여기다. 儉 ; 검소하다. 奪 ; 빼앗다.

■ 易子而敎之
_{역 자 이 교 지}

　자식을 서로 바꾸어 가르친다.

　【名言】역자교지(易子敎之) ; 공자는 하나밖에 없는 아들 백어(白魚)를 직접 가르치지 않았다. 이를 두고 공손추가 스승인 맹자에게 물었다. "군자가 자기 아들을 직접 가르치지 않는 까닭이 무엇입니까?"

　맹자가 대답했다. "가르치는 사람은 바르게 되라고 가르친다. 그런데 만일 그대로 실행하시 않으면 노여움이 따르게 되고, 그러면 부자간의 정리(情理)가 상하게 된다. 자식은 생각하기를, 아버지께서 내게 바른 일을 하라고 가르치지만, 아버지 역시 바르지 못하다고 생각할 것이다. 그래서 옛날 사람들은 서로 자식을 바꾸어 가르쳤다. 부자 사이에

서로 잘못한다고 책망하면 정리가 멀어지고 그러면 불행한 일이 아닌가?"

스승도 자기 자식은 가르치지 못한다는 말이다. 자기 자식을 직접 가르치다 보면 부자지간에 노여움이 생길 수도 있고 감정이 상하게 되는 등 폐단이 있으므로 다른 이와 서로 자식을 바꾸어 가르친다는 말이다.

■ 君仁莫不仁 君義莫不義 君正莫不正 一正君而國定矣

군주가 어질면 인(仁)하지 않음이 없다. 군주가 의로우면 의롭지 않음이 없다. 군주가 바르면 바르지 않음이 없다. 한 번 군주가 바르고 나면 나라가 안정된다.

■ 有不虞之譽 有求全之毀

뜻밖의 칭찬을 받을 수도 있고, 온전하기를 바라다가 뜻밖의 비방을 당할 수도 있다.

*虞 ; 근심하다, 헤아리다. 譽 ; 칭찬하다. 毀 ; 헐뜯다, 비방하다.

{별것도 아닌데 뜻하지 않은 영예를 얻을 수도 있고, 만전을 기했는데도 뜻하지 않은 비방을 듣는 수도 있다. 영예와

비방은 반드시 그 실체와는 일치하지 않을 수도 있다. 그런 것에 너무 마음을 쓰는 것은 어리석은 일이다.}

■ 易其言也　無責耳矣

말이 쉬운 것은 결국은 그 말에 대한 책임을 생각하지 않기 때문이다.

　*易 ; 쉽다. 責 ; 꾸짖다. 耳 ; 뿐.

　【名言】 이기언무책(易其言無責) ; 말을 쉽게 하는 사람은 책임감이 없다는 뜻으로, 또한 쉬운 대답은 믿지 말라는 뜻으로도 쓰인다.

　"사람이 그 말을 쉽게 하는 것은 책(責)이 없기 때문이다 (人之易其言也　無責耳矣)."로 되어 있다. 여기에서 말한 『책』이란 것은 죄책(罪責)이니 책벌(責罰)이니 하는 뜻이라고 풀이하고 있다. 쉬운 말로 하면, 말을 함부로 하는 것은 몹쓸 꼴을 당해보지 못한 때문이라는 것이다.

　즉 이(易)는 쉽다는 뜻에서 함부로 한다는 뜻도 된다. 약속을 쉽게 하는 그런 뜻이 아닌 겁 없이 말을 함부로 한다는 뜻이다. 즉 조심성 없이 말을 함부로 한다는 뜻이다.

　화는 입으로부터 나온다(禍自口出)는 것을 체험한 사람은 말을 자연 조심하게 된다는 뜻이 된다. 그러나 약속을 되는 대로 하는 사람 역시 그로 인해 책임추궁을 당해 본 경험이 없기 때문이기도 하다. 어찌 됐든, 말을 함부로 하거나, 약속을 쉽게 하는 사람은 죄책감이나 책임감을 느끼지 않는 사람이다. 그런 사람은 경계하는 것이 좋다는 뜻에서 이런 말이 쓰이게 된 것이다.

■ 人之患 在好爲人師
   인 지 환 재 호 위 인 사

사람의 걱정은 남의 스승 되기를 좋아하는 데 있다.

{사람의 병 가운데 하나는 사람의 스승이 되고 싶어 하는 데 있다. 그것은 스스로의 발전을 방해하게 되는 것이다.}

■ 不孝有三 無後爲大
   불 효 유 삼 무 후 위 대

불효에는 세 가지가 있다. 세 가지 가운데 뒤를 이을 아들이 없는 것이 가장 큰 불효다.

{삼불효(三不孝) 중에 남은 두 가지는 확실한 설명이 없으나, 선인들의 설에 의하면, 어버이를 불의(不義)에 빠뜨리게 하는 것을 불효라 하고, 또 빈궁해서 늙은 어버이를 봉양하지 못하는 것도 불효라 했다.}

離妻章句上

{第一節} 孟子曰：“離婁之明，公輸子之巧，不以規矩，不能成方員；師曠之聰，不以六律，不能正五音；堯舜之道，不以仁政，不能平治天下.

今有仁心仁聞而民不被其澤，不可法於後世者，不行先王之道也. 故曰，徒善不足以爲政，徒法不能以自行. 詩雲：‘不愆不忘，率由舊章.’ 遵先王之法而過者，未之有也.

聖人既竭目力焉，繼之以規矩准繩，以爲方員平直，不可勝用也；既竭耳力焉，繼之以六律，正五音，不可勝用也；既竭心思焉，繼之以不忍人之政，而仁覆天下矣. 故曰，爲高必因丘陵，爲下必因川澤. 爲政不因先王之道，可謂智乎? 是以惟仁者宜在高位. 不仁而在高位，是播其惡於眾也.

上無道揆也. 下無法守也，朝不信道，工不信度，君子犯義，小人犯刑，國之所存者幸也. 故曰：城郭不完，兵甲不多，非國之災也；田野不辟，貨財不聚，非國之害也. 上無禮，下無學，賊民興，喪無日矣.

詩曰：‘天之方蹶，無然泄泄.’ 泄泄，猶遝遝也. 事君無義，進退無禮，言則非先王之道者，猶遝遝也. 故曰：責難於君謂之恭, 陳善閉邪謂之敬, 吾君不能謂之賊."

{第二節} 孟子曰 : "規矩, 方員之至也 ; 聖人, 人倫之至也. 欲爲君盡君道, 欲爲臣盡臣道, 二者皆法堯舜而已矣. 不以舜 之所以事堯事君, 不敬其君者也 ; 不以堯之所以治民治民, 賊 其民者也. 孔子曰 : ‘道二 : 仁與不仁而已矣.’ 暴其民甚, 則身 弑國亡 ; 不甚, 則身危國削. 名之曰‘幽厲’, 雖孝子慈孫, 百世 不能改也. 詩雲 ‘殷鑑不遠, 在夏後之世.’, 此之謂也."

{第三節} 孟子曰 : "三代之得天下也以仁, 其失天下也以不 仁. 國之所以廢興存亡者亦然. 天子不仁, 不保四海 ; 諸侯不 仁, 不保社稷 ; 卿大夫不仁, 不保宗廟 ; 士庶人不仁, 不保四 體. 惡死亡而樂不仁, 是猶惡醉而強酒."

{第四節} 孟子曰 : "愛人不親反其仁, 治人不治反其智, 禮 人不答反其敬. 行有不得者, 皆反求諸己, 其身正而天下歸之. 詩雲 : ‘永言配命, 自求多福.’ "

{第五節} 孟子曰 : "人有恒言, 皆曰 ‘天下國家.’ 天下之本 在國, 國之本在家, 家之本在身."

{第六節} 孟子曰 : "爲政不難, 不得罪於巨室. 巨室之所慕, 一國慕之 ; 一國之所慕, 天下慕之 ; 故沛然德教溢乎四海."

{第七節} 孟子曰 : "天下有道, 小德役大德, 小賢役大賢 ; 天下無道, 小役大, 弱役強. 斯二者天也. 順天者存, 逆天者亡.

齊景公曰 : '旣不能令, 又不受命, 是絶物也.' 涕出而女於吳.
今也小國師大國而恥受命焉, 是猶弟子而恥受命於先師也. 如
恥之, 莫若師文王. 師文王, 大國五年, 小國七年, 必爲政於天
下矣. 詩云 : '商之孫子, 其麗不億. 上帝旣命, 侯於周服. 侯服
於周, 天命靡常. 殷士膚敏, 祼將於京.' 孔子曰 : '仁不可爲衆
也. 夫國君好仁, 天下無敵.' 今也欲無敵於天下而不以仁, 是
猶執熱而不以濯也. 詩云 : '誰能執熱, 逝不以濯?' "

{第八節} 孟子曰 : "不仁者可與言哉? 安其危而利其菑, 樂
其所以亡者. 不仁而可與言, 則何亡國敗家之有? 有孺子歌
曰 : '滄浪之水淸兮, 可以濯我纓 ; 滄浪之水濁兮, 可以濯我
足.' 孔子曰 : '小子聽之! 淸斯濯纓, 濁斯濯足矣, 自取之也.'
夫人必自侮, 然後人侮之 ; 家必自毁, 而後人毁之 ; 國必自伐,
而後人伐之. 太甲曰 : '天作孽, 猶可違 ; 自作孽, 不可活.' 此
之謂也."

{第九節} 孟子曰 : "桀紂之失天下也, 失其民也 ; 失其民者,
失其心也. 得天下有道 : 得其民, 斯得天下矣 ; 得其民有道 :
得其心, 斯得民矣 ; 得其心有道 : 所欲與之聚之, 所惡勿施爾
也.

民之歸仁也, 猶水之就下、獸之走壙也. 故爲淵驅魚者, 獺
也 ; 爲叢驅爵者, 鸇也 ; 爲湯武驅民者, 桀與紂也. 今天下之

君有好仁者, 則諸侯皆爲之驅矣. 雖欲無王, 不可得已.

今之欲王者, 猶七年之病求三年之艾也. 苟爲不畜, 終身不得. 苟不志於仁, 終身憂辱, 以陷於死亡. 詩云'其何能淑, 載胥及溺', 此之謂也."

{第十節} 孟子曰："自暴者, 不可與有言也；自棄者, 不可與有爲也. 言非禮義, 謂之自暴也；吾身不能居仁由義, 謂之自棄也. 仁, 人之安宅也；義, 人之正路也. 曠安宅而弗居, 舍正路而不由, 哀哉!"

{第十一節} 孟子曰："道在爾而求諸遠, 事在易而求之難. 人人親其親、長其長而天下平."

{第十二節} 孟子曰："居下位而不獲於上, 民不可得而治也. 獲於上有道；不信於友, 弗獲於上矣；信於友有道：事親弗悅, 弗信於友矣；悅親有道：反身不誠, 不悅於親矣；誠身有道：不明乎善, 不誠其身矣. 是故誠者, 天之道也；思誠者, 人之道也. 至誠而不動者, 未之有也；不誠, 未有能動者也."

{第十三節} 孟子曰："伯夷辟紂, 居北海之濱, 聞文王作, 興曰：'盍歸乎來! 吾聞西伯善養老者.' 太公辟紂, 居東海之濱, 聞文王作, 興曰：'盍歸乎來! 吾聞西伯善養老者.' 二老者, 天下之大老也, 而歸之, 是天下之父歸之也. 天下之父歸之, 其子焉往?諸侯有行文王之政者, 七年之內, 必爲政於天下矣."

{第十四節} 孟子曰：“求也爲季氏宰, 無能改於其德, 而賦粟倍他日. 孔子曰：‘求非我徒也, 小子鳴鼓而攻之可也.’ 由此觀之, 君不行仁政而富之, 皆棄於孔子者也. 況於爲之强戰? 爭地以戰, 殺人盈野；爭城以戰, 殺人盈城. 此所謂率土地而食人肉, 罪不容於死. 故善戰者服上刑, 連諸侯者次之, 辟草萊、任土地者次之.”

{第十五節} 孟子曰：“存乎人者, 莫良於眸子. 眸子不能掩其惡. 胸中正, 則眸子了焉；胸中不正, 則眸子眊焉. 聽其言也, 觀其眸子, 人焉廋哉?”

{第十六節} 孟子曰：“恭者不侮人, 儉者不奪人. 侮奪人之君, 惟恐不順焉, 惡得爲恭儉? 恭儉豈可以聲音笑貌爲哉?”

{第十七節} 淳於髡曰：“男女授受不親, 禮與?”

孟子曰：“禮也.”

曰：“嫂溺則援之以手乎?”

曰：“嫂溺不援, 是豺狼也. 男女授受不親, 禮也；嫂溺援之以手者, 權也.”

曰：“今天下溺矣, 夫子之不援, 何也?”

曰：“天下溺, 援之以道；嫂溺, 援之以手. 子欲手援天下乎?”

{第十八節} 公孫醜曰：“君子之不敎子, 何也?”

孟子曰 : "勢不行也. 教者必以正 ; 以正不行, 繼之以怒 ; 繼之以怒, 則反夷矣. '夫子教我以正, 夫子未出於正也.' 則是父子相夷也. 父子相夷, 則惡矣. 古者易子而教之. 父子之間不責善. 責善則離, 離則不祥莫大焉."

{第十九節} 孟子曰 : "事孰爲大? 事親爲大 ; 守孰爲大? 守身爲大. 不失其身而能事其親者, 吾聞之矣 ; 失其身而能事其親者, 吾未之聞也. 孰不爲事? 事親, 事之本也 ; 孰不爲守? 守身, 守之本也. 曾子養曾晳, 必有酒肉. 將徹, 必請所與. 問有餘, 必曰'有'. 曾晳死, 曾元養曾子, 必有酒肉. 將徹, 不請所與. 問有餘, 曰 : '亡矣'. 將以復進也. 此所謂養口體者也. 若曾子, 則可謂養志也. 事親若曾子者, 可也."

{第二十節} 孟子曰 : "人不足與適也, 政不足間也. 惟大人爲能格君心之非. 君仁莫不仁, 君義莫不義, 君正莫不正. 一正君而國定矣."

{第二十一節} 孟子曰 : "有不虞之譽, 有求全之毁."

{第二十二節} 孟子曰 : "人之易其言也, 無責耳矣."

{第二十三節} 孟子曰 : "人之患在好爲人師."

{第二十四節} 樂正子從於子敖之齊. 樂正子見孟子. 孟子曰 : "子亦來見我乎?"

曰 : "先生何爲出此言也?"

曰：“子來幾日矣？”曰：“昔昔.”

曰：“昔昔，則我出此言也，不亦宜乎？”

曰：“舍館未定.”

曰：“子聞之也，舍館定，然後求見長者乎？”

曰：“克有罪.”

{第二十五節} 孟子謂樂正子曰：“子之從於子敖來，徒哺啜也. 我不意子學古之道，而以哺啜也.”

{第二十六節} 孟子曰：“不孝有三，無後爲大. 舜不告而娶，爲無後也，君子以爲猶告也.”

{第二十七節} 孟子曰：“仁之實，事親是也；義之實，從兄是也. 智之實，知斯二者弗去是也；禮之實，節文斯二者是也；樂之實，樂斯二者，樂則生矣；生則惡可已也，惡可已，則不知足之蹈之、手之舞之.”

{第二十八節} 孟子曰：“天下大悅而將歸己. 視天下悅而歸己，猶草芥也. 惟舜爲然. 不得乎親，不可以爲人；不順乎親，不可以爲子. 舜盡事親之道而瞽瞍厎豫，瞽瞍厎豫而天下化，瞽瞍厎豫而天下之爲父子者定，此之謂大孝.”

제8편 이루(離婁) 下

■ **先聖後聖 其揆一也**
_{선 성 후 성　기 규 일 야}

선대의 성인도 후대의 성인도 그 행한 법도는 모두 같다.

{선대의 성인은 순(舜)임금, 후대의 성인은 주문왕(周文王), 규(揆)는 법도.}

■ **惠而不知爲政**
_{혜 이 부 지 위 정}

은혜롭기는 하나 정치는 할 줄 모른다.

*惠 ; 은혜.

【名言】혜이부지위정(惠而不知爲政) ; "은혜로운 일이기는 하나 정치는 할 줄 모른다."라는 말로, 정치가 어려움을 빗대어 하는 말이다.

정(鄭)나라의 대부 자산(子産)은 어진 재상으로 이름이 나 있었다. 그가 진수와 유수를 지나는데, 백성들이 물을 건너느라 고생하는 것을 보고 측은히 여겨 자기의 수레에 함께 타고 건너게 해주었다. 이는 백성을 사랑하는 어진 마음에서 비롯된 행동이었다. 그러나 맹자는 자산의 이야기를 듣고 이렇게 말했다.

"은혜로운 일이기는 하나 올바른 정치는 아니다. 11월에 사람들이 건널 작은 다리를 놓고, 12월에 수레가 다닐 수 있는 큰 다리를 놓으면 백성들이 물을 건너는 데 걱정이 없을 것이다(惠而不知爲政 歲十一月徒杠成 十二月輿梁成 民未病涉也)."

맹자는 농한기를 이용하여 11월에 사람이 다닐 수 있는 인도교를 세우고, 12월에는 수레가 다닐 차교를 놓으면 백성들이 물을 건너는 문제가 해결될 수 있다고 말하는 것이다. 정치하는 사람이 사람마다 기쁘게 해주려면 날이 또한 부족한 법이다.

즉, 정치라는 것은 작은 혜택을 베푸는 일에 힘을 쏟기보다는 큰 틀에서 원칙을 세우고 근본적인 해결책을 강구하여 백성들의 생활이 편리하도록 이끌어야 된다고 말하는 것이다.

자산은 명재상이다. 정나라에서 그가 죽었을 때는 임금과 온 백성이 다 슬퍼했다 한다. 그러나 맹자는 이 부분에 대한 평가는 달랐다.

■ 有^유不^불爲^위也^야 而^이後^후可^가以^이有^유爲^위

사람은 하지 않는 것이 있은 후에야 하는 것이 있게 된다.

{하지 않는 것은 의롭지 않는 일. 의롭지 않는 일을 하기를 단호하게 하지 않을 수 있게 된 후라야 의로운 일을 과감하게 단행할 수 있게 된다.}

■ 言^언人^인之^지不^불善^선 當^당如^여後^후患^환何^하

남의 좋지 않은 일을 말하면 거기에 따라올 후환을 어떻게 할 것인가.

■ 大^대人^인者^자 言^언不^불必^필信^신 行^행不^불必^필果^과 唯^유義^의所^소在^재

큰 사람은 말을 하면서 다른 사람이 믿어주기를 구하지 않고, 행동을 하면서 좋은 결과를 구하지 않으며, 오직 정의가 존재하는 바를 말하고 행동으로 옮긴다.

{위대한 사람의 언행은 많은 사람의 동의를 받지 못할 수 있다. 그러나 그런 사람에 의해서 정의는 이루어지며, 역사는 발전해 감을 우리는 알고 있다. 여론의 눈치를 보며 말을 자주 바꾸고, 여론의 눈치를 보며 정책을 이리저리 바꾸는

사람은 큰 인물이 되지 못한다.}

■ 大人者 不失其赤子之心者也
^{대 인 자   부 실 기 정 자 지 심 자 야}

큰 인물은 어린아이의 (천진한) 마음을 잃지 않은 자이다.

*赤子 ; 갓난아이, 임금이 백성을 갓난아이로 여겨 사랑한다는 뜻으로, 백성을 일컫는 말.

【名言】적자지심(赤子之心) ; 낳은 지 얼마 되지 않은 갓난아이의 마음처럼, 거짓 없는 순진무구한 마음, 또는 임금에게 일편단심 충성을 다하는 백성의 마음을 뜻한다.

맹자가 말했다. "대인이란 갓난아이 때의 마음을 잃지 않는 사람이다(大人者 不失其赤子之心者也)."

적자(赤子)는 갓 태어난 아이의 몸이 불그레하기 때문에 갓난아기를 이르는 말이다. 맹자는 갓난아기의 순수한 마음을 잃지 않은 사람을 대인으로 여긴 것이다. 그런데 이와는 달리 성악설(性惡說)을 주장한 순자(荀子)는『적심(赤心)』을 변치 않는 마음, 곧 일편단심으로 표현하였고, 《서경》에는『적자(赤子)』를 백성으로 표현하였다. 중국 사람들은 『적심(赤心)』을 조금도 거짓이 없는 참되고 충성스러운 마음, 다른 말로『단심(丹心)』이라고도 한다.

■ 取之左右逢其原
^{취 지 좌 우 봉 기 원}

좌우에서 취하여도 그 근원에 접하게 된다.

*逢 ; 만나다.

{참으로 도(道)를 터득한 사람은 그 언동이 좌에서 취하
거나 우에서 취하거나 어떻게 행해도 모두 근본의 도에 일
치하는 것이다. 혹은 그 근원을 파악해서 비근한 데까지도
자유자재로 활용할 수 있게 된다고 풀이하는 사람도 있다.}

■ 博學而詳說之 將以反說約也
^{박 학 이 상 설 지 장 이 반 설 약 야}

군자가 박학함으로써 상세히 풀이하는 것은 세인(世人)에
게 학문을 자랑하려 함이 아니라, 요점을 알아듣도록 설명하
기 위함이다.

*博學 ; 배운 것이 많고 학식이 넓음. 說約 ; 복잡한 것을
한 마디로 요약할 수 있는 것.

{널리 배워서 상세하게 풀어 나가는 것은 그것을 바탕으
로 근본으로 되돌아가서 그 요점을 전하고자 함이다. 즉 박
학다식을 자랑하기 위해서가 아니고 학문을 실제로 유용하
게 쓰기 위함이다.}

■ 原泉混混 不舍晝夜 盈科而進 放乎四海

맑은 샘물이 졸졸 솟아 밤낮없이 흘러 웅덩이를 채우고, 넘쳐흘러서 바다까지 흘러간다.

*混混 ; 물결소리. 盈 ; 차다. 科 ; 웅덩이.

{물은 그 근원에서 샘솟아 밤낮없이 흘러서 파인 웅덩이가 있으면 모두 채우고 난 뒤에 넘쳐흘러서 바다까지 흘러간다. 마치 근본을 알차게 기른 뒤 활동하는 사람의 모습과도 같다. 과(科)는 웅덩이.}

■ 聲聞過情 君子恥之

명성(名聲)이 실제(實際)를 앞서는 것을 군자는 부끄럽게 여긴다.

{분에 넘치는 칭찬을 받는 것을 군자는 부끄럽게 여긴다.}

【名言】성문과정(聲聞過情) ; 서자(徐子)가 말하기를, "중니께서 물에 대해서 말씀하시기를, '물이여, 물이여!' 하시니, 중니는 물의 무엇에 감탄하신 것입니까?"

맹자가 말하기를, "근원 있는 샘물이 끊임없이 밤낮을 가리지 않고 졸졸 흘러 파인 웅덩이가 있으면 모두 채우고 난 뒤에 넘쳐흘러서 바다까지 흘러간다. 근본이 있는 것은 모두 다 이와 같으니, 이 점을 취한 것이다. 진실로 근본이 없으면 7, 8월 사이에 빗물이 모여 도랑과 물길이 다 가득 차게 되지만, 그 마르는 것도 서서 그대로 기다릴 만한 것이니, 그런 까닭에 명성이 실제를 지나치는 것을 군자는 부끄럽게 여기는 것이다(聲聞過情 君子恥之)."

■ 執中 立賢無方

중용을 지키며 어진 사람을 채택하는 데 출신을 가리지 않았다.

*執 ; 잡다, 지키다.

{은(殷)나라 탕왕(湯王)은 중용의 길을 지켰고, 또 어진 자를 등용해서 쓸 때에는 친소, 귀천, 당파 등을 구별하지 않았다. 방(方)은 류(類).}

■ 仰而思之 夜以繼日

세 왕들을 우러러 생각함에 밤을 새워 하였다.

*繼日 ; 여러 날을 계속함.

【名言】야이계일(夜以繼日) ; 맹자가 말했다. "우(禹)임금은 좋은 술을 싫어하고, 선한 말을 좋아하였다. 탕(湯)왕은

중도를 지키고 어진 사람을 등용하는 데 출신을 따지지 않았다(湯執中 立賢無方). 문왕(文王)은 백성을 보기를 다친 사람 돌보듯 하였고(文王視民如傷), 도(道)를 보면서 아직 그 도에 이르지 못한 듯이 하였다(望道而未之見). 무왕(武王)은 가까운 사람이라 하여 함부로 흘려버리지 않고, 멀리 있는 사람이라도 잊지 않았다. 주공은 하·은·주 세 왕의 업적을 모두 갖추어 우·탕·문·무 네 왕께서 행한 일들을 백성에게 베풀 일만을 생각하였다. 그 가운데 현실과 부합하지 않는 점이 있으면 하늘을 우러러 생각함에 밤을 새워 하였다(其有不合者 仰而思之 夜以繼日). 다행히도 그 이치를 터득하게 되면 가만히 앉아서 날이 새기를 기다렸다가(幸而得之 坐以待旦) 곧바로 실행에 옮겼다."

주공이 선대 세 왕의 업적을 취해 그것을 현실정치에 적용하고자 밤을 새워가면서까지 생각하였다는 것이다. 이렇듯 밤잠도 자지 않을 정도로 한 가지 일에 몰두하는 것을 일러 『야이계일』이라고 한다.

■ 幸而得之 坐以待旦

요행히도 터득하면 앉아서 아침을 기다린다.

*旦 ; 아침

【名言】좌이대단(坐以待旦) ; "앉아서 아침을 기다린다."
라는 뜻으로, 어진 정치를 펴고자 하는 군주의 충정을 비유하
는 말.

은(殷)나라 탕왕(湯王)의 손자 태갑(太甲)은, 임금의 자리
에 오른 뒤 탕왕이 만들어 놓은 제도를 무너뜨렸다. 《서경
(書經)》태갑 상편에 따르면, 탕왕을 도와 은나라를 세운 재
상 이윤(伊尹)이 그 잘못을 지적하며 간언하였다.

"선왕께서는 날이 채 밝기도 전부터 크게 덕을 밝히고자
앉아서 아침이 오기를 기다리셨으며, 널리 뛰어나고 어진 이
들을 구하여 후손들에게 길을 열어 주셨습니다(先王昧爽丕顯
坐以待旦 旁求俊彦 啓迪後人). 선왕의 명을 어기고 스스로 멸
망하는 일이 없도록 검약의 덕을 밝혀 길이 도모하소서."

그러나 태갑은 여전히 간언을 듣지 않자, 이윤은 그를 동
(桐)이라는 곳으로 쫓아버렸다. 태갑이 그 곳에서 잘못을 뉘
우치며 3년 동안 어질고 의로운 일을 행하였다. 그래서 이윤
은 그를 다시 권좌에 앉혔다.

《맹자》이루 하편에는, "주공(周公)은 하·은·주 세 왕
의 업적을 모두 갖추어 우·탕·문·무 네 왕께서 행한 일들
을 백성에게 베풀 일만을 생각하였다. 그 가운데 현실과 부

합하지 않는 점이 있으면 하늘을 우러러 생각함에 밤을 새워 하였다(其有不合者 仰而思之 夜以繼日). 다행히도 그 이치를 깨닫게 되면 가만히 앉아서 날이 새기를 기다렸다가(幸而得 之 坐以待旦) 곧바로 실행에 옮겼다."

여기서 『좌이대단』은 어진 정치를 펴고자 하는 군주의 충정이나 맡은 일에 게으르지 않고 밤낮없이 힘쓰는 성실한 자세를 비유하는 성어로 사용된다.

■ 君子以仁存心 以禮存心 仁者愛人 有禮者敬人
   愛人者人恒愛之 敬人者人恒敬之

군자는 어짊으로써 마음에 보존하고, 예로써 보존한다. 어진 이는 남을 사랑하고, 예의로운 이는 남을 공경한다. 남을 사랑하면 항상 나도 사랑을 받게 되고, 남을 공경하면 항상 나도 공경 받게 된다.

■ 於禽獸又何難焉

금수에 대해서야 굳이 비난해서 무엇 하랴.

{짐승 같은 자라고 비난할 필요는 없다. 상대가 난폭하게

굴면 먼저 자기를 한번 반성해 보는 것이 좋다. 그러나 아무리 자기가 예를 다해도 상대가 난폭한 것을 고치지 않으면 그 상대는 금수와도 같으니 실랑이를 해서 무엇 하겠느냐.}

■ 有終身之憂 無一朝之患也
유 종 신 지 우　무 일 조 지 환 야

평생의 걱정은 있으나, 하루아침거리 근심은 없다.

{군자는 항상 수양의 부족을 생각하고 있기 때문에 평생토록 근심은 있으나, 하루아침에 일어나는 재난에는 결코 마음을 움직여서 걱정할 게 없다.}

■ 三過其門而不入
삼 과 기 문 이 불 입

자기 집 문 앞을 세 차례씩이나 지나면서도 문 안으로 발을 들여놓지 않고 그대로 지나친다.

{나라를 위하여 집안일을 잊음, 또는 공적인 일을 위하여 사사로운 일을 잊어버림을 비유한 말.}

【名言】 과문불입(過門不入) ; "우(禹)와 직(稷 ; 후직)이 태평한 세상을 만났으면서도 세 차례씩이나 자기 집 문 앞을 지나면서 들어가지 아니 하셨는데(三過其門而不入), 공자께서 어질게 여기셨다. 안회는 난세를 만나 누추한 골목

에 살면서 한 대그릇의 밥과 한 표주박의 물(一簞食一瓢飮)로 연명하였다. 사람들은 그러한 근심을 견디지 못하지만, 안회는 그것을 즐거움으로 여겼으므로, 공자께서는 그를 현명하게 여기셨다.”

『과문불입』은 이 글 가운데 “삼과기문이불입(三過其門而不入)”에서 나온 말이다. 우(禹)와 직(稷)은 태평성대임에도 불구하고 집안일도 잊은 채 공무(公務)에 힘썼다. 이렇듯 집안일도 잊은 채 나랏일에 힘쓰는 것을 일러 『과문불입』이라고 한다.

그리고 “한 대그릇의 밥과 한 표주박의 물(一簞食一瓢飮)로 연명하였다.”라고 한 데서 『일단사일표음(一簞食一瓢飮)』 또는 『단사표음(簞食瓢飮)』이라는 성어가 생겨나게 된 것이다.

■ 易地則皆然
역 지 즉 개 연

서로의 처지가 바뀌었더라도 모두 같게 행동했을 것이다.
*皆 ; 모두. 然 ; 그러하다.

【名言】역지사지(易地思之) ; 다른 사람의 처지에서 생각하라는 뜻이다. “서로의 처지가 바뀌었더라도 모두 같게

행동했을 것이다."라는 『역지즉개연(易地則皆然)』에서 나온 말이다.

우(禹)는 하(夏)나라의 시조로 치수(治水)에 성공한 임금이며, 후직(後稷)은 신농(神農)과 더불어 농업의 신으로 숭배되는 인물로, 순(舜)이 나라를 다스릴 때 농업을 관장했다.

맹자가 말하기를, "우임금과 후직은 태평한 세상을 만났으면서도 세 차례씩이나 자기 집 문 앞을 지나면서 들어가지 아니하셨는데(三過其門而不入), 공자가 그들을 어질게 여겼으며, 공자의 제자 안회(顏回)는 난세를 만나 누추한 골목에 살면서 한 대그릇의 밥과 한 표주박의 물(一簞食一瓢飲)로 연명하면서도 안빈낙도(安貧樂道)하였다. 사람들은 그러한 근심을 견디지 못하지만, 안회는 그것을 즐거움으로 여겼으므로, 공자께서는 그를 현명하게 여기셨다."하였다.

그러면서 맹자는, "우와 후직, 안회는 모두 같은 길을 가면서(禹稷顏回同道), 서로의 처지가 바뀌었더라도 모두 같게 행동했을 것이다(禹稷顏子易地則皆然). 우임금은 천히에 물에 빠지는 이가 있으면 자기가 치수를 잘못해서 그가 물에 빠졌다고 생각했고, 후직은 천하에 굶주리는 자가 있으면 자기의 잘못으로 그가 굶주린다고 생각해서 이처럼 백성구제를 급하게 여겼다(禹思天下有溺者 由己溺之也 稷思天

下有飢者 由己飢之也 是以如是其急也)."

여기에서 『역지즉개연(易地則皆然)"이라는 표현을 "다른 사람의 처지에서 헤아려 보아야 한다"는 뜻의 『역지사지(易地思之)』라는 말로 나타낸 것으로 생각할 수 있다.

결국 『역지즉개연』이라는 표현은 오늘날 쓰이는 『역지사지(易地思之)』의 의미와는 다르게 태평한 세상과 어지러운 세상을 살아가는 삶의 태도를 나타내는 의미로 쓰였다.

■ 世俗所謂不孝者五
세 속 소 위 불 효 자 오

세속에서 이르기를, 불효에 다섯 가지가 있다.

【名言】불효자오(不孝者五) ; 세상에서 하지 않아야 할 5가지 불효를 이르는 말로, 제자 공도자(公都子)가 맹자에게 물었다. "제(齊)나라 장군 광장(匡章)은 나라에서 모두 불효자라고 하는데, 선생님께서는 왜 그와 만날 때 예의를 차리십니까?"

"세속에서 이르기를, 불효에는 5가지가 있다(世俗所謂不孝者五). 사지(四肢)를 제대로 놀리지 않아 부모를 봉양을 하지 않는 것이 첫째 불효이고, 장기와 바둑을 즐기고 술을 좋아하여 부모를 봉양을 하지 않는 것이 둘째 불효이며, 재물을 즐기고 처자만을 아껴 부모 봉양을 하지 않는 것이 셋째 불효요, 들리고 보이는 욕구를 좇느라 부모를 욕되게 하는 것이 넷째 불효이며, 용맹을 좋아해 싸우고 성을 냄으로써 부모를 위태롭게 하는 것이 다섯째 불효이다(世俗所謂不孝者五 惰其四支 不顧父母之養 一不孝也 博弈好飮酒 不顧父母之養 二不孝也 好貨財 私妻子 不顧父母之養 三不孝也 從耳目之欲 以爲父母戮 四不孝也 好勇鬪狠 以危父母 五不孝也)."

일찍이 광장(匡章)의 아버지는 그의 부인이 자신에게 잘못하자, 죽여서 마판 밑에 파묻었다. 광장은 아버지에게 이제 어머니를 그만 용서하고 다른 장소로 옮겨 묻어주기를 청하였으나, 그의 아버지는 끝내 그 청을 들어주지 않은 채 죽고 말았다.

이후 광장도 자신의 처자를 내보내고 홀로 살면서 어머니도 옮겨 묻지 않은 채 살았다. 어느 날, 위왕(威王)이 어머니의 묘를 이장하기를 권하였으나, 죽은 아버지를 속이는 짓이라 하여 듣지 않고 그대로 두었다고 한다.

맹자는 광장이 위의 5가지 불효 가운데 어느 한 가지도 하지 않았으니 불효하였다고 할 수는 없다고 말한 것이다.

위의 글에서 연유해 세상에서 결코 해서는 안 될 5가지 불효를 가리켜 『불효자오(不孝者五)』라고 하는 것이다.

■ 堯舜與人同耳
요 순 여 인 동 이

요임금, 순임금도 보통사람과 다를 게 없는 사람이다.

{저자(儲子)가 물었다. "왕께서 사람을 시켜 선생을 몰래 살펴보게 하는데, 선생에게는 과연 남들과 다른 점이 있는지요?" 맹자가 대답했다. "어찌 남들과 다르겠소? 요·순과 같은 성인도 사람이고 나도 사람일 뿐입니다."

그렇다면 성인(聖人)과 다를 바 없는 이런 모습은 어떻게 나타나는 것일까? 누구나 수양에 따라서 훌륭하게 되는 것이다.}

■ 其妻妾不羞也 而不相泣者 幾希矣
기 처 첩 불 수 야 이 불 상 읍 자 기 희 의

세상에 남자란 부귀영달을 위해 비굴한 행동을 할 때가 있다. 아내나 첩이 안다면 부끄러워 울지 않을 자가 없을 것이다.

【故事】 제(齊)나라의 아내와 첩 하나를 데리고 사는 한 남편이 있었는데, 그는 외출을 할 때면 항상 술과 고기를 배

불리 먹고 돌아왔다. 돌아올 때마다 오늘은 고귀한 누구누구와 연회가 있었다고 자랑했다. 그러나 이름난 사람이 집에 찾아온 일은 없었다.

어느 날, 그의 아내가 남편이 가는 곳을 몰래 따라갔는데, 아무리 살펴보아도 종일토록 남편과 같이 서서 이야기하는 사람이 없었다. 그런데 마침내는 남편이 동쪽 성 밖의 무덤에서 제사지내는 사람한테로 가서 그들이 먹고 있는 것을 구걸하고, 모자라면 또 다른 곳으로 가곤 하였다. 이것이 그가 배불리 먹고 취하는 것이었다.

아내가 돌아와서 그의 첩에게 이 말을 하고 부끄러워서 함께 울었다. 남편은 그것도 모르고 으스대며 아내와 첩에게 뽐냈던 것이다.

離婁章句下

{第一節} 孟子曰：“舜生於諸馮, 遷於負夏, 卒於鳴條, 東夷之人也. 文王生於岐周, 卒於畢郢, 西夷之人也. 地之相去也, 千有餘裏；世之相後也, 千有餘歲. 得志行乎中國, 若合符節}. 先聖後聖, 其揆一也.”

{第二節} 子産聽鄭國之政, 以其乘輿濟人於溱洧.

孟子曰：“惠而不知爲政. 歲十一月徒杠成, 十二月輿梁成, 民未病涉也. 君子平其政, 行辟人可也. 焉得人人而濟之? 故爲政者, 每人而悅之, 日亦不足矣.”

{第三節} 孟子告齊宣王曰：“君之視臣如手足；則臣視君如腹心；君之視臣如犬馬, 則臣視君如國人；君之視臣如土芥, 則臣視君如寇讎.”

王曰：“禮, 爲舊君有服, 何如斯可爲服矣?”

曰：“諫行言聽, 膏澤下於民；有故而去, 則君使人導之出疆, 又先於其所往；去三年不反, 然後收其田裏. 此之謂三有禮焉. 如此, 則爲之服矣. 今也爲臣. 諫則不行, 言則不聽；膏澤不下於民；有故而去, 則君搏執之, 又極之於其所往；去之日, 遂收其田裏. 此之謂寇讎. 寇讎何服之有?”

{第四節} 孟子曰：“無罪而殺士, 則大夫可以去；無罪而戮民, 則士可以徙.”

{第五節} 孟子曰：“君仁莫不仁, 君義莫不義.”

{第六節} 孟子曰：“非禮之禮, 非義之義, 大人弗爲.”

{第七節} 孟子曰：“中也養不中, 才也養不才, 故人樂有賢父兄也. 如中也棄不中, 才也棄不才, 則賢不肖之相去, 其間不能以寸.”

{第八節} 孟子曰：“人有不爲也, 而後可以有爲.”

{第九節} 孟子曰：“言人之不善, 當如後患何?”

{第十節} 孟子曰：“仲尼不爲已甚者.”

{第十一節} 孟子曰：“大人者, 言不必信, 行不必果, 惟義所在.”

{第十二節} 孟子曰：“大人者, 不失其赤子之心者也.”

{第十三節} 孟子曰：“養生者不足以當大事, 惟送死可以當大事.”

{第十四節} 孟子曰：“君子深造之以道, 欲其自得之也. 自得之, 則居之安；居之安, 則資之深；資之深, 則取之左右逢其原, 故君子欲其自得之也.”

{第十五節} 孟子曰：“博學而詳說之, 將以反說約也.”

{第十六節} 孟子曰：“以善服人者, 未有能服人者也；以善養人, 然後能服天下. 天下不心服而王者, 未之有也."

{第十七節} 孟子曰:"言無實, 不祥. 不祥之實, 蔽賢者當之."

{第十八節} 徐子曰:"仲尼亟稱於水, 曰:'水哉, 水哉!' 何取於水也?"

孟子曰:"原泉混混, 不舍晝夜. 盈科而後進, 放乎四海, 有本者如是, 是之取爾. 苟爲無本, 七八月之閑雨集, 溝澮皆盈 ; 其涸也, 可立而待也. 故聲聞過情, 君子恥之."

{第十九節} 孟子曰:"人之所以異於禽於獸者幾希, 庶民去之, 君子存之. 舜明於庶物, 察於人倫, 由仁義行, 非行仁義也."

{第二十節} 孟子曰:"禹惡旨酒而好善言. 湯執中, 立賢無方. 文王視民如傷, 望道而未之見. 武王不泄邇, 不忘遠. 周公思兼三王, 以施四事 ; 其有不合者, 仰而思之, 夜以繼日 ; 幸而得之, 坐以待旦."

{第二十一節} 孟子曰:"王者之跡熄, 而詩亡, 詩亡然後春秋作. 晉之乘, 楚之檮杌, 魯之春秋, 一也. 其事則齊桓、晉文, 其文則史. 孔子曰:'其義則丘竊取之矣.' "

{第二十二節} 孟子曰:"君子之澤五世而斬, 小人之澤五世而斬. 予未得爲孔子徒也, 予私淑諸人也."

{第二十三節} 孟子曰:"可以取, 可以無取, 取, 傷廉 ; 可以與, 可以無與, 與, 傷惠 ; 可以死, 可以無死, 死, 傷勇."

{第二十四節} 逢蒙學射於羿, 盡羿之道, 思天下惟羿爲愈己, 於是殺羿.

孟子曰 : "是亦羿有罪焉. 公明儀曰 : '宜若無罪焉.' 曰薄乎雲爾, 惡得無罪? 鄭人使子濯孺子侵衛, 衛使庾公之斯追之. 子濯孺子曰 : '今日我疾作, 不可以執弓, 吾死矣夫!' 問其僕曰 : '追我者誰也?' 其僕曰 : '庾公之斯也.' 曰 : '吾生矣.' 其僕曰 : '庾公之斯, 衛之善射者也.' 夫子曰 "吾生", 何謂也? 曰 : '庾公之斯學射於尹公之他, 尹公之他學射於我. 夫尹公之他, 端人也, 其取友必端矣.' 庾公之斯至, 曰 : '夫子何爲不執弓?' 曰 : '今日我疾作, 不可以執弓.' 曰 : '小人學射於尹公之他, 尹公之他學射於夫子. 我不忍以夫子之道反害夫子. 雖然, 今日之事, 君事也, 我不敢廢.' 抽矢扣輪, 去其金, 發乘矢而後反."

{第二十五節} 孟子曰 : "西子蒙不潔, 則人皆掩鼻而過之. 雖有惡人, 齊戒沐浴, 則可以祀上帝."

{第二十六節} 孟子曰 : "天下之言性也, 則故而已矣. 故者以利爲本. 所惡於智者, 爲其鑿也. 如智者若禹之行水也, 則無惡於智矣. 禹之行水也, 行其所無事也. 如智者亦行其所無事, 則智亦大矣. 天之高也, 星辰之遠也, 苟求其故, 千歲之日至, 可坐而致也."

{第二十七節} 公行子有子之喪, 右師往弔, 入門, 有進而與右師言者, 有就右師之位而與右師言者. 孟子不與右師言, 右師不悅曰：“諸君子皆與驩言, 孟子獨不與驩言, 是簡驩也.”

孟子聞之, 曰：“禮, 朝廷不歷位而相與言, 不踰階而相揖也. 我欲行禮, 子敖以我爲簡, 不亦異乎?”

{第二十八節} 孟子曰：“君子所以異於人者, 以其存心也. 君子以仁存心, 以禮存心. 仁者愛人, 有禮者敬人. 愛人者人恒愛之, 敬人者人恒敬之.

有人於此, 其待我以橫逆, 則君子必自反也：我必不仁也, 必無禮也, 此物奚宜至哉? 其自反而仁矣, 自反而有禮矣, 其橫逆由是也, 君子必自反也：我必不忠. 自反而忠矣, 其橫逆由是也, 君子曰：‘此亦妄人也已矣. 如此則與禽獸奚擇哉? 於禽獸又何難焉?

是故, 君子有終身之憂, 無一朝之患也. 乃若所憂則有之：舜人也, 我亦人也. 舜爲法於天下, 可傳於後世, 我由未免爲鄉人也, 是則可憂也. 憂之如何? 如舜而已矣.

若夫君子所患則亡矣. 非仁無爲也, 非禮無行也. 如有一朝之患, 則君子不患矣.”

{第二十九節} 禹、稷當平世, 三過其門而不入, 孔子賢之. 顏子當亂世, 居於陋巷. 一簞食, 一瓢飮. 人不堪其憂, 顏子不改其樂, 孔子賢之.

孟子曰：“禹、稷、顏回同道. 禹思天下有溺者, 由己溺之也；稷思天下有饑者, 由己饑之也, 是以如是其急也. 禹、稷、顏子易地則皆然. 今有同室之人鬪者, 救之, 雖被髮纓冠而救之, 可也. 鄕鄰有鬪者, 被髮纓冠而往救之, 則惑也, 雖閉戶可也.”

{第三十節} 公都子曰：“匡章, 通國皆稱不孝焉. 夫子與之遊, 又從而禮貌之, 敢問何也?”

孟子曰：“世俗所謂不孝者五：惰其四支, 不顧父母之養, 一不孝也；博弈好飮酒, 不顧父母之養, 二不孝也；好貨財, 私妻子, 不顧父母之養, 三不孝也；從耳目之欲, 以爲父母戮, 四不孝也；好勇鬪很, 以危父母, 五不孝也. 章子有一於是乎?

夫章子, 子父責善而不相遇也. 責善, 朋友之道也；父子責善, 賊恩之大者.

夫章子, 豈不欲有夫妻子母之屬哉? 爲得罪於父, 不得近. 出妻, 屛子, 終身不養焉. 其設心以爲不若是, 是則罪之大者, 是則章子已矣.”

{第三十一節} 曾子居武城, 有越寇. 或曰：“寇至, 盍去諸?”

曰：“無寓人於我室, 毁傷其薪木.” 寇退, 則曰：“修我牆屋, 我將反.” 寇退, 曾子反.

左右曰：“待先生, 如此其忠且敬也. 寇至則先去以爲民望, 寇退則反, 殆於不可.”

沈猶行曰：“是非汝所知也. 昔沈猶有負芻之禍, 從先生者七十人, 未有與焉.”

子思居於衛, 有齊寇. 或曰：“寇至, 盍去諸?” 子思曰：“如急去, 君誰與守?”

孟子曰：“曾子、子思同道. 曾子, 師也, 父兄也；子思, 臣也, 微也. 曾子、子思易地則皆然.”

{第三十二節} 儲子曰：“王使人瞯夫子, 果有以異於人乎?” 孟子曰：“何以異於人哉? 堯舜與人同耳.”

{第三十三節} 齊人有一妻一妾而處室者, 其良人出, 則必饜酒肉而後反. 其妻問所與飲食者, 則盡富貴也. 其妻告其妾曰：“良人出, 則必饜酒肉而後反；問其與飲食者, 盡富貴也, 而未嘗有顯者來, 吾將瞯良人之所之也.” 蚤起, 施從良人之所之, 遍國中無與立談者. 卒之東郭墦閒, 之祭者, 乞其餘；不足, 又顧而之他, 此其爲饜足之道也. 其妻歸, 告其妾曰：“良人者, 所仰望而終身也. 今若此.” 與其妾訕其良人, 而相泣於中庭. 而良人未之知也, 施施從外來, 驕其妻妾.

由君子觀之, 則人之所以求富貴利達者, 其妻妾不羞也, 而不相泣者, 幾希矣.

제9편 만장(萬章) 上

■ ^{부 모 애 지} ^{희 이 불 망} ^{부 모 오 지} ^{노 이 불 원}
父母愛之 喜而不忘 父母惡之 勞而不怨

부모가 사랑하거든 기뻐하고 잊지 말며, 부모가 미워하거든 더욱 노력하고 원망하지 말 것이다.

*勞而不怨 ; 효자는 부모를 위해 어떤 고생을 하더라도 결코 부모를 원망하지 않음.

■ ^{대 효 종 신 모 부 모}
大孝終身慕父母

큰 효도(大孝)는 종신토록 부모를 사모하는 것이다.

{사람은 어려서는 부모를 사모하다가, 여자를 알게 되면 젊고 아름다운 여자를 사모하고, 처자식이 생기면 처자식을 그리워하고, 벼슬을 하면 군주를 사모하고, 군주의 신임을 얻지 못하면 마음을 태운다. 그러나 대효(大孝)는 종신토록 부모를 사모하여, "나이 50이 되어서도 부모를 사모한 사람을 나는 순임금에게서 보았다(五十而慕者 予於大舜見之矣)."고 맹자는 말했다.}

■ 君子可欺以其方 難罔以非其道

군자는 그럴싸한 방법으로 속일 수는 있어도, 도가 아닌 것으로 속이기는 어렵다.

*欺 ; 속이다. 難罔 ; 속이기 어렵다.

■ 仁人之於弟也 不藏怒焉 不宿怨焉 親愛這而已矣

어진 사람은 동생에 대해서 분노를 품어두지도 않고, 원한을 새겨두지도 않으며, 오직 사랑해줄 뿐이다.

*藏 ; 간직하다. 這 ; 이.

■ 說詩者 不以文害辭 不以辭害志 以意逆志 是爲得之

글자로써 말의 뜻을 해쳐서도 안 되고, 말로써 사람의 뜻을 해쳐서도 안 된다. 읽는 자의 마음으로 시의 뜻을 안다면 시를 얻게 된다.

{시를 설명한 자가, 글자 때문에 한 구절의 뜻을 잘못 해석해서도 안 되고, 한 구절 때문에 작자의 뜻을 해쳐서도 안 된다. 자기의 뜻으로써 작자의 뜻을 맞이해야, 이것이 얻음이 있다고 했다.}

■ 孝子之至 莫大乎尊親 尊親之至 莫大乎以天下養
爲天子父 存之至也 以天下養 養之至也

효자의 지극함은 어버이를 존경하는 것보다 큰 것이 없고, 어버이를 존경하는 것의 지극함은 천하로써 봉양하는 것보다 큰 것이 없다. 천자의 아버지가 됨은 존경함의 지극함이요, 천하로써 봉양함은 봉양함의 지극함이다.

■ 天子不能以天下與人

천자는 천하를 남에게 줄 수 없다. 천하는 하늘이 주는 것이다.

{천하는 천하 사람들의 천하요, 천자의 사유물이 아니다.}

■ 天視自我民視 天聽自我民聽

하늘은 우리 백성들을 통해서 보고, 하늘이 듣는 것은 우리 백성들을 통해서 듣는다.

{ "하늘이 보는 것이 우리 백성 보는 것으로부터 보며, 하늘이 듣는 것이 우리 백성 듣는 것으로부터 듣는다." 라는 뜻으로 순리에 따라 세상을 살아야 함을 일컫는다.}

■ 丹舟之不肖 舜之子亦不肖

요(堯)임금의 아들 단주(丹舟)는 불초하고, 순(舜)임금의 아들 역시 불초하다. *丹 ; 붉다. 肖 ; 닮다. 舜 ; 순임금.

【名言】불초(不肖) ; 닮지 않았다는 뜻으로, 매우 어리석은 사람을 말하거나, 자식이 부모에게 낮출 때 쓰는 말이다.

"요임금의 아들 단주(丹舟)는 불초하고, 순임금의 아들 역시 불초하며, 순임금이 요임금을 도운 것과 우임금이 순임금을 도운 것은 오래되었으며, 요와 순임금이 백성들에게 오랫동안 은혜를 베푸셨다(丹舟之不肖 舜之子亦不肖 舜之相堯 禹之相舜也 歷年多 施澤於民久)."

요임금은 자기 아들이 천하의 주인 되기에는 부족한 그릇이라고 판단해 사위인 순에게 자리를 물려주려고 생각했다.

"순에게 제위를 물려주면 천하의 백성들에게 유익하고, 다만 단주 한 사람에게만 불리하지만, 단주에게 제위를 물려주면 천하의 백성들은 불리한 반면 단주 한 사람에게만 유익하다. 그러니 어찌 내 자식만 생각해 천하의 일을 그르치랴."

요임금이 세상을 떠나자, 사람들은 전 임금의 유지(遺旨)를 받들어 순에게 제위를 계승하라고 종용했다. 그러나 순은 고개를 저었다. "내가 태자를 제치고 어찌 그 자리에 나갈 수 있겠는가. 그것은 있을 수 없는 일이다."

순은 평양성을 나와 남하(南河)의 남쪽으로 가버렸고, 자연히 제위는 단주에게 돌아갔다. 그러나 그것으로 문제가 일단락된 것은 아니었다. 당시 각 지역의 제후들은 일 년 중 봄과 가을 한 차례씩 천자를 알현하는 조근(朝覲) 의식을 가졌는데, 제후들은 단주에게 가지 않고 순을 찾아갔다. 뿐만 아니라 송사(訟事)가 있어도 순을 찾아가서 판결해 주기를 청했다. 또한 임금의 은덕을 노래하는 사람들도 단주가 아닌 순의 공덕을 기리는 것이었다.

이렇게 되자 순은, "이것은 사람의 뜻에 따른 것이 아니라 하늘의 뜻이로다!" 하고 탄식하며 도성으로 돌아가 임금의 자리에 올랐다.

『불초』는 부모를 닮지 않았다는 뜻인데, 요임금과 순임금이 각각 아들이 똑똑하지 못해 왕위를 물려주지 않았다는 데서 유래한다. 이는 백성을 위한 일이라면 단지 친자식이라는 이유 하나만으로 왕위를 물려주지 않았다는 요와 순임금의 성군(聖君)다운 깊은 뜻이 담겨 있는 말이다.

■ 其子之賢不肖 皆天也
　　기　자　지　현　불　초　개　천　야

자식의 현(賢), 불현(不賢)은 하늘이 하는 일이라 따로 방도가 없다.

{요임금 같은 훌륭한 아버지에게도 주단(朱丹)처럼 어리석은 자식이 있는 것처럼 순임금의 아들 역시 불초(不肖)다.}

■ 非其義也 非其道也 一介不以與人 一介不以取諸人

의(義)도 아니고 도(道)도 아니면 지푸라기일지라도 남에게 주지도 않고, 남에게서 가지려고도 하지 않는다.

■ 天之生此民也 使先知覺後知 使先覺覺後覺也

하늘이 이들 백성을 세상에 나게 할 때, 먼저 안 사람들로 하여금 뒤에 알 사람들을 깨우치게 했고, 먼저 깨달은 사람들로 하여금 뒤에 깨달을 사람들을 깨우치게 했다.

*覺 ; 깨닫다.

{그러면서 맹자는, "나는 하늘이 낳은 백성 가운데 가장 먼저 알고 깨달은 사람으로, 장차 요순의 도리로 백성들을 일깨워주려 하는 것이니, 내가 아니면 누가 그것을 하겠는가?" 하고 말했다.}

萬章章句上

{第一節} 萬章問曰 : "舜往於田, 號泣於旻天, 何爲其號泣也?" 孟子曰 : "怨慕也."

萬章曰 : "父母愛之, 喜而不忘 ; 父母惡之, 勞而不怨. 然則舜怨乎?"

曰 : "長息問於公明高曰 : '舜往於田, 則吾旣得聞命矣 ; 號泣於旻天, 於父母, 則吾不知也.' 公明高曰 : '是非爾所知也.' 夫公明高以孝子之心, 爲不若是恝, 我竭力耕田, 共爲子職而已矣, 父母之不我愛, 於我何哉? 帝使其子九男二女, 百官牛羊倉廩備, 以事舜於畎畝之中. 天下之士多就之者, 帝將胥天下而遷之焉. 爲不順於父母, 如窮人無所歸. 天下之士悅之, 人之所欲也, 而不足以解憂 ; 好色, 人之所欲, 妻帝之二女, 而不足以解憂 ; 富, 人之所欲, 富有天下, 而不足以解憂 ; 貴, 人之所欲, 貴爲天子, 而不足以解憂. 人悅之、好色、富貴, 無足以解憂者, 惟順於父母, 可以解憂. 人少, 則慕父母 ; 知好色, 則慕少艾 ; 有妻子, 則慕妻子 ; 仕則慕君, 不得於君則熱中. 大孝終身慕父母. 五十而慕者, 予於大舜見之矣."

{第二節} 萬章問曰 : "詩云 : '娶妻如之何? 必告父母.' 信斯

言也, 宜莫如舜. 舜之不告而娶, 何也?"

孟子曰：“告則不得娶. 男女居室, 人之大倫也. 如告, 則廢人之大倫, 以懟父母, 是以不告也.”

萬章曰：“舜之不告而娶, 則吾既得聞命矣；帝之妻舜而不告, 何也?"

曰：“帝亦知告焉則不得妻也.”

萬章曰：“父母使舜完廩, 捐階, 瞽瞍焚廩. 使浚井, 出, 從而揜之. 象曰：‘謨蓋都君鹹我績. 牛羊父母, 倉廩父母, 幹戈朕, 琴朕, 弤朕, 二嫂使治朕棲.’ 象往入舜宮, 舜在床琴. 象曰：‘鬱陶思君爾.’ 忸怩. 舜曰：‘惟茲臣庶, 汝其於予治.’ 不識舜不知象之將殺己與?"

曰：“奚而不知也? 象憂亦憂, 象喜亦喜.”

曰：“然則舜偽喜者與?"

曰：“否. 昔者有饋生魚於鄭子產, 子產使校人畜之池. 校人烹之, 反命曰：‘始舍之圉圉焉, 少則洋洋焉, 攸然而逝.’ 子產曰‘得其所哉! 得其所哉!’ 校人出, 曰：‘孰謂子產智? 予既烹而食之, 曰：得其所哉? 得其所哉.’ 故君子可欺以其方, 難罔以非其道. 彼以愛兄之道來, 故誠信而喜之, 奚偽焉?"

{第三節} 萬章問曰：“象日以殺舜爲事, 立爲天子, 則放之, 何也?" 孟子曰：“封之也, 或曰放焉.”

萬章曰：“舜流共工於幽州, 放驩兜於崇山, 殺三苗於三危, 殛鯀於羽山, 四罪而天下咸服, 誅不仁也. 象至不仁, 封之有庳. 有庳之人奚罪焉? 仁人固如是乎? 在他人則誅之, 在弟則封之.”

曰：“仁人之於弟也, 不藏怒焉, 不宿怨焉, 親愛之而已矣. 親之欲其貴也, 愛之欲其富也. 封之有庳, 富貴之也. 身爲天子, 弟爲匹夫, 可謂親愛之乎?”

“敢問或曰放者, 何謂也?”

曰：“象不得有爲於其國, 天子使吏治其國, 而納其貢稅焉, 故謂之放, 豈得暴彼民哉? 雖然, 欲常常而見之, 故源源而來. ‘不及貢, 以政接於有庳’, 此之謂也.”

{第四節} 鹹丘蒙問曰：“語云：‘盛德之士, 君不得而臣, 父不得而子.’ 舜南面而立, 堯帥諸侯北面而朝之, 瞽瞍亦北面而朝之. 舜見瞽瞍, 其容有蹙. 孔子曰：‘於斯時也, 天下殆哉, 岌岌乎!’ 不識此語誠然乎哉?”

孟子曰：“否. 此非君子之言, 齊東野人之語也. 堯老而舜攝也. 堯典曰：‘二十有八載, 放勳乃徂落, 百姓如喪考妣, 三年, 四海遏密八音.’ 孔子曰：‘天無二日, 民無二王.’ 舜既爲天子矣, 又帥天下諸侯以爲堯三年喪, 是二天子矣.”

鹹丘蒙曰：“舜之不臣堯, 則吾既得聞命矣. 詩云：‘普天之下, 莫非王土; 率土之濱, 莫非王臣.' 而舜既爲天子矣, 敢問瞽瞍之非臣, 如何?" 曰:"是詩也, 非是之謂也; 勞於王事, 而不得養父母也. 曰:'此莫非王事, 我獨賢勞也.' 故說詩者, 不以文害辭, 不以辭害志. 以意逆志, 是爲得之. 如以辭而已矣, 雲漢之詩曰:'周餘黎民, 靡有孑遺.' 信斯言也, 是周無遺民也. 孝子之至, 莫大乎尊親; 尊親之至, 莫大乎以天下養. 爲天子父, 尊之至也; 以天下養, 養之至也. 詩曰:'永言孝思, 孝思維則.' 此之謂也. 書曰:'祗載見瞽瞍, 夔夔齊栗, 瞽瞍亦允若.' 是爲父不得而子也."

{第五節} 萬章曰:"堯以天下與舜, 有諸?" 孟子曰:"否. 天子不能以天下與人."

"然則舜有天下也, 孰與之?" 曰:"天與之."

"天與之者, 諄諄然命之乎?" 曰:"否. 天不言, 以行與事示之而已矣."

曰:"以行與事示之者如之何?" 曰:"天子能薦人於天, 不能使天與之天下; 諸侯能薦人於天子, 不能使天子與之諸侯; 大夫能薦人於諸侯, 不能使諸侯與之大夫. 昔者堯薦舜於天而天受之, 暴之於民而民受之, 故曰:天不言, 以行與事示之而已矣."

曰:"敢問薦之於天而天受之, 暴之於民而民受之, 如何?"

曰：“使之主祭而百神享之, 是天受之 ; 使之主事而事治, 百姓安之, 是民受之也. 天與之, 人與之, 故曰：天子不能以天下與人. 舜相堯二十有八載, 非人之所能爲也, 天也. 堯崩, 三年之喪畢, 舜避堯之子於南河之南. 天下諸侯朝覲者, 不之堯之子而之舜；訟獄者, 不之堯之子而之舜；謳歌者, 不謳歌堯之子而謳歌舜, 故曰天也. 夫然後之中國, 踐天子位焉. 而居堯之宮, 逼堯之子, 是簒也, 非天與也. 太誓曰：‘天視自我民視, 天聽自我民聽.’ 此之謂也.”

{第六節} 萬章問曰：“人有言：‘至於禹而德衰, 不傳於賢而傳於子.’ 有諸?”

孟子曰：“否, 不然也. 天與賢, 則與賢；天與子, 則與子. 昔者舜薦禹於天, 十有七年, 舜崩. 三年之喪畢, 禹避舜之子於陽城. 天下之民從之, 若堯崩之後, 不從堯之子而從舜也. 禹薦益於天, 七年, 禹崩. 三年之喪畢, 益避禹之子於箕山之陰. 朝覲訟獄者不之益而之啟, 曰：‘吾君之子也.’ 謳歌者不謳歌益而謳歌啟, 曰：‘吾君之子也.’ 丹朱之不肖, 舜之子亦不肖. 舜之相堯, 禹之相舜也, 歷年多, 施澤於民久. 啟賢, 能敬承繼禹之道. 益之相禹也, 歷年少, 施澤於民未久. 舜、禹、益相去久遠, 其子之賢不肖, 皆天也, 非人之所能爲也. 莫之爲而爲者, 天也；莫之致而至者, 命也. 匹夫而有天下者, 德必若舜禹, 而又有天子薦之者, 故仲尼不有天下. 繼世以有天下, 天之所廢, 必若桀紂者也, 故益、伊尹、周公不有天下. 伊尹相湯以王於天下. 湯崩, 太丁未立, 外丙二年, 仲壬四年. 太甲顛覆湯之典刑, 伊尹放之於桐. 三年, 太甲悔過, 自怨自艾, 於桐處仁遷義 ; 三年, 以聽伊尹之訓己也, 複歸於亳. 周公之不有天下, 猶益之於夏, 伊尹之於殷也. 孔子曰 : '唐虞禪, 夏後、殷、周繼, 其義一也.' "

{第七節} 萬章問曰 : "人有言'伊尹以割烹要湯'有諸?"

孟子曰 : "否, 不然. 伊尹耕於有莘之野, 而樂堯舜之道焉. 非其義也, 非其道也, 祿之以天下, 弗顧也 ; 系馬千駟, 弗視也. 非其義也, 非其道也, 一介不以與人, 一介不以取諸人, 湯使人以幣聘之, 囂囂然曰 : '我何以湯之聘幣爲哉? 我豈若處畎畝之中, 由是以樂堯舜之道哉?' 湯三使往聘之, 既而幡然改曰 : '與我處畎畝之中, 由是以樂堯舜之道, 吾豈若使是君爲堯舜之君哉? 吾豈若使是民爲堯舜之民哉? 吾豈若於吾身親見之哉? 天之生此民也, 使先知覺後知, 使先覺覺後覺也. 予, 天民之先覺者也 ; 予將以斯道覺斯民也. 非予覺之, 而誰也?' 思天下之民匹夫匹婦有不被堯舜之澤者, 若己推而內之溝中. 其自任以天下之重如此, 故就湯而說之以伐夏救民. 吾未聞枉己而正人者也, 況辱己以正天下者乎? 聖人之行不同也, 或遠或近, 或去或不去, 歸潔其身而已矣. 吾聞其以堯舜之道要湯, 末聞以割烹也. 林氏曰：“以堯舜之道要湯者, 非實以是要之也, 道在此而湯之聘自來耳. 猶子貢言夫子之求之, 異乎人之求之也”愚謂此語亦猶前章所論父不得而子之意. 伊訓曰：‘天誅造攻自牧宮, 朕載自亳.’ ”

{第八節} 萬章問曰：“或謂孔子於衛主癰疽, 於齊主侍人瘠環, 有諸乎?”

孟子曰：“否, 不然也. 好事者爲之也. 於衛主顔讎由. 彌子之妻與子路之妻, 兄弟也. 彌子謂子路曰：‘孔子主我, 衛卿可得也.’ 子路以告. 孔子曰：‘有命.’ 孔子進以禮, 退以義, 得之不得曰‘有命’. 而主癰疽與侍人瘠環, 是無義無命也. 孔子悅於魯衛, 遭宋桓司馬將要而殺之, 微服而過宋. 是時孔子當阨, 主司城貞子, 爲陳侯周臣. 吾聞觀近臣, 以其所爲主；觀遠臣, 以其所主. 若孔子主癰疽與侍人瘠環, 何以爲孔子?”

{第九節} 萬章問曰：“或曰：‘百裏奚自鬻於秦養牲者, 五羊之皮, 食牛, 以要秦穆公.’ 信乎?”

孟子曰：“否, 不然. 好事者爲之也. 百裏奚, 虞人也. 晉人以垂棘之璧與屈産之乘, 假道於虞以伐虢. 宮之奇諫, 百裏奚不諫. 知虞公之不可諫而去, 之秦, 年已七十矣, 曾不知以食牛幹秦穆公之爲汙也, 可謂智乎? 不可諫而不諫, 可謂不智乎?

知虞公之將亡而先去之, 不可謂不智也. 時擧於秦, 知穆公之可與有行也而相之, 可謂不智乎? 相秦而顯其君於天下, 可傳於後世, 不賢而能之乎? 自鬻以成其君, 鄕黨自好者不爲, 而謂賢者爲之乎?"

제10편 만장(萬章) 下

■ 遺佚^{유 일 이 불 원}而不怨 阨窮^{액 궁 이 불 민}而不憫

버려두어도 원망하지 않고, 곤궁하게 살아도 걱정하지 않았다.

*遺佚 ; 유능한 사람이 잊히거나 발견되지 않아 등용되지 아니함. 阨窮 ; 운이 나빠 괴로워함. 憫 ; 고민하다.

【名言】유일이불원(遺佚而不怨) ; 세상이 나를 버려도 세태를 원망하지 않는다. 유(遺)는 버린다는 뜻이고, 일(佚)은 잘못해서 빠뜨린다는 뜻이다.

이 말은 유하혜(柳下惠)를 평한 맹자의 말이다.

"유하혜는 미천한 임금이라도 섬기는 데 부끄럽게 생각지 않고, 낮은 벼슬도 하찮게 여기지 않았다. 벼슬길에 나아가면 재능을 숨기지 않고 반드시 최선을 다해 일했고, 버려두어도 원망하지 않고, 곤궁하게 살아도 걱정하지 않았다(遺佚而不怨 阨窮而不憫). 그러므로 말하기를, '너는 너요, 나는 나다(爾爲爾 我爲我). 네가 비록 내 곁에서 벌거벗고 있을지라도 어찌 나를 더럽히겠는가.' 라고 했다."

맹자는 유하혜에 앞서, 유하혜와는 정반대의 지나친 결백성을 지닌 백이(伯夷)에 대해 구체적인 설명을 하고 난 다음 유하혜에 대해서 언급하고 있다. 그리고 끝으로 이렇게 결론을 내린다.

"백이는 너무 편협하고, 유하혜는 너무 소탈하다. 편협과 소탈은 다 군자가 걸어갈 중용의 길이 아니다."

그러나 맹자는 다른 곳에서 유하혜를 "성지화자(聖之和者)"라고 평했다. 마음이 너그러운 성인이란 뜻이다.

또 유하혜는 세 번 벼슬에서 쫓겨나도 원망하는 기색이 없었고, 세 번 벼슬에 올라도 기뻐하는 일이 없었다. 어떤 사람이 그를 보고, "자네 같은 재주로써 어디를 간들 출세를 못하겠는가?" 하고 다른 나라로 가서 벼슬하기를 권했다.

그러자 유하혜는, "올바른 도리로 임금을 섬기면 어디로 간들 쫓겨나지 않겠는가. 이왕 쫓겨날 바엔 부모의 나라를 버릴 까닭이 없지 않은가." 하며, 모든 것을 자연스럽게 보고 자연스럽게 생각했다.

또 폭풍우가 몰아친 어느 날 밤, 있을 곳을 잃은 옆집 젊은 과부가, 혼자 있는 유하혜의 방문을 두드리며 재워달라고 사정을 했다. 그러자 유하혜는 서슴지 않고 맞아들여 한 방에서 밤을 새웠다. 그러나 세상에 누구 한 사람 유하혜와 그

과부와의 관계를 의심하는 사람은 없었다 한다. 이것이 바로 "비록 내 옆에서 옷을 벗은들 어떻게 나를 더럽힐 수 있겠느냐."라고 하는 얘기라 하겠다.

■ 爾爲爾 我爲我
<small>이 위 이   아 위 아</small>

너는 너고, 나는 나다.

*爾 ; 너.

{뜻이 높은 사람은 시속에 따라 흔들리지 않는다. 비록 네가 내 곁에서 벌거벗은들 네가 어찌 나를 더럽힐 수가 있겠는가(雖袒裼裸裎於我側 爾焉能浼我哉)? 맹자가 유하혜(柳下惠)의 태도를 풍자해서 한 말이다.}

■ 孔子聖之時者也
<small>공 자 성 지 시 자 야</small>

공자는 성인으로서 때를 알아서 처신을 한 사람이었다.

{즉 공자는 완급, 출처, 진퇴 등 모든 것을 그 때를 알아서 행동하는 성인이라는 말. "백이(伯夷)는 성인으로서 맑았던 사람이고, 이윤(伊尹)은 성인으로서 사명을 자임하였던 사람이고, 유하혜는 성인으로서 온화한 기질을 가졌던 사람이었다(伯夷 聖之淸者也 伊尹 聖之任者也 柳下惠 聖之和者

也)."}

■ 不挾長 不挾貴 不挾兄弟而友
불 협 장 불 협 귀 불 협 형 제 이 우

　벗을 사귈 때는, 나이가 많음을 내세우지 않고, 존귀함을
내세우지 않으며, 형제의 힘을 내세우지 않는다.

　*挾 ; 내세우다.

　{벗을 사귀는 것이란 그 사람의 덕을 벗으로 사귀는 것이
므로 그 사이에 다른 것을 개재시켜서는 안 된다.}

■ 却之爲不恭 何哉
각 지 위 불 공 　 하 재

　주는 것을 거절하여 물리치는 일은 공손하지 못하다.

　*却(卻) ; 물리치다. 恭 ; 공손하다.

　{남의 호의나 선물을 고맙게 받아들인다는 뜻을 나타낼 때
많이 쓰는 관용적 표현이다. 남을 높이고 자신을 낮추는 겸양
의 표현이다.}

　【名言】각지불공(却之不恭) ; 스승인 맹자가 제후들의 폐
백(幣帛)을 모두 받아들이자, 만장은 스승의 그러한 행동을
못마땅하게 생각해서 제후들의 폐백을 받는 이유가 무엇인
지 물었다.

맹자가 대답했다. "공경하기 때문이다."

그러자 만장이 다시 물었다. "그러한 것은 물리치시지요. 그러한 것을 물리치는 것이 공경스럽지 못하다는 것은 무엇 때문입니까?(却之 却之爲不恭 何哉)."

맹자가 대답했다. "존귀한 사람이 내려주는데, 그것을 취하는 것이 옳은지 그른지를 따지고 난 뒤에 받는 것은 불공한 것이다. 그런 까닭에 물리치지 않은 것이다."

남의 호의에 대해서 옳고 그름을 따지지 않는다는 뜻으로, 남의 호의를 고맙게 받아들인다는 뜻을 나타낼 때 많이 쓰는 관용적 표현이다. 남을 높이고 자신을 낮추는 겸양의 표현이다.

■ 仕非爲貧也 而有時乎爲貧
사 비 위 빈 야 이 유 시 호 위 빈

벼슬을, 가난을 면키 위해서 하지 않지만, 가난을 면하기 위해서 할 때가 있다.

*仕 ; 벼슬히다.

{벼슬을 사는 것은 의식주(衣食住)를 얻기 위해서 하는 것이 아니다. 그러나 때에 따라서는 부모를 봉양한다거나, 가정을 위해서와 같은 때 가난을 면하기 위해 벼슬을 할 때

도 있다.}

■ <ruby>志<rt>지</rt></ruby><ruby>士<rt>사</rt></ruby><ruby>不<rt>불</rt></ruby><ruby>忘<rt>망</rt></ruby><ruby>在<rt>재</rt></ruby><ruby>溝<rt>구</rt></ruby><ruby>壑<rt>학</rt></ruby> <ruby>勇<rt>용</rt></ruby><ruby>士<rt>사</rt></ruby><ruby>不<rt>불</rt></ruby><ruby>忘<rt>망</rt></ruby><ruby>喪<rt>상</rt></ruby><ruby>其<rt>기</rt></ruby><ruby>元<rt>원</rt></ruby>

뜻이 있는 선비는 (그의 시신이) 도랑에 버려질 것을 잊지 않고, 용맹한 전사는 자기 목을 잃을 것을 잊지 않는다.

*溝壑 ; 땅이 움쑥하게 팬 곳. 도랑과 골짜기. 喪 ; 죽다, 잃다.

{지사(志士)나 선비는 항상 죽음을 각오하고 있어야 된다. 공자가 한 말이다. 지사는 도에 뜻을 두어 도의 구현을 위하여 노력하는 선비. 구학(溝壑)은 사람이 죽음을 당해 도랑이나 골짜기에 시신이 버려지는 것.}

萬章章句下

{第一節} 孟子曰 : "伯夷, 目不視惡色, 耳不聽惡聲. 非其君不事, 非其民不使. 治則進, 亂則退. 橫政之所出, 橫民之所止, 不忍居也. 思與鄉人處, 如以朝衣朝冠坐於塗炭也. 當紂之時, 居北海之濱, 以待天下之清也. 故聞伯夷之風者, 頑夫廉, 懦夫有立志.

伊尹曰 : '何事非君? 何使非民?' 治亦進, 亂亦進. 曰 : '天之生斯民也, 使先知覺後知, 使先覺覺後覺. 予, 天民之先覺者也 ; 予將以此道覺此民也.' 思天下之民匹夫匹婦有不與被堯舜之澤者, 若己推而內之溝中, 其自任以天下之重也.

柳下惠, 不羞汙君, 不辭小官. 進不隱賢, 必以其道. 遺佚而不怨, 阨窮而不憫. 與鄉人處, 由由然不忍去也. '爾爲爾, 我爲我, 雖袒裼裸裎於我側, 爾焉能浼我哉?' 故聞柳下惠之風者, 鄙夫寬, 薄夫敦.

孔子之去齊, 接淅而行 ; 去魯, 曰 : '遲遲吾行也.' 去父母國之道也. 可以速而速, 可以久而久, 可以處而處, 可以仕而仕, 孔子也."

孟子曰 : "伯夷, 聖之清者也 ; 伊尹, 聖之任者也 ; 柳下惠,

聖之和者也；孔子，聖之時者也. 孔子之謂集大成. 集大成
者, 金聲而玉振之也. 金聲也者, 始條理也；玉振之也者, 終條
理也. 始條理者, 智之事也；終條理者, 聖之事也. 智, 譬則巧
也；聖, 譬則力也. 由射於百步之外也, 其至, 爾力也；其中,
非爾力也."

{第二節} 北宮錡問曰：“周室班爵祿也, 如之何?"

孟子曰：“其詳不可得聞也. 諸侯惡其害己也, 而皆去其籍.
然而軻也, 嘗聞其略也. 天子一位, 公一位, 侯一位, 伯一位,
子、男同一位, 凡五等也. 君一位, 卿一位, 大夫一位, 上士一
位, 中士一位, 下士一位, 凡六等. 天子之制, 地方千裏, 公侯
皆方百裏, 伯七十裏, 子、男五十裏, 凡四等. 不能五十裏, 不
達於天子, 附於諸侯, 曰附庸. 天子之卿受地視侯, 大夫受地視
伯, 元士受地視子、男. 大國地方百裏, 君十卿祿, 卿祿四大
夫, 大夫倍上士；上士倍中士；中士倍下士；下士與庶人在官者
同祿, 祿足以代其耕也. 次國地方七十裏, 君十卿祿, 卿祿三大
夫, 大夫倍上士, 上士倍中士, 中士倍下士, 下士與庶人在官者
同祿, 祿足以代其耕也. 小國地方五十裏, 君十卿祿, 卿祿二大
夫, 大夫倍上士, 上士倍中士, 中士倍下士, 下士與庶人在官者
同祿, 祿足以代其耕也. 耕者之所獲, 一夫百畝. 百畝之糞, 上
農夫食九人, 上次食八人, 中食七人, 中次食六人, 下食五人.

庶人在官者, 其祿以是爲差."

{第三節} 萬章問曰:"敢問友."

孟子曰:"不挾長, 不挾貴, 不挾兄弟而友. 友也者, 友其德也, 不可以有挾也. 孟獻子, 百乘之家也, 有友五人焉:樂正裘、牧仲, 其三人, 則予忘之矣. 獻子之與此五人者友也, 無獻子之家者也. 此五人者, 亦有獻子之家, 則不與之友矣. 非惟百乘之家爲然也. 雖小國之君亦有之. 費惠公曰:'吾於子思, 則師之矣;吾於顏般, 則友之矣;王順、長息則事我者也.' 非惟小國之君爲然也, 雖大國之君亦有之. 晉平公之於亥唐也, 入云則入, 坐云則坐, 食云則食. 雖疏食菜羹, 未嘗不飽, 蓋不敢不飽也. 然終於此而已矣. 弗與共天位也, 弗與治天職也, 弗與食天祿也, 士之尊賢者也, 非王公之尊賢也. 舜尚見帝, 帝館甥於貳室, 亦饗舜, 迭爲賓主, 是天子而友匹夫也. 用下敬上, 謂之貴貴;用上敬下, 謂之尊賢. 貴貴、尊賢, 其義一也."

{第四節} 萬章問曰:"敢問交際何心也?" 孟子曰:"恭也."

曰:"卻之卻之爲不恭, 何哉?" 曰:"尊者賜之, 曰'其所取之者, 義乎, 不義乎', 而後受之, 以是爲不恭, 故弗卻也."

曰:"請無以辭卻之, 以心卻之, 曰'其取諸民之不義也', 而以他辭無受, 不可乎?" 曰:"其交也以道, 其接也以禮, 斯孔子受之矣."

萬章曰：“今有禦人於國門之外者，其交也以道，其饋也以禮，斯可受禦與?” 曰：“不可. 康誥曰：‘殺越人於貨，閔不畏死，凡民罔不譈.’是不待教而誅者也. 殷受夏，周受殷，所不辭也. 於今爲烈，如之何其受之?”

曰：“今之諸侯取之於民也，猶禦也. 苟善其禮際矣，斯君子受之，敢問何說也?” 曰：“子以爲有王者作，將比今之諸侯而誅之乎? 其教之不改而後誅之乎? 夫謂非其有而取之者盜也，充類至義之盡也. 孔子之仕於魯也，魯人獵較，孔子亦獵較. 獵較猶可，而況受其賜乎?”

曰：“然則孔子之仕也，非事道與?” 曰：“事道也.”

“事道奚獵較也?” 曰：“孔子先簿正祭器，不以四方之食供簿正.” 曰：“奚不去也?”

曰：“爲之兆也. 兆足以行矣，而不行，而後去，是以未嘗有所終三年淹也. 孔子有見行可之仕，有際可之仕，有公養之仕也. 於季桓子，見行可之仕也；於衛靈公，際可之仕也；於衛孝公，公養之仕也.”

{第五節} 孟子曰：“仕非爲貧也，而有時乎爲貧；娶妻非爲養也，而有時乎爲養. 爲貧者，辭尊居卑，辭富居貧. 辭尊居卑，辭富居貧，惡乎宜乎? 抱關擊柝. 孔子嘗爲委吏矣，曰‘會計當而已矣’. 嘗爲乘田矣，曰‘牛羊茁壯，長而已矣’. 位卑而言高，罪也；立乎人之本朝, 而道不行, 恥也"

{第六節} 萬章曰："士之不托諸侯, 何也?" 孟子曰："不敢也. 諸侯失國, 而後托於諸侯, 禮也；士之托於諸侯, 非禮也."

萬章曰："君饋之粟, 則受之乎?" 曰："受之."

"受之何義也?" 曰："君之於氓也, 固周之."

曰："周之則受, 賜之則不受, 何也?" 曰："不敢也."

曰："敢問其不敢何也?" 曰："抱關擊柝者, 皆有常職以食於上. 無常職而賜於上者, 以爲不恭也."

曰："君饋之, 則受之, 不識可常繼乎?" 曰："繆公之於子思也, 亟問, 亟饋鼎肉. 子思不悅. 於卒也, 摽使者出諸大門之外, 北面稽首再拜而不受. 曰：'今而後知君之犬馬畜伋.' 蓋自是台無饋也. 悅賢不能舉, 又不能養也, 可謂悅賢乎?"

曰："敢問國君欲養君子, 如何斯可謂養矣?" 曰："以君命將之, 再拜稽首而受. 其後廩人繼粟, 庖人繼肉, 不以君命將之. 子思以爲鼎肉, 使己仆仆爾亟拜也, 非養君子之道也. 堯之於舜也, 使其子九男事之, 二女女焉, 百官牛羊倉廩備, 以養舜於畎畝之中, 後舉而加諸上位. 故曰："王公之尊賢者也."

{第七節} 萬章曰："敢問不見諸侯, 何義也?" 孟子曰："在國曰市井之臣, 在野曰草莽之臣, 皆謂庶人. 庶人不傳質爲臣, 不敢見於諸侯, 禮也."

萬章曰：“庶人, 召之役, 則往役；君欲見之, 召之, 則不往見之, 何也?” 曰：“往役, 義也；往見, 不義也. 且君之欲見之也, 何爲也哉?”

曰：“爲其多聞也, 爲其賢也.” 曰：“爲其多聞也, 則天子不召師, 而況諸侯乎? 爲其賢也, 則吾未聞欲見賢而召之也. 繆公亟見於子思, 曰：‘古千乘之國以友士, 何如?’ 子思不悅, 曰：‘古之人有言：曰事之云乎, 豈曰友之云乎?’ 子思之不悅也, 豈不曰：‘以位, 則子, 君也；我, 臣也. 何敢與君友也? 以德, 則子事我者也. 奚可以與我友?’ 千乘之君求與之友, 而不可得也, 而況可召與? 齊景公田, 招虞人以旌, 不至, 將殺之. 志士不忘在溝壑, 勇士不忘喪其元. 孔子奚取焉? 取非其招不往也.”

曰：“敢問招虞人何以?” 曰：“以皮冠. 庶人以旃, 士以旂, 大夫以旌. 以大夫之招招虞人, 虞人死不敢往. 以士之招招庶人, 庶人豈敢往哉. 況乎以不賢人之招招賢人乎? 欲見賢人而不以其道, 猶欲其入而閉之門也. 夫義, 路也；禮, 門也. 惟君子能由是路, 出入是門也. 詩云：‘周道如底, 其直如矢；君子所履, 小人所視.’”

萬章曰：“孔子, 君命召, 不俟駕而行. 然則孔子非與?” 曰：“孔子當仕有官職, 而以其官召之也.”

{第八節} 孟子謂萬章曰:"一鄉之善士, 斯友一鄉之善士;一國之善士, 斯友一國之善士;天下之善士, 斯友天下之善上. 以友天下之善士爲未足, 又尚論古之人. 頌其詩, 讀其書, 不知其人, 可乎? 是以論其世也. 是尚友也."

{第九節} 齊宣王問卿. 孟子曰:"王何卿之問也?"

王曰:"卿不同乎?"曰:"不同. 有貴戚之卿, 有異姓之卿."

王曰:"請問貴戚之卿."曰:"君有大過則諫, 反覆之而不聽, 則易位."王勃然變乎色.

曰:"王勿異也. 王問臣, 臣不敢不以正對."王色定, 然後請問異姓之卿.

曰:"君有過則諫, 反覆之而不聽, 則去."

제11편 고자(告子) 上

■ 生^생之^지謂^위性^성

타고난 그대로가 본성이다.

■ 食^식色^색性^성也^야

식욕과 성욕은 인간의 선천적인 고유한 성(性)이다.

■ 是^시非^비之^지心^심 智^지也^야

옳고 그름을 아는 마음은 지혜다.

【名言】시비지심(是非之心) ; 맹자가 말했다. "사람의 본성 그대로를 발휘한다면 누구나 선하게 될 수가 있으니, 그러므로 본성을 선하다고 이른다. 만약 선하지 않은 일을 한다고 해도 그것은 본바탕이 선하지 않은 탓이 아니다. 남을 불쌍히 여기는 마음을 사람이 다 가지고 있으며, 악을 부끄러워하고 미워하는 마음을 사람이 다 가지고 있으며, 공경하는 마음을 사람이 다 가지고 있으며, 시비(是非)를 가리

는 마음을 사람이 다 가지고 있으니, 불쌍히 여기는 마음은 仁이요, 부끄러워하고 미워하는 마음은 義요, 공경하는 마음은 禮요, 시비를 가리는 마음은 智이니, 인·의·예·지 (仁義禮智)가 밖으로부터 나에게 밀고 들어온 것이 아니라, 내가 본래 가지고 있는 것으로, 단지 생각하지 않을 뿐이니, 그러므로 '구하면 얻고 놓으면 잃는다.'라는 말이 있다. 같은 사람이면서도 선악의 차이가 두 배가 되고 다섯 배가 되어 비교할 수조차 없게 되는 것은 자기가 본래 타고난 바탕을 온전히 다하지 못하기 때문이다."

■ 求則得之 舍則失之

참된 본성대로 사는 데 힘쓸 일이지, 헛되이 부귀와 공명을 탐하지 말라.

【名言】 구즉득지사즉실지(求則得之舍則失之) ; "구하면 얻고 놓으면 잃는다"라는 뜻으로, 자신의 분수에 맞게 구할 수 있는 것이면 구하되, 구할 수 없는 것이면 구하지 말라는 말이다.

진실로 나에게 가치가 있고 반드시 필요한 것은 모두 내 안에 있다. 그러므로 이것은 구하려고 마음만 먹는다면 곧 얻을 수 있는 것인데, 이런 소중한 것은 등한시하고 있어서 반드시 이로운 것도 아닌 것에 눈이 멀어 진정한 재산을 잃고 마는 경우가 허다하다. 돈에 눈이 어두워 건강을 잃는다든가 이익 때문에 친구를 잃는 따위가 그런 것이다.

"구하면 얻고 버리면 잃게 되니, 이 구하는 것은 얻음에 유익한 것이 있다. 왜냐하면 자신에게 있는 것을 구하기 때문이다. 구하는 데는 도(道)가 있고, 얻는 데는 명(明)이란 것이 있으니, 이런 구하는 것은 얻어야 유익할 것이 없다. 왜냐하면 밖에 있는 것을 구하기 때문이다(求則得之 舍則失之 是求有益於得也 求在我者也 求之有道 得之有命是求 無益於得也 求在外者也)."

이 말에 대해 주자는 이렇게 보충설명을 하고 있다.

"자신에게 있다는 말은 인의예지(仁義禮智)와 같은 사단(四端)이 모두 성(性)에 있다는 것을 말한다. 도가 있다는 것은 망령되이 구해서는 안 된다는 말이고, 명이 있다는 것은 노력한다고 해서 반드시 얻을 수는 없다는 말이다. 밖에 있다는 말은 부귀나 이익이나 사물에 통달하는 것을 말한다."

이렇게 진정으로 자신에게 있는 좋은 바탕을 갈고 닦을 생각은 않고 가식된 치장에만 정신이 팔려 있는 물질주의를 맹자는 경계하고 있는 것이다.

■ 平旦之氣

새벽녘의 맑고 깨끗하고 상쾌한 기분.

{이른 새벽에 다른 사물과 접촉하기 전의 맑은 정신을 이르는 말. 또는 양심을 비유하여 이르는 말.}

■ 苟得其養 無物不長 苟失其養 無物不消

참으로 그 기름(養)을 얻으면 사물이 생장하지 않음이 없으며, 참으로 그 기름을 잃어버리면 사물이 소멸되지 않음이 없다.

{적당한 양분을 얻으면 어떤 생물이라도 생장간의 본성인 선도 가꾸고 기르면 크게 잘 자라는 것이다.}

■ 一日暴之 十日寒之 未有能生者也

하루 햇볕을 쬐고 열흘을 차게 한다면 자라지 못한다.

{왕이 지혜롭지 않은 것은 이상할 것이 없다. 비록 천하에 쉽게 자라는 물건이 있을지라도 하루 햇볕을 쬐고 열흘을 차게 한다면 자라지 못한다. 제나라 사람들은 제나라 임금이 나라 일을 잘 돌보지 못한다고 불만을 표시하며 그를 총

명하지 못한 사람으로 말하여 맹자가 한 말이다. 내가 임금
에게 하루 햇빛을 보게 한 뒤에 열흘 임금을 얼게 한다면 그
임금이 어찌 임금 구실을 잘할 수 있겠는가?}

【名言】일폭십한(一暴十寒) ; 일을 꾸준히 하지 못하고
중단됨이 많음. 『일폭십한』은 하루는 햇볕이 따뜻하게 났
다가 열흘이나 계속 날씨가 차갑다는 말이다. 아무리 잘 자
라나는 씨앗이라도 날씨가 이런 상태라면 제대로 싹이 터서
자랄 수가 없는 것을 뜻한다.

원래는 하루 햇볕을 쬐고 열흘 춥다는 뜻이지만, 세월이
흐르면서 일을 꾸준히 하지 못하고 중단되거나 자주 끊김을
비유하는 말로 의미가 바뀌었다. 일을 하다 말다 하여 성과
가 없을 때 쓰는 말이다.

맹자는, 제선왕(齊宣王)이 자신의 타고난 어진 성품과 총
명을 제대로 발휘하지 못하고 잠시 희망이 엿보이다가는 다
시 제자리걸음을 치는 것이 안타까워 이런 말을 한다.

"왕의 지혜롭지 못한 것을 이상하게 생각할 것이 없습
니다. 아무리 세상에 쉽게 자라는 물건이 있다 하더라도 하
루 따뜻하고 열흘 동안 추우면 능히 자랄 사물이 없습니다
(無或乎王之不智也 雖有天下易生之物也 一日暴之 十日寒之
未有能生者也). 내가 왕을 만나는 일이 드문데다가 내가 물

러나면 차게 하는 사람들이 모여들게 되니, 비록 싹이 있은
들 내가 어떻게 자라게 할 수 있겠습니까?"

즉 "일일폭지 십일한지(一日暴之 十日寒之)"가 약해져
서 『일폭십한』이 된 것이다.

착한 말을 해주는 사람은 적고, 아첨과 유혹을 일삼는 사
람들이 주위에 많으면 본바탕이 현명하고 선량한 사람도 어
리석은 짓과 악한 일을 자연히 하게 된다는 뜻으로 쓰인다.

맹자는 또 이 말 다음에 바둑 배우는 것을 예를 들어 말한
다. 즉 한 사람은 열심히 선생의 하는 말에 귀를 기울이며 수
를 기억하고 있는데, 다른 한 사람은 손으로는 바둑알을 놓으
면서도 생각은 활을 당겨 기러기 잡는 데 가 있으면, 앞에 말
한 사람과 같은 바둑의 향상을 볼 수 없다. 그것은 지혜의 문
제가 아니고 꾸준한 노력을 하고 못하는 문제라고 했다.

■ 不專心致志 則不得也
　부 전 심 치 지　즉 부 득 야

오로지 마음을 한곳에 집중하지 않으면 터득할 수가 없다.

【名言】 전심치지(專心致志) ; 오직 한 가지 일에만 마음
을 기울여 씀. 한마음 한뜻으로 정신을 집중함.

맹자가 말했다. "바둑의 수(數)가 별것 아니라 여겨지지

만, 오로지 마음을 한곳에 집중하지 않으면 터득할 수가 없다(不專心致志 則不得也). 혁추(弈秋)는 나라를 통틀어서 바둑을 잘 두는 자이다. 혁추로 하여금 두 사람에게 바둑을 가르치게 할 경우, 그 중 한 사람은 마음을 전일하게 하고 뜻을 다하여 오로지 혁추의 말만을 듣고, 한 사람은 비록 듣기는 하지만 마음 한 구석으로는 장차 기러기와 고니가 날아올 때, 활과 주살을 당겨서 쏘아 맞힐 것만을 생각한다면, 비록 그와 더불어 배운다 할지라도 그만 못할 것이다. 이것은 그 사람의 지혜로움이 같지 않기 때문일까? 나는 말한다. 그렇지 않다고!"

맹자가 왕의 지혜에 대해서 말한 대목이다. 비록 왕이 지혜롭지 못하다 하더라도 신하들이 『전심치지』로 왕을 보필한다면 정치가 제대로 될 수 있다는 말이다.

또한 바둑이 하찮은 재주라 할지라도 정신을 집중해 배우지 않으면 터득할 수 없으므로, 무엇을 배우거나 시행할 때에는 항상 정신을 집중해야 한다고 말한 것이다.

주자(朱子)의 말이다. "양기가 발하는 곳에는 쇠와 돌도 또한 뚫어진다. 정신이 한번 이르면 무슨 일이 이뤄지지 않겠는가(陽氣發處 金石亦透 精神一到 何事不成)."라고 했다. 여기서 "정신일도 하사불성(精神一到何事不成)"이라는 말처럼 정신을 한 곳에 모으면 이루지 못할 일이 없는 것이다.

■ 魚我所欲也 熊掌亦我所欲也
어 아 소 욕 야 　웅 장 역 아 소 욕 야

二者不可得兼 舍魚而取熊掌者也
이 자 불 가 득 겸 　사 어 이 취 웅 장 자 야

물고기도 내가 바라는 바요, 웅장도 내가 바라는 바다. 하지만 두 가지를 함께 얻을 수 없다면 물고기를 버리고 웅장을 취한다.

*熊掌 ; 곰발바닥. 兼 ; 겸하다.

■ 生亦我所欲也 義亦我所欲也
생 역 아 소 욕 야 　의 역 아 소 욕 야

二者不可得兼 舍生而取義也
이 자 불 가 득 겸 　사 생 이 취 의 야

삶은 내가 바라는 바이고, 의도 내가 바라는 바이다. 양자를 겸해서 얻지 못할 때는 삶을 버리고 의를 취할 것이다.

【名言】웅장여어(熊掌與魚) ; "곰발바닥과 물고기"라는 뜻으로, 두 가지를 겸할 수 없는 경우나, 두 가지 가운데 하나를 취사선택하기 어려운 경우를 비유하는, 또는 이것도 저것도 탐을 내는 경우를 비유하는 말로도 쓰인다.

맹자가 말했다. "물고기 요리도 내가 원하는 것이고, 곰발바닥 요리도 내가 원하는 것이지만, 두 가지를 겸할 수 없는 경우에는 물고기 요리를 놓아두고 곰발바닥 요리를 취할 것이다(魚我所欲也 熊掌亦我所欲也 二者不可得兼 舍魚而取熊掌者也). 삶도 또한 내가 원하는 것이고, 의도 또한 내가 원하는 것이지만, 두 가지를 겸할 수 없을 경우에는 삶을 놓아두고 의를 취하는 것이다(生亦我所欲也 義亦我所欲也 二者不可得兼 舍生而取義者也)."

생선과 곰발바닥은 모두 맛있는 음식이지만, 곰발바닥이 상대적으로 더 맛이 좋다. 따라서 둘 중 하나를 취사선택할 경우에는 생선을 버리고 곰발바닥을 취한다는 말이다. 마찬가지로 삶과 의로움은 모두 중요하지만, 두 가지를 겸할 수 없을 때에는 삶 대신 의로움을 택한다는 것이다.

여기서 유래하여 『웅장여어』는 두 가지를 겸할 수 없는 경우나, 두 가지 가운데 하나를 취사선택하기 어려운 경우를 비유하는 성어로 사용된다.

■ 所欲有甚於生者 故不爲苟得也
소 욕 유 심 어 생 자 고 불 위 구 득 야

死亦我所惡 所惡有甚於死者 故患有所不辟也
사 역 아 소 오 소 오 유 심 어 사 자 고 환 유 소 불 벽 야

삶보다 더욱 더 바라는 것은, 구차히 삶을 얻으려 하지 않

는 것이다. 죽음 또한 내가 싫어하는 바이지만, 싫어하는 바
가 죽음보다 더 극심한 것이 있다고 한다면, 죽음의 환난을
피하지 않을 것이다.

{삶(生)을 원하는 것은 사람의 상정(常情)이다. 그러나 사
람에게는 생명보다 더 강하게 구해야 하는 것이 있다. 그것
을 버리고까지 삶을 얻을 생각은 없다. 즉 불의에 사는 것보
다는 차라리 죽음을 택해 의(義)에 사는 것이 더 낫다.}

■ 學問之道無他　求其放心而已矣

학문의 방법은 다른 것이 없다. 놓아버린 마음을 구할 뿐
이다.

{학문의 길이란 단지 잃어버린 본래의 양심을 구하는 것
일 따름이다.}

■ 豈愛身不若桐梓哉　弗思甚也

자신을 사랑하는 것이 오동나무와 가래나무를 사랑하는
것만 못한 것은 생각이 잘못된 것이 아닌가. 사물에 있어 그
경중을 구별 못하는 것은 너무 심하다.

*豈 ; 어찌. 桐 ; 오동나무. 梓 ; 가래나무. 弗 ; 아니다.

{거문고를 만드는 오동나무나 가구를 만드는 가래나무는 좋은 목재가 될 것이라서 사람들은 모두 가꾸고 기른다. 그러나 이것에 비할 수 없이 중요한 내 몸을 수양하는 것을 잊고 있는 것은 어쩐 일인가. 하찮은 나무 기르는 방법은 알면서도 자기 자신을 기르는 방법은 모른다는 한탄.}

■ 心之官則思 思則得之 不思則不得也
　　심 지 관 즉 사　사 즉 득 지　불 사 즉 부 득 야

마음의 기관은 생각하는 것이니, 생각하면 터득하고 생각하지 않으면 터득하지 못한다.

{ "눈과 귀의 기관은 생각하지 않고 사물에 가려지니, 사물이 사물을 접촉하면 그것을 끌고 갈 뿐이다. 마음의 기관은 생각하는 것이니, 생각하면 터득하고 생각하지 않으면 터득하지 못한다. 이것은 하늘이 나에게 부여한 것이니, 그 큰 것을 먼저 세우면 작은 것이 빼앗을 수 없다. 이러한 사람이 대인이 될 뿐이다." }

■ 趙孟之所貴 趙孟能賤之
　　조 맹 지 소 귀　조 맹 능 천 지

조맹이 귀하게 여긴 것은 조맹이 천하게 할 수 있다.

【名言】조맹지소귀조맹능천지(趙孟之所貴趙孟能賤之)　;

"귀하고 싶은 것은 사람의 똑같은 마음이다. 사람은 누구나 귀한 것을 자기 자신에게 지니고 있다. 그것을 사람들은 얻어내려고 애쓰지 않을 뿐이다. 자기에게 있는 것이 아닌, 남이 귀하게 만들어 주는 것은 양귀(良貴)가 아니다. 조맹이 귀하게 한 것은 조맹이 또 천하게 만들 수 있는 것이다(趙孟之所貴 趙孟能賤之)."

조맹(趙孟)은 진(晉)나라 육경(六卿) 가운데 가장 권력을 쥐고 흔들던 사람이다. 육경은 춘추시대 진(晉)나라의 권세를 잡았던 6족(六族)을 말한다. 6족은 곧 범(犯)씨·중항(中行)씨·지(智)씨·조(趙)씨·위(魏)씨·한(韓)씨를 말한다.

그 조맹의 힘에 의해서 출세를 한 사람은 또 그 조맹에 의해 몰락할 수도 있는 일이다. 즉 남의 힘에 의해서 어떤 목적을 달성한 사람은 또 그의 힘에 의해 그것을 잃게도 되므로 그것은 그리 바람직한 것이 못 된다는 뜻이다.

여기서 맹자는 『양귀(良貴)』란 말을 썼다. 양심(良心)이란 말과 같이 양귀는 본래부터 우리가 가지고 있는 귀한 것이란 말이다. 그것은 맹자가 바로 앞 장에서 말한 천작(天爵)을 말한다.

맹자는 이렇게 말하고 있다. "하늘이 준 벼슬이 있고, 사람이 주는 벼슬이 있다. 인의(仁義)와 충신(忠信)과 선(善)을

좋아하여 게을리 하지 않는 것은 하늘이 준 벼슬이다. 공경
(公卿)과 대부(大夫)는 사람이 주는 벼슬이다.”라고.

결국 사람이 준 벼슬은 믿을 수 없는 뜬구름과 같은 것인
데도 사람들은 그것을 얻기에 바빠 자기 자신에게 있는 하
늘이 준 벼슬을 얻으려 하지 않으니 어리석기 비할 데 없다
는 것이다.

■ 猶以一杯水 求一車薪之火
유 이 일 배 수 　구 일 거 신 지 화

한 잔의 물로써 한 수레 가득 실린 땔나무에 붙은 불을 끄
려는 것과 같다.

【名言】배수거신(杯水車薪) ; 한 잔의 물로 수레에 가득
실린 땔나무에 붙은 불을 끄려 한다는 뜻으로, 능력이 도저
히 미치지 않아 불가능함에도 불구하고 어리석은 짓을 한다
는 말이다.

맹자가 말했다. “仁이 不仁을 이기는 것은 물이 불을 이
기는 것과 같은데, 지금의 인을 행하는 사람은 한 잔의 물로
한 수레 장작의 불의 끄려는 것과 같다(猶以一杯水 救一車薪
之火). 꺼지지 않으면 물이 불을 이기지 못한다고 하니, 이것
은 不仁이 심한 것이니, 이래서는 마침내 그 仁마저 잃어버

리고 말게 될 것이다.”

　『배수거신』은 “유이일배수 구일거신지화(猶以一杯水
救一車薪之火)”에서 나온 말이다. 자신의 능력은 생각지도
않고 미치지 못할 것에 무모하게 덤벼들어 낭패를 본 뒤에
도, 능력이 모자라서가 아니라, 물이 불을 이기지 못한 것이
라고 평계를 대니 참으로 어처구니없는 짓이 아닐 수 없다.

■ 五穀者 種之美者也 苟爲不熟 不如荑稗
　오곡자 종지미자야 　구위불숙 　불여이패

　오곡은 곡물 중에서도 가장 귀중한 것이다. 그러나 그것
이 익지 않으면 피(稗)만도 못하다.

　{아무리 귀중한 곡식을 심어서도 그 기르는 방법이 좋지
못하면 피를 심는 것보다도 더 수확이 못하다. 이렇듯 아무
리 고상한 학문이라도 도중에 그만두면 아무 쓸모가 없는
것이다.}

■ 大匠誨人 必以規矩 學者亦必而規矩
　대장회인 　필이규구 　학자역필이규구

　도목수가 제자를 가르칠 때에는 반드시 컴퍼스와 곡척
(ㄱ자 모양으로 된 자)의 사용법부터 시작한다.

　{학문을 배울 때도 반드시 성인을 표준으로 해야 한다.}

告子章句上

{第一節} 告子曰：“性, 猶杞柳也 ; 義, 猶桮棬也. 以人性爲仁義, 猶以杞柳爲桮棬.”

孟子曰：“子能順杞柳之性而以爲桮棬乎? 將戕賊杞柳而後以爲桮棬也? 如將戕賊杞柳而以爲桮棬, 則亦將戕賊人以爲仁義與? 率天下之人而禍仁義者, 必子之言夫!”

{第二節} 告子曰：“性猶湍水也, 決諸東方則東流, 決諸西方則西流. 人性之無分於善不善也, 猶水之無分於東西也.”

孟子曰：“水信無分於東西.　無分於上下乎?　人性之善也, 猶水之就下也. 人無有不善, 水無有不下. 今夫水, 搏而躍之, 可使過顙 ; 激而行之, 可使在山. 是豈水之性哉? 其勢則然也. 人之可使爲不善, 其性亦猶是也.”

{第三節} 告子曰：“生之謂性.”

孟子曰：“生之謂性也, 猶白之謂白與?” 曰：“然.”

“白羽之白也, 猶白雪之白 ; 白雪之白, 猶白玉之白與?” 曰：“然.” “然則犬之性, 猶牛之性 ; 牛之性, 猶人之性與?”

{第四節} 告子曰：“食色, 性也. 仁, 內也, 非外也 ; 義, 外也, 非內也.”

孟子曰：“何以謂仁內義外也?”

曰：“彼長而我長之，非有長於我也；猶彼白而我白之，從其白於外也，故謂之外也.”

曰：“異於白馬之白也，無以異於白人之白也；不識長馬之長也，無以異於長人之長與? 且謂長者義乎? 長之者義乎?”

曰：“吾弟則愛之，秦人之弟則不愛也，是以我爲悅者也，故謂之內. 長楚人之長，亦長吾之長，是以長爲悅者也，故謂之外也.”

曰：“耆秦人之炙，無以異於耆吾炙. 夫物則亦有然者也，然則耆炙亦有外與?”

{第五節} 孟季子問公都子曰：“何以謂義內也?”

曰：“行吾敬，故謂之內也.”

“鄉人長於伯兄一歲，則誰敬?” 曰：“敬兄.”

“酌則誰先?” 曰：“先酌鄉人.”

“所敬在此，所長在彼，果在外，非由內也.” 公都子不能答，以告孟子.

孟子曰：“敬叔父乎? 敬弟乎? 彼將曰‘敬叔父’. 曰：‘弟爲屍，則誰敬?’ 彼將曰‘敬弟.’ 子曰：‘惡在其敬叔父也?’ 彼將曰：‘在位故也.’ 子亦曰：‘在位故也. 庸敬在兄，斯須之敬在鄉人.’ ” 季子聞之曰：“敬叔父則敬，敬弟則敬，果在外，非由內也.” 公都子曰：“冬日則飲湯，夏日則飲水，然則飲食亦在外也？”

{第六節} 公都子曰：“告子曰：‘性無善無不善也.’ 或曰：‘性可以爲善， 可以爲不善；是故文武興， 則民好善；幽厲興，則民好暴.’ 或曰：‘有性善， 有性不善；是故以堯爲君而有象，以瞽瞍爲父而有舜；以紂爲兄之子且以爲君， 而有微子啓、王子比幹.’ 今曰‘性善’, 然則彼皆非與？”

孟子曰：“乃若其情， 則可以爲善矣, 乃所謂善也. 若夫爲不善, 非才之罪也. 惻隱之心, 人皆有之；羞惡之心, 人皆有之；恭敬之心, 人皆有之；是非之心, 人皆有之. 惻隱之心, 仁也；羞惡之心, 義也；恭敬之心, 禮也；是非之心, 智也. 仁義禮智, 非由外鑠我也, 我固有之也, 弗思耳矣. 故曰：‘求則得之, 舍則失之.’ 或相倍蓰而無算者, 不能盡其才者也. 詩曰：‘天生蒸民, 有物有則. 民之秉夷, 好是懿德.’ 孔子曰：‘爲此詩者, 其知道乎! 故有物必有則, 民之秉夷也, 故好是懿德.’ ”

{第七節} 孟子曰：“富歲, 子弟多賴；凶歲, 子弟多暴, 非天之降才爾殊也, 其所以陷溺其心者然也.

今夫麰麥, 播種而耰之, 其地同, 樹之時又同, 浡然而生, 至於日至之時, 皆熟矣. 雖有不同, 則地有肥磽, 雨露之養, 人事之不齊也. 故凡同類者, 舉相似也, 何獨至於人而疑之? 聖人與我同類者. 故龍子曰：‘不知足而爲屨, 我知其不爲蕢也.’ 屨之相似, 天下之足同也.

口之於味, 有同耆也. 易牙先得我口之所耆者也. 如使口之
於味也, 其性與人殊, 若犬馬之與我不同類也, 則天下何耆皆
從易牙之於味也? 至於味, 天下期於易牙, 是天下之口相似也
惟耳亦然. 至於聲, 天下期於師曠, 是天下之耳相似也. 惟目亦
然. 至於子都, 天下莫不知其姣也. 不知子都之姣者, 無目者
也. 故曰：口之於味也, 有同耆焉；耳之於聲也, 有同聽焉；
目之於色也, 有同美焉. 至於心, 獨無所同然乎? 心之所同然
者何也? 謂理也, 義也. 聖人先得我心之所同然耳. 故理義之
悅我心, 猶芻豢之悅我口."

{第八節} 孟子曰："牛山之木嘗美矣, 以其郊於大國也, 斧
斤伐之, 可以爲美乎? 是其日夜之所息, 雨露之所潤, 非無萌
櫱之生焉, 牛羊又從而牧之, 是以若彼濯濯也. 人見其濯濯也,
以爲未嘗有材焉, 此豈山之性也哉?

雖存乎人者, 豈無仁義之心哉? 其所以放其良心者, 亦猶斧
斤之於木也, 旦旦而伐之, 可以爲美乎? 其日夜之所息, 平旦之
氣, 其好惡與人相近也者幾希, 則其旦晝之所爲, 有梏亡之矣.
梏之反覆, 則其夜氣不足以存；夜氣不足以存, 則其違禽獸不
遠矣. 人見其禽獸也, 而以爲未嘗有才焉者, 是豈人之情也哉?

故苟得其養, 無物不長；苟失其養, 無物不消. 孔子曰：'操

則存, 舍則亡 ; 出入無時, 莫知其鄕.' 惟心之謂與?"

{第九節} 孟子曰 : "無或乎王之不智也, 雖有天下易生之物也, 一日暴之, 十日寒之. 未有能生者也. 吾見亦罕矣, 吾退而寒之者至矣. 吾如有萌焉何哉! 今夫弈之爲數, 小數也 ; 不專心致志, 則不得也. 弈秋, 通國之善弈者也. 使弈秋誨二人弈, 其一人專心致志, 惟弈秋之爲聽. 一人雖聽之, 一心以爲有鴻鵠將至, 思援弓繳而射之, 雖與之俱學, 弗若之矣. 爲是其智弗若與? 曰 : 非然也."

{第十節} 孟子曰 : "魚, 我所欲也 ; 熊掌, 亦我所欲也, 二者不可得兼, 舍魚而取熊掌者也. 生, 亦我所欲也 ; 義, 亦我所欲也, 二者不可得兼, 舍生而取義者也. 生亦我所欲, 所欲有甚於生者, 故不爲苟得也 ; 死亦我所惡, 所惡有甚於死者, 故患有所不辟也. 如使人之所欲莫甚於生, 則凡可以得生者, 何不用也? 使人之所惡莫甚於死者, 則凡可以辟患者, 何不爲也? 由是則生而有不用也, 由是則可以辟患而有不爲也. 是故所欲有甚於生者, 所惡有甚於死者, 非獨賢者有是心也, 人皆有之, 賢者能勿喪耳. 一簞食, 一豆羹, 得之則生, 弗得則死. 呼爾而與之, 行道之人弗受 ; 蹴爾而與之, 乞人不屑也. 萬鍾則不辨禮義而受之. 萬鍾於我何加焉? 爲宮室之美、妻妾之奉、所識窮乏者得我與? 鄕爲身死而不受, 今爲宮室之美爲之 ; 鄕爲身死

而不受, 今爲妻妾之奉爲之 ; 鄕爲身死而不受, 今爲所識窮乏
者得我而爲之, 是亦不可以已乎? 此之謂失其本心."

{第十一節} 孟子曰 : "仁, 人心也 ; 義, 人路也. 舍其路而弗
由, 放其心而不知求, 哀哉! 人有雞犬放, 則知求之 ; 有放心,
而不知求. 學問之道無他, 求其放心而已矣."

{第十二節} 孟子曰 : "今有無名之指, 屈而不信, 非疾痛害
事也, 如有能信之者, 則不遠秦楚之路, 爲指之不若人也. 指不
若人, 則知惡之 ; 心不若人, 則不知惡, 此之謂不知類也."

{第十三節} 孟子曰 : "拱把之桐梓, 人苟欲生之, 皆知所以
養之者. 至於身, 而不知所以養之者, 豈愛身不若桐梓哉? 弗
思甚也."

{第十四節} 孟子曰 : "人之於身也, 兼所愛. 兼所愛, 則兼所
養也. 無尺寸之膚不愛焉, 則無尺寸之膚不養也. 所以考其善不
善者, 豈有他哉? 於己取之而已矣. 體有貴賤, 有小大. 無以小
害大, 無以賤害貴. 養其小者爲小人, 養其大者爲大人. 今有場
師, 舍其梧檟, 養其樲棘, 則爲賤場師焉. 養其一指而失其肩背,
而不知也, 則爲狼疾人也. 飮食之人, 則人賤之矣, 爲其養小以
失大也. 飮食之人無有失也, 則口腹豈適爲尺寸之膚哉?"

{第十五節} 公都子問曰 : "鈞是人也, 或爲大人, 或爲小
人, 何也?"

孟子曰：“從其大體爲大人，從其小體爲小人.”

曰：“鈞是人也，或從其大體，或從其小體，何也?”

曰：“耳目之官不思，而蔽於物，物交物，則引之而已矣. 心之官則思，思則得之，不思則不得也. 此天之所與我者，先立乎其大者，則其小者弗能奪也. 此爲大人而已矣.”

{第十六節} 孟子曰：“有天爵者，有人爵者. 仁義忠信，樂善不倦，此天爵也；公卿大夫，此人爵也. 古之人修其天爵，而人爵從之. 今之人修其天爵，以要人爵；既得人爵，而棄其天爵，則惑之甚者也，終亦必亡而已矣.”

{第十七節} 孟子曰：“欲貴者，人之同心也. 人人有貴於己者，弗思耳. 人之所貴者，非良貴也. 趙孟之所貴，趙孟能賤之. 詩雲：‘既醉以酒，既飽以德.’ 言飽乎仁義也，所以不願人之膏粱之味也；令聞廣譽施於身，所以不願人之文繡也.”

{第十八節} 孟子曰：“仁之勝不仁也，猶水勝火. 今之爲仁者，猶以一杯水，救一車薪之火也；不熄，則謂之水不勝火，此又與於不仁之甚者也. 亦終必亡而已矣.”

{第十九節} 孟子曰：“五穀者，種之美者也；苟爲不熟，不如荑稗. 夫仁亦在乎熟之而已矣.”

{第二十節} 孟子曰：“羿之教人射，必志於彀；學者亦必志於彀. 大匠誨人，必以規矩；學者亦必以規矩.”

제12편 고자(告子) 下

■ 不揣其本而齊其本 方寸之木 可使高於岑樓

밑을 재지 않고 끝만 나란히 한다면, 사방 한 치 되는 나무를 가지고도 높은 누각보다 높게 만들 수 있다.

*揣 ; 재다. 齊 ; 가지런히 하다. 方 ; 사방. 岑 ; 높다.

{사물의 근본이 되는 것을 헤아려 놓지 않고 그 말단적인 것만을 동등하게 다룬다면, 사방 한 치 되는 나무를 가지고도 높은 다락집보다 높게 만들 수가 있는 것이다. 이렇듯 쇠는 새털보다 무겁다지만, 어찌 혁대 고리 쇠 하나와 수레에 가득 찬 새털을 비교할 수 있겠는가.}

■ 人皆可以爲堯舜

사람은 누구나 다 요순이 될 수 있나.

{순자(荀子) 또한, "평범한 사람도 우임금이 될 수 있다."고 하였던 것처럼 전통적으로 누구나 『성인』이 될 수 있다는 것이 일반적인 중국인들의 사유의 양식이다.}

■ 人病不求耳 子歸而求之 有餘師
　　인 병 불 구 이　자 귀 이 구 지　유 여 사

　사람이 추구하지 않는 것이 병(문제)일 뿐이다. 그대가 돌아가서 그것을 추구한다면 남을 만큼 선생이 있을 것이다.

　*求 ; 추구하다. 歸 ; 돌아가다. 餘 ; 남다. 師 ; 스승.

　{사람은 가는 곳마다 보는 것마다 모두 스승으로서 배울 것이 많은 법이다. 《논어》이인편에도, "세 사람이 길을 가면 그 가운데 반드시 나의 스승이 있다(三人行必有我師). 그 옳은 바를 택해 따르고 그른 바를 고쳐갈 것이다."

　나보다 못한 사람에게서도 배울 점이 있다는 말이다. 사람은 누구한테서나 배워야 한다는 말이다.}

■ 先生之志則大矣 先生之號則不可
　　선 생 지 지 즉 대 의　선 생 지 호 즉 불 가

　선생의 뜻은 아주 크지만, 선생이 내세우려는 구호는 옳지 않습니다.

　*號 ; 부르짖다.

　【故事】전국시대 때 평화주의자인 송경(宋牼)이 초나라로 가던 도중에 석구(石丘)에서 맹자를 만났다.

　맹자가 물었다. "선생은 어디로 가십니까?"

　　송경이 말했다. "우리는 진나라와 초나라가 전쟁을 일으킨다는 말을 들었습니다. 나는 장차 초나라 왕을 뵙고서 유세하여 그것을 그만두게 하려고 합니다. 초나라 왕이 기뻐하지 않으면, 나는 장차 진나라 왕을 뵙고서 유세하여 그것을 그만두게 하려고 합니다. 두 왕 가운데서 나는 장차 맞는 사람이 있을 것입니다."

　　맹자가 말했다. "나는 청하건대, 그 상세한 것을 묻지 않고, 그 뜻을 듣기를 원합니다. 그들에게 유세하기를 장차 어떻게 하려고 하십니까?"

　　송경이 말했다. "나는 장차 그것이 이롭지 않은 것을 말하려고 합니다."

　　맹자가 말했다. "선생의 뜻은 크지만, 선생의 구호는 불가합니다."

■ 五霸者 三王之罪人也
오 패 자　삼 왕 지 죄 인 야

　오패는 삼왕에 대해서 죄인이다.

　*覇 ; 으뜸.

　{오패(五霸)는 제(齊)의 환공(桓公), 진(晉)의 문공(文公), 진(秦)의 목공(穆公), 송(宋)의 양공(襄公), 초(楚)의 장왕(莊

王)으로, 이들은 힘으로써 仁을 이용한 패자(覇者)들이다. 삼왕(三王)은 하(夏)의 우왕(禹王), 은(殷)의 탕왕(湯王), 주(周)의 문왕(文王)으로 이들은 仁과 덕(德)으로써 천자의 자리에 올랐다. 삼왕은 참된 인자(仁者)이고, 오패는 仁을 이용한 자들이라서 삼왕으로부터 벌 받아야 할 자들이다.}

■ 禹之治水 水之道也
　　_{우 지 치 수　수 지 도 야}

　우(禹)임금의 치수는 물의 길을 따른 것이다.

　{우임금은 큰 치수 공사를 했다. 그 방법은 단지 낮은 곳으로 흐르는 물의 본성을 거스르지 않고 흐를 수 있는 곳으로 흐르게 했을 뿐이다.}

■ 天將降大任於是人也 必先苦其心志 勞其筋骨
　　_{천 장 강 대 임 어 시 인 야　필 선 고 기 심 지　노 기 근 골}
　餓其體膚 空乏其身 行拂亂其所爲
　　_{아 기 체 부　공 핍 기 신　행 불 란 기 소 위}

　하늘이 그 사람에게 큰일을 맡기려 하면 꼭 먼저 그의 마음을 괴롭히고, 그의 근력을 피로하게 하고, 그의 배를 곯게 하고, 그의 몸을 곤핍하게 하고, 그가 한 일을 어지럽게 한다.

*將 ; 장차. 降 ; 내리다. 餓 ; 주리다. 膚 ; 살갗. 空乏 ; 궁핍하다. 拂 ; 떨다.

{하늘이 어떤 사람에게 큰 사명을 내리려 할 때에는 반드시 먼저 그의 마음과 뜻을 고통스럽게 하고, 그의 근육과 뼈를 수고롭게 하고, 그의 육체를 굶주리게 하고, 그의 몸을 궁핍하게 하여, 그가 행하는 일마다 어긋나서 이루지 못하게 하니, 이는 그의 마음을 격동시키고 그의 성질을 굳게 참고 버티도록 하여 그가 잘하지 못했던 일을 더욱 잘할 수 있게 해주기 위함이다.}

■ 生^생於^어憂^우患^환 死^사於^어安^안樂^락

삶이란 근심 속에 존재하는 것이며, 죽음이란 편하고 즐거운 가운데 있는 것이다.

{근심이 있다는 것은 살아 움직이는 것이고, 편한 날이 계속된다면 서서히 죽어가고 있는 것이다.}

■ 敎^교亦^역多^다術^술矣^의 予^여不^불屑^설之^지敎^교誨^회也^야者^자 是^시亦^역敎^교誨^회之^지而^이已^이矣^의

가르치는 데도 역시 방법은 여러 가지가 있다. 내가 탐탁하게 여기지 않아 가르쳐주지 않는다면 그것 역시 하나의 교육방법일 따름이다.

　*屑 ; 달가워하다. 誨 ; 가르치다.

　{그렇게 거절함으로써 당자를 격하게 하여 반성하게 하고, 또는 분발하도록 하는 것 역시 가르치는 방법의 하나가 될 것이라는 뜻.}

告子章句下

{第一節} 任人有問屋廬子曰 : "禮與食孰重?" 曰 : "禮重."
"色與禮孰重?" 曰 : "禮重."

曰 : "以禮食, 則饑而死 ; 不以禮食, 則得食, 必以禮乎?
親迎, 則不得妻 ; 不親迎, 則得妻, 必親迎乎!" 屋廬子不能對,
明日之鄒以告孟子.

孟子曰 : "於答是也何有? 不揣其本而齊其末, 方寸之木可
使高於岑樓. 金重於羽者, 豈謂一鉤金與一輿羽之謂哉? 取食
之重者, 與禮之輕者而比之, 奚翅食重? 取色之重者, 與禮之
輕者而比之, 奚翅色重? 往應之曰 : '紾兄之臂而奪之食, 則
得食 ; 不紾, 則不得食, 則將紾之乎? 逾東家牆而摟其處子,
則得妻 ; 不摟, 則不得妻, 則將摟之乎?' "

{第二節} 曹交問曰 : "人皆可以爲堯舜, 有諸?" 孟子曰 :
"然." "交聞文王十尺, 湯九尺, 今交九尺四寸以長, 食粟而
已, 如何則可?"

曰 : "奚有於是? 亦爲之而已矣. 有人於此, 力不能勝一匹
雛, 則爲無力人矣 ; 今曰擧百鈞, 則爲有力人矣. 然則擧烏獲
之任, 是亦爲烏獲而已矣. 夫人豈以不勝爲患哉? 弗爲耳. 徐

行後長者謂之弟, 疾行先長者謂之不弟. 夫徐行者, 豈人所不能哉? 所不爲也. 堯舜之道, 孝弟而已矣. 子服堯之服, 誦堯之言, 行堯之行, 是堯而已矣; 子服桀之服, 誦桀之言, 行桀之行, 是桀而已矣."

曰:"交得見於鄒君, 可以假館, 願留而受業於門."

曰:"夫道, 若大路然, 豈難知哉? 人病不求耳. 子歸而求之, 有餘師."

{第三節} 公孫醜問曰:"高子曰:'小弁, 小人之詩也.'"

孟子曰:"何以言之?"曰:"怨."

曰:"固哉, 高叟之爲詩也! 有人於此, 越人關弓而射之, 則己談笑而道之; 無他, 疏之也. 其兄關弓而射之, 則己垂涕泣而道之; 無他, 戚之也. 小弁之怨, 親親也. 親親, 仁也. 固矣夫, 高叟之爲詩也!"曰:"凱風何以不怨?"

曰:"凱風, 親之過小者也; 小弁, 親之過大者也. 親之過大而不怨, 是愈疏也; 親之過小而怨, 是不可磯也. 愈疏, 不孝也; 不可磯, 亦不孝也. 孔子曰:'舜其至孝矣, 五十而慕.'"

{第四節} 宋牼將之楚, 孟子遇於石丘. 曰:"先生將何之?"

曰:"吾聞秦楚構兵, 我將見楚王說而罷之. 楚王不悅, 我將見秦王說而罷之, 二王我將有所遇焉."

曰:"軻也請無問其詳, 願聞其指. 說之將何如?"

曰:"我將言其不利也."

曰:"先生之志則大矣, 先生之號則不可. 先生以利說秦楚之王, 秦楚之王悅於利, 以罷三軍之師, 是三軍之士樂罷而悅於利也. 爲人臣者懷利以事其君, 爲人子者懷利以事其父, 爲人弟者懷利以事其兄. 是君臣、父子、兄弟終去仁義, 懷利以相接, 然而不亡者, 未之有也. 先生以仁義說秦楚之王, 秦楚之王悅於仁義, 而罷三軍之師, 是三軍之士樂罷而悅於仁義也. 爲人臣者懷仁義以事其君, 爲人子者懷仁義以事其父, 爲人弟者懷仁義以事其兄, 是君臣、父子、兄弟去利, 懷仁義以相接也. 然而不王者, 未之有也. 何必曰利?"

{第五節} 孟子居鄒, 季任爲任處守, 以幣交, 受之而不報. 處於平陸, 儲子爲相, 以幣交, 受之而不報. 他日由鄒之任, 見季子;由平陸之齊, 不見儲子. 屋廬子喜曰:"連得閒矣."

問曰:"夫子之任見季子, 之齊不見儲子, 爲其爲相與?"

曰:"非也. 書曰:'享多儀, 儀不及物曰不享, 惟不役志於享.' 爲其不成享也."

屋廬子悅. 或問之. 屋廬子曰:"季子不得之鄒, 儲子得之平陸."

{第六節} 淳於髡曰:"先名實者, 爲人也;後名實者, 自爲也. 夫子在三卿之中, 名實未加於上下而去之, 仁者固如此乎?"

孟子曰:"居下位, 不以賢事不肖者, 伯夷也;五就湯, 五就桀者, 伊尹也;不惡汙君, 不辭小官者, 柳下惠也. 三子者不同道, 其趨一也. 一者何也? 曰:仁也. 君子亦仁而已矣, 何必同?"

曰:"魯繆公之時, 公儀子爲政, 子柳、子思爲臣, 魯之削也滋甚. 若是乎賢者之無益於國也!"

曰:"虞不用百裏奚而亡, 秦穆公用之而霸. 不用賢則亡, 削何可得與?"

曰:"昔者王豹處於淇, 而河西善謳;綿駒處於高唐, 而齊右善歌;華周、杞梁之妻善哭其夫, 而變國俗. 有諸內必形諸外. 爲其事而無其功者, 髡未嘗睹之也. 是故無賢者也, 有則髡必識之."

曰:"孔子爲魯司寇, 不用, 從而祭, 燔肉不至, 不稅冕而行. 不知者以爲爲肉也. 其知者以爲爲無禮也. 乃孔子則欲以微罪行, 不欲爲苟去. 君子之所爲, 衆人固不識也."

{第七節} 孟子曰:"五霸者, 三王之罪人也;今之諸侯, 五霸之罪人也;今之大夫, 今之諸侯之罪人也. 天子適諸侯曰巡狩, 諸侯朝於天子曰述職. 春省耕而補不足, 秋省斂而助不給. 入其疆, 土地辟, 田野治, 養老尊賢, 俊傑在位, 則有慶,

慶以地. 入其彊, 土地荒蕪, 遺老失賢, 掊克在位, 則有讓. 一
不朝, 則貶其爵; 再不朝, 則削其地; 三不朝, 則六師移之.
是故天子討而不伐, 諸侯伐而不討. 五霸者, 摟諸侯以伐諸侯
者也, 故曰: 五霸者, 三王之罪人也. 五霸, 桓公爲盛. 葵丘之
會諸侯, 束牲、載書而不歃血. 初命曰:'誅不孝, 無易樹子,
無以妾爲妻.' 再命曰:'尊賢育才, 以彰有德.' 三命曰:'敬老
慈幼, 無忘賓旅.' 四命曰:'士無世官, 官事無攝, 取士必得,
無專殺大夫.' 五命曰:'無曲防, 無遏糴, 無有封而不告.' 曰:
'凡我同盟之人, 既盟之後, 言歸於好.' 今之諸侯, 皆犯此五禁,
故曰: 今之諸侯, 五霸之罪人也. 長君之惡其罪小, 逢君之惡
其罪大. 今之大夫, 皆逢君之惡, 故曰: 今之大夫, 今之諸侯
之罪人也."

{第八節} 魯欲使愼子爲將軍. 孟子曰:"不敎民而用之, 謂
之殃民. 殃民者, 不容於堯舜之世. 一戰勝齊, 遂有南陽, 然且
不可."

愼子勃然不悅曰:"此則滑厘所不識也."

曰:"吾明告子. 天子之地方千裏; 不千裏, 不足以待諸侯.
諸侯之地方百裏; 不百裏, 不足以守宗廟之典籍. 周公之封
於魯, 爲方百裏也; 地非不足, 而儉於百裏. 太公之封於齊也,
亦爲方百裏也; 地非不足也, 而儉於百裏. 今魯方百裏者五,

子以爲有王者作, 則魯在所損乎? 在所益乎? 徒取諸彼以與此, 然且仁者不爲, 況於殺人以求之乎? 君子之事君也, 務引其君以當道, 志於仁而已.”

{第九節} 孟子曰 :“今之事君者曰 : ‘我能爲君辟土地, 充府庫.’ 今之所謂良臣, 古之所謂民賊也. 君不鄉道, 不志於仁, 而求富之, 是富桀也. ‘我能爲君約與國, 戰必克.’ 今之所謂良臣, 古之所謂民賊也. 君不鄉道, 不志於仁, 而求爲之強戰, 是輔桀也. 由今之道, 無變今之俗, 雖與之天下, 不能一朝居也.”

{第十節} 白圭曰 :“吾欲二十而取一, 何如?”

孟子曰 :“子之道, 貉道也. 萬室之國, 一人陶, 則可乎?”

曰 :“不可, 器不足用也.”

曰 :“夫貉, 五穀不生, 惟黍生之. 無城郭、宮室、宗廟、祭祀之禮, 無諸侯幣帛饔飧, 無百官有司, 故二十取一而足也. 今居中國, 去人倫, 無君子, 如之何其可也? 陶以寡, 且不可以爲國, 況無君子乎? 欲輕之於堯舜之道者, 大貉小貉也 ; 欲重之於堯舜之道者, 大桀小桀也.”

{第十一節} 白圭曰 :“丹之治水也愈於禹.” 孟子曰 :“子過矣. 禹之治水, 水之道也. 是故禹以四海爲壑, 今吾子以鄰國爲壑. 水逆行, 謂之洚水. 洚水者, 洪水也, 仁人之所惡也. 吾子過矣.”

{第十二節} 孟子曰：“君子不亮, 惡乎執?”

{第十三節} 魯欲使樂正子爲政. 孟子曰：“吾聞之, 喜而不寐.”

公孫醜曰：“樂正子强乎?” 曰：“否.”

“有知慮乎?” 曰：“否.”

“多聞識乎?” 曰：“否.”

“然則奚爲喜而不寐?” 曰：“其爲人也好善.”

“好善足乎?” 曰：“好善優於天下, 而况魯國乎? 夫苟好善, 則四海之內, 皆將輕千裏而來告之以善. 夫苟不好善, 則人將曰：‘訑訑, 予既已知之矣.’ 訑訑之聲音顏色, 距人於千裏之外. 士止於千裏之外, 則讒諂面諛之人至矣. 與讒諂面諛之人居, 國欲治, 可得乎?”

{第十四節} 陳子曰：“古之君子何如則仕?” 孟子曰：“所就三, 所去三. 迎之致敬以有禮, 言將行其言也, 則就之；禮貌未衰, 言弗行也, 則去之. 其次, 雖未行其言也, 迎之致敬以有禮, 則就之；禮貌衰, 則去之. 其下, 朝不食, 夕不食, 饑餓不能出門戶. 君聞之曰：‘吾大者不能行其道, 又不能從其言也, 使饑餓於我土地, 吾恥之.’ 周之, 亦可受也, 免死而已矣.”

{第十五節} 孟子曰：“舜發於畎畝之中, 傅說舉於版築之間, 膠鬲舉於魚鹽之中, 管夷吾舉於士, 孫叔敖舉於海, 百裏奚擧於市. 故天將降大任於是人也, 必先苦其心志, 勞其筋骨, 餓其體膚, 空乏其身, 行拂亂其所爲, 所以動心忍性, 曾益其所不能. 人恒過, 然後能改; 困於心, 衡於慮, 而後作; 徵於色, 發於聲, 而後喩. 入則無法家拂士, 出則無敵國外患者, 國恒亡. 然後知生於憂患而死於安樂也."

{第十六節} 孟子曰:"敎亦多術矣, 予不屑之敎誨也者, 是亦敎誨之而已矣."

제13편 진심(盡心) 上

■ 存其心 養其性
존기심 양기성

그 마음, 즉 양심을 잃지 말고 그대로 간직하여, 그 성품, 즉 하늘이 주신 본성을 키워 나간다.

【名言】 존심양성(存心養性) ; 맹자는 이렇게 말하고 있다. "자신의 본심을 다하는 사람은 자신의 본성을 알게 되고, 자신의 본성을 알면 하늘을 알게 된다(盡其心者 知其性也 知其性則知天矣)."

"그 마음을 간직하고 그 성품을 기르는 것은 그것이 하늘을 섬기는 것이 된다. 일찍 죽고 오래 사는 것에 상관없이 몸을 닦고 기다리는 것은, 그것이 곧 명을 세우는 것이다."

맹자가 말한 이 대목은 《중용》 첫 장을 읽는 것 같은 느낌을 준다. 《중용》에는, "하늘이 주신 것이 성품이다(天命之謂性)."라고 했는데, 맹자는, "마음을 간직하고 성품을 기르는 것이 곧 하늘을 섬기는 것이다."라고 했다.

신동(神童) 강희장(江希張)은 아홉 살 때에 한 그의 주석에서 이렇게 말하고 있다.

"성품은 사람이 하늘로부터 받은 것이다. ……그것은 얼굴도 없고 빛깔도 없다. 보통 사람은 기질(氣質)과 물욕(物欲)의 가린 바가 되어 이를 알지 못한다. ……마음은 성품의 중심점이다. 그것은 지각(知覺)을 맡고 있다. 사람이 하늘이 주신 성품을 가지고 기운을 받고 얼굴을 이루게 된 뒤로는 마음이 곧 성품을 대신해서 일을 하게 된다. 하늘이 주신 성품으로 흘러나오는 정각(正覺)이 곧 도심(道心)이다."

즉 사람이 양심의 명령대로만 하게 되면 곧 천성을 알게 되고, 천성을 안다는 것은 곧 하늘을 아는 것이다. 그러므로 양심을 잃지 말고 간직하여 하늘이 주신 타고난 성품을 올바로 키워 나가는 것이 곧 하늘을 섬기는 길이란 것이다.

■ 莫非^{막 비 명 야}命也 順受其正^{순 수 기 정}

하늘의 명(命)이 아닌 것이 없으나, 그 바른 명령을 순하게 받아야 한다.

*莫非 ; 아닌 게 아니라. 順受 ; 순순히 받음.

{인간의 길흉화복, 요수(夭壽)는 모두 천명(天命)에 의한 것이니, 그것을 순리대로 받아들여야 한다. 그러나 무리해서 위험을 범하고 부주의한 것을 천명이라고 평해서는 안

된다.}

■ 知^지命^명者^자 不^불立^립乎^호巖^암牆^장之^지下^하

천명(天命)을 아는 사람은 담장 아래 서지 않는다.

*牆 ; 담장

{천명을 아는 사람은 높고 위험한 장벽 아래는 서지 않는
다. 아무것이나 천명이라 하고 사리 분별없는 행동을 해서
는 안 된다.}

■ 行^행之^지而^이不^부著^저焉^언 習^습矣^의而^이不^불察^찰焉^언

終^종身^신由^유之^지而^이不^부知^지其^기道^도者^자 衆^중也^야

그것을 행하면서도 그것을 뚜렷이 파악하지 않고 습성이
되었는데도 그것을 살피지 않고 죽을 때까지 그것에 따르면
서도 그 도리를 모르는 사람들이 많다.

*著 ; 분명하다. 習 ; 익히다. 익다. 察 ; 살피다.

■ 人^인不^불可^가以^이無^무恥^치 無^무恥^치之^지恥^치 無^무恥^치矣^의

사람이 부끄러워함이 없어서는 안 된다. 부끄러워함이 없

음을 부끄러워한다면, 참으로 부끄러워할 일이 없을 것이다.

　{사람은 수치심이 없을 수는 없다. 수치심이 없는 것을 치욕적으로 여기면 그 사람은 삶에서 치욕을 느끼는 일이 없게 될 것이다. 사람은 후안무치(厚顔無恥)해서는 안 된다. 후안무치함을 부끄러워한다면 진실로 부끄럽지 않을 수 있다.}

■ 不恥不若人 何若人有
　　불 치 불 약 인 　하 약 인 유

남보다 못한 것을 부끄러워하지 않고 어찌 남만 하겠는가?

■ 士窮不失義 達不離道
　　사 궁 불 실 의 　달 불 리 도

선비는 궁해도 의를 잃지 않고, 영화를 얻더라도 정도에서 벗어나지 않는다.

　*窮 ; 다하다, 궁하다. 離 ; 가르다, 벗어나다.

■ 古之人 得志澤加於民 不得志修身見於世
　　고 지 인 　득 지 택 가 어 민 　부 득 지 수 신 견 어 세

옛사람은 뜻을 얻으면 반드시 그 혜택이 백성들에게 미치게 했고, 뜻을 얻지 못하면 자신의 덕을 닦아 그 감화가

세상에 나타난다. *택 ; 못, 혜택. 修 ; 다스리다.

■ 窮則獨善其身 達則兼善天下
_{궁 즉 독 선 기 신　달 즉 겸 선 천 하}

어려우면 홀로 그 자신을 선하게 하고, 현달하면 천하 사
람들을 겸하여 선하게 한다.

{어려운 데서도 의를 잃지 않기 때문에 선비는 자기의 뜻
을 얻고, 현달한 데서도 도리를 떠나지 않기 때문에 백성들
은 실망하지 아니한다.}

■ 待文王而後興者 凡民也
_{대 문 왕 이 후 흥 자　범 민 야}

문왕 같은 성인이 흥기하기를 기다린 이후에 일어나는
사람은 평범한 백성들이다.

{주(周)나라 문왕(文王) 같은 밝은 임금의 교도를 기다려
서 비로소 정도(正道)를 행하기 위하여 분발하고 일어서는
것은 평범한 사람이다. 걸출한 인사는 문왕이 없었다 하더
라도 스스로 분발하여 정도(正道)를 행한다.}

■ 善政不如善教之得民也
_{선 정 불 여 선 교 지 득 민 야}

선한 정치는 선한 가르침이 백성을 얻는 것만 같지 못하다.

{잘하는 정치는 민심을 얻는다. 그러나 인의(仁義)의 교육이 민심을 얻는 것만은 못하다. 인의의 교육은 백성을 깊이 감동시키기 때문이다.}

■ 無^무爲^위其^기所^소不^불爲^위 無^무欲^욕其^기所^소不^불欲^욕

■ 無爲其所不爲 無欲其所不欲

해서는 안 될 일은 하지 않고, 구하고자 해서 안 될 것은 구하지 않는다.

■ 人之有德慧術智者 恒存乎疢疾

사람들 가운데 덕과 지혜와 기술과 앎을 지닌 사람은 항상 어려움 속에 존재한다.

*慧 ; 슬기롭다. 疢疾 ; 질병.

■ 獨孤臣孼子 其操心也危 其慮患也深 故達

유독 외로운 신하와 얼자(서자)는 그들이 마음을 잡는 것이 위태롭고 그들이 환란을 염려하는 것이 깊기 때문에 통달한다.

*孼子 ; 서자. 慮 ; 걱정하다.

{고립된 신하나 첩에서 난 서자는 혜택 받지 못하고 조심해서 어떤 우환이 닥칠까 깊이 걱정하고 있다. 그래서 항상 언행을 조심하기 때문에 오히려 덕과 지혜를 갖추게 된다.}

■ 君子有三樂

군자에게는 세 가지 즐거움이 있다.

【名言】군자삼락(君子三樂) ; 전국시대, 철인(哲人)으로서 공자의 사상을 계승 발전시킨 맹자는 이렇게 말했다. "군자에게는 세 가지 즐거움이 있다(君子有三樂). 천하의 왕이 되는 것은 여기에 들지 않는다(而王天下不與存焉). 양친이 다 살아 계시고 형제가 무고한 것이 첫 번째 즐거움이요(父母俱存 兄弟無故 一樂也), 우러러 하늘에 부끄럽지 않고, 굽어보아도 사람들에게 부끄럽지 않은 것이 두 번째 즐거움이요(仰不愧於天 俯不怍於人 二樂也), 천하의 영재를 얻어서 교육하는 것이 세 번째 즐거움이다(得天下英才 而敎育之 三樂也). 군자는 세 가지 즐기움이 있으나, 천하를 통일하여 왕이 되는 것은 여기에 들이 있지 않다(君子有三樂 而王天下不與存焉)."

맹자가 말한 세 가지 즐거움 중에서 첫 번째 즐거움은 하

늘이 내려준 즐거움이다. 부모의 생존은 자식이 원한다고
하여 영원한 것이 아니므로 오랫동안 함께할 수 있다면 그
자체로써 즐겁다는 말이다. 두 번째 즐거움은 하늘과 땅에
한 점 부끄럼이 없는 삶을 강조한 것으로, 스스로의 인격수양
을 통해서만 가능한 즐거움이다. 세 번째 즐거움은 자기가
가지고 있는 것을 다른 사람에게 베푸는 즐거움으로, 즐거
움을 혼자만 영위할 것이 아니라 남과 공유하기를 바라는
것이다.

■ 仰不愧於天 俯不怍於人
<small>앙 불 괴 어 천 부 부 작 어 인</small>

우러러 하늘에 부끄럽지 않고, 굽어 사람에게 부끄럽지
않다. *仰 ; 우러르다. 愧 ; 부끄러워하다. 俯 ; 구부리다. 怍
; 부끄러워하다.

【名言】부앙불괴(俯仰不愧) ; 하늘을 우러러보나 세상을
굽어보나 양심에 부끄러움이 없음.『부앙불괴』란 말은 글
자 그대로 풀면 "굽어보나 우러러보나 부끄럽지 않다"는
뜻이다. 이 말은 "우러러 하늘에 부끄럽지 않고, 굽어 사람
에게 부끄럽지 않다(仰不愧於天 俯下怍於人)."라고 한 데서
나온 말이다. 마음가짐에 있어서나, 행동에 있어서나 양심에

아무 부끄러울 것이 없는 대장부의 공명정대한 심경을 비유해서 한 말이다.

"군자에게는 세 가지 즐거움이 있다. 천하의 왕 노릇하는 것은 이 세 가지 가운데 들어 있지 않다. 부모가 함께 살아 계시고, 형제가 무고한 것이 첫째 즐거운 일이다. 우러러 하늘에 부끄럽지 않고, 굽어 사람에게 부끄럽지 않은 것이 두 번째 즐거움이요(仰不愧於天 俯不怍於人 二樂也), 천하의 영재(英才)를 얻어 가르쳐 기르는 것이 세 번째 즐거움이다. 군자에게는 세 가지 즐거움이 있지만, 이 가운데 천하에 왕 노릇하는 것은 들어 있지 않다."

옳은 사람에게는 부귀라는 것이 사실상 즐거움이 될 수 없다는 것을 강조한 데 특색이 있다. 가정의 행복이 첫째, 그리고 마음의 편안함이 둘째, 끝으로 후배의 양성이 셋째일 뿐, 그 밖의 것은 사람을 즐겁게 하는 것이 될 수 없다는 것이다.

■ 孔子登東山而小魯 登太山而小天下

공자는 동산에 올라서 내려다보고 노(魯)나라가 작다고 여기고, 더 높은 태산(太山)에 올라서 내려다보고 천하는 작다고 했다.

【名言】 등태산이소천하(登泰山而小天下) ; "공자께서 노나라 동산(東山)에 올라가서는 노나라를 작게 여기시고, 태산에 올라가서는 천하를 작게 여기셨다(孔子登東山而小魯, 登泰山而小天下). 그렇기 때문에 바다를 구경한 사람에게는 어지간한 큰 강물 따위는 물같이 보이지 않고, 성인(聖人)의 문에서 배운 사람에게는 어지간한 말들은 말같이 들리지가 않는 법이다……."

맹자는 이 말에 이어 물의 성질과 해와 달의 밝음과 진리에 뜻을 둔 사람의 걸어가야 할 길에 대해서 설명하고 있다. 노나라는 조그만 나라다. 그러나 도성이나 시골이나 앞이 막힌 평지에서는 노나라가 큰지 작은지를 볼 수도 알 수도 없다. 설사 간접적인 견문을 통해 노나라가 작은 나라인 것을 알고 있다 해도 그것을 실제로 느끼지 못한다. 그러나 노나라가 어느 정도인 것을 환히 굽어보게 되므로 노나라가 과연 작은 나라로구나 하는 것을 알게 된다.

그러나 노나라가 조그맣게 보이는 동산(東山)에서는 천하가 어느 정도 넓다는 것을 모른다. 다만 넓은 천하에 비해 노나라가 작은 것만을 알 뿐이다. 하지만 높이 솟은 태산 위에 올라 보면 넓은 줄만 알았던 천하마저 조그맣게 보이는 것이다. 이와 마찬가지로, 바다를 구경한 사람은 크게 보이던 강물이 너무도 작게 생각되고, 성인과 같은 위대한 분에게 조석으로 가르침을 받은 사람은, 옛날 좋게 들리고 훌륭하게 느껴졌던 말들이 한갓 말재주나 부린 알맹이 없는 것으로 느껴질 뿐이라는 것이다.

　이상이 맹자가 한 말의 본뜻이었는데, 지금은 이 "태산에 오르면 천하가 작게 보인다"는 말을 좋은 뜻에서보다 사람의 일관성 없는 태도를 비유해서 말하기도 하고, "개구리가 올챙이 적 생각을 못한다"는 의미로 쓰이기도 한다.

■ 鷄鳴而起 孳孳爲善者 舜之徒也 鷄鳴而起 孳孳爲利者
蹠之徒也 欲知舜與蹠之分 無他 利與善之間也

　새벽에 닭이 울면 일어나서 부지런하게 선(善)을 실천하는 자는 순의 무리다. 그런데 새벽에 일어나서 부지런하게 이(利)를 추구하는 자는 도척의 무리다.

　*雞鳴 ; 새벽닭이 울다. 孳孳 ; 부지런히 힘쓰다. 徒 ; 무리.
蹠 ; 도척.

■ 觀於海者難爲水 遊於聖人之門者 難爲言

　바다를 본 사람은 물을 말하기를 어려워하고, 성인의 문하에서 공부한 사람은 학문에 대하여 말하기 어려워한다.

{바다는 큰 깨달음을 뜻하고, 큰 깨달음을 얻은 사람은 아무리 사소한 것이라도 함부로 이야기하는 것을 어려워한다는 뜻이다.}

■ 楊子取爲我 拔一毛而利天下 不爲也

양주(楊子)는, 내 머리털 하나를 뽑아서 천하가 유익하게 된다 할지라도 나는 그렇게 하지 않는다.

■ 墨子兼愛 摩頂放踵利天下 爲之

묵자는, 이마에서 발꿈치까지 닳아 없어진다 할지라도 천하를 유익하게 한다면 그렇게 하겠다고 한다.

*마정방종(摩頂放踵) ; 정수리로부터 마멸(磨滅)시켜 발꿈치까지 이른다는 뜻으로, 분골쇄신(粉骨碎身)함을 이름.

■ 子莫執中

자막은 중용(中庸)을 고집했다..

{맹자는 양자(楊子)를 이기주의자(爲我)라고 했다. 그리

고 묵자는 겸애주의자라고 했다. 자막은 중용을 고집했다 (墨子兼愛 摩頂放踵利天下 爲之 子莫執中).

양주는 모든 사람이 털 한 올을 뽑지 않고 또 사람마다 천하를 이롭게 하려 하지 않는다면 천하는 안정되리라고 했다. 이는 노자의 무위(無爲)사상에 연결된다.

(노나라의 현자인) 자막(子莫)은 양자(楊子)와 묵자(墨子)의 중간을 잡았다. 중간을 잡는 것이 도(道)에 가까운 것이나, 중간을 잡고도 권(權)이 없으면 그것도 둘 중에 어느 한 가지를 고집하는 것과 같은 것이다. 한쪽으로 치우치(한쪽을 잡음)면 안 되는 것은, 그것이 성인의 도를 해치는 도적이 되기 때문이다. 하나를 잡고 백 가지를 잃는 우를 범하게 된다.}

■ 掘井九仞 而不及泉 猶爲棄井也
（굴정구인 이불급천 유위기정야）

아무리 아홉 길(九仞) 깊이까지 우물을 파도 물이 솟는 곳까지 파지 않으면 그것은 우물을 버리는 것과 같은 것이다.

*掘 ; 파다. 仞 ; 길, 재다. 棄 ; 버리다.

{일을 해내려면 끝까지 해야 한다. 그렇지 않으면 아무리 고생을 해도 무의미한 것으로 되고 만다. 인(仞)은 척(尺).

"어떤 일을 하는 것은, 비유하면 우물을 파는 것과 같다. 우물을 아홉 길을 파 들어가다가 샘에까지 이르지 못하고 그만두면 그것은 우물을 버린 것과 같다."

한 삼태기의 흙만 더 파내면 샘이 솟아나게 되어 있다 하더라도, 거기까지 계속해 파내려가지 못하고 도중에 그만두어버리면 아홉 길을 파 내려간 지금까지의 노력을 포기한 거나 다름이 없으니, 그야말로 "공휴일궤(功虧一簣; 산을 쌓아올리는데, 한 삼태기의 흙을 게을리 하여 완성을 보지 못한다는 뜻으로, 거의 이루어진 일을 중지하여 오랜 노력이 아무 보람도 없게 됨을 비유적으로 이르는 말)"가 아닐 수 없다. 무슨 일이든 끝을 내지 못하면 아무 소용이 없는 것이다.}

■ 不素餐兮 (불 소 찬 혜)

일하지 않고는 먹지 않는다.

*素餐 ; 하는 일 없이 녹(祿)을 먹음.

{아무 공이 없으면서 녹을 먹는 일은 하지 않는다. 소(素)는 공(空)과 같은 뜻이다. 소찬(素餐)은 맛없는 반찬이란 뜻으로 공짜로 먹는다는 것을 말한다. 즉, 아무 일도 하지 않으면서 남이 만들어 놓은 공짜 밥이나 먹고 있다는 뜻으로,

하는 일 없이 국가의 녹을 축내는 관리들을 가리켜 말한 것이다.}

【名言】 시위소찬(屍位素餐) ; 분수에 걸맞지 않는 높은 자리에 앉아 하는 일 없이 공으로 녹만 받아먹음.

《한서》 주운전(朱雲傳)에 있는 말이다. 시위의 시(屍)는 시동(屍童)을 말한다. 옛날 중국에서는 조상에게 제사 지낼 때, 조상의 혈통을 이은 어린아이를 신위(神位)에 앉혀 놓고 제사를 지냈는데, 그 신위에 앉아 있는 아이가 시동이다.

영혼이 아무것도 모르는 어린아이에게 접신(接神)하여 그 아이의 입을 통해 먹고 싶은 것도 먹고, 마시고 싶은 것을 마시게 하려는 원시적인 신앙에서 생겨난 관습이었던 것 같다.

『시위』는 그 시동이 앉아 있는 자리다. 그래서 아무것도 모르면서, 아무 실력도 없으면서 남이 만들어 놓은 높은 자리에 우두커니 앉아 있는 것을 가리켜 『시위』라고 한다. 『소찬』의 소(素)는 맹탕이란 뜻이다. 『소찬(素饌)』은 고기나 생선 같은 맛난 반찬이 없는 것을 뜻하고, 『소찬(素餐)』은 공으로 먹는다는 뜻이 된다.

그러므로 『시위소찬(屍位素餐)』이라고 하면 분수에 걸맞지 않는 높은 자리에 앉아 아무 하는 일 없이 공으로 녹(祿)만 받아먹는 것을 이르는 말이다.

국가나 단체나, 한 세력이 오랜 기간 계속해서 주권을 장악하게 되면 자연 이 시위소찬의 현상이 나타나기 마련이다. 이것이 부패의 요인이 되고 멸망의 계기가 된다. 이른바 능률화의 운동은 이 『시위소찬』의 요소를 몰아내는 운동이라 할 수 있다.

■ 殺一無罪非仁也 非其有而取之非義也
（살 일 무 죄 비 인 야 　 비 기 유 이 취 지 비 의 야）

죄 없는 사람을 죽이는 것을 불인(不仁)이라고 하고, 자기 것이 아닌데도 빼앗아가는 것을 불의(不義)라 한다.

■ 愛而不敬 獸畜之也
（애 이 불 경 　 수 축 지 야）

사랑하면서 공경하지 않으면 짐승으로 기르는 것이다.

*獸畜 ; 짐승을 기름. 들짐승과 집짐승을 아울러 이르는 말.

{아무리 현자(賢者)를 후하게 대접한다고 해도 공경하는 마음이 없으면 그것은 개나 고양이를 키우고 있는 것과 같은 것이다.}

■ 形色 天性也 惟聖人然後可以踐形
　　형색　천성야　유성인연후가이천형

형색이란 하늘이 준 본성이다(사람의 본성은 모두 착하다). 오로지 성인이라야 이를 끝까지 지켜갈 수 있다.

*形色 ; 형체와 용모.. 天性 ; 타고난 성품. 踐 ; 지키다.

■ 君子之所以教者五
　　군자지소이교자오

군자는 가르치는 방법이 다섯 가지가 있다.

{군자의 가르치는 다섯 가지 방법은, 때맞추어 비가 내리듯이 가르치는 것이 있고, 덕을 이루도록 가르치는 것이 있고, 재능을 발현시키도록 가르치는 것이 있고, 문답을 통하여 가르치는 것이 있고, 그 문하에 있지 않더라도 사숙하여 가르치는 것이 있다. 이 다섯 가지가 군자가 사람을 가르치는 방법이다(有如時雨化之者 有成德者 有達財者 有答問者 有私淑艾者 此五者 君子之所以教也).}

【名言】시우지화(時雨之化) ; 시우(時雨)란 "때맞추어 내리는 비와 같은 교화"라는 뜻으로, 초목이 때맞추어 내리는 비에 맞춰 무럭무럭 자라는 것처럼 제 때에 교육이 이루어지거나 교화(教化)가 널리 미침을 비유하는 말이다.

위에서 말한 군자의 다섯 가지 가르치는 방법이 있다.

초목의 생장에 있어서 사람은 씨를 뿌리고 뿌리를 북돋
위주며, 초목 역시 비와 이슬로 적셔 주어야 한다. 이때에
맞추어 비가 내리면 그 성장이 빨라진다는 것이니, 군자의
가르침도 이와 같다는 말이다. 주자(朱子)는, 공자가 안회와
증자를 가르친 방법을 『시우지화』로 그 예를 들고 있다.

■ 道_도則_즉高_고矣_의美_미矣_의 宜_의若_약登_등天_천然_연 似_사不_불可_가及_급也_야

도는 높고도 아름다운 것을 말하지만, 그것은 마치 하늘
에 올라가는 것같이 높아 거기에 도달할 수 없을 것 같다.

■ 大_대匠_장不_불爲_위拙_졸工_공改_개廢_폐繩_승墨_묵

솜씨 좋은 목수는 그만 못한 목수 때문에 승묵(繩墨)을
바꾸거나 버리지 않는다.

*大匠 ; 기량이 뛰어난 장인. 拙工 ; 솜씨가 서투른 기술
자. 繩墨 ; 먹통에 딸린 실줄.

{군자의 도(道)는 소인에 있어서 고상해서 실현하기 어려
울지 모르지만, 그렇다고 해서 그 기준을 낮게 할 수는 없
다.}

引而不發
인 이 불 발

활시위를 당길 뿐 놓지 않는다.

{사람을 가르치는 데 단지 공부하는 방법만 지시하고 그 묘처(妙處)를 말하지 않아 학습자로 하여금 자득(自得)하게 함을 이름. 또 세력을 축적하여 시기를 기다림을 이르는 뜻도 있다.}

【名言】인이불발(引而不發) ; "도는 높고도 아름다운 것을 말하지만, 그것은 마치 하늘에 올라가는 것같이 높아 거기에 도달할 수 없을 것 같습니다(道則高矣美矣 宜若登天然)."라는 공손추의 물음에 맹자는 다음과 같이 대답한다.

"훌륭한 목수는 서투른 목수를 위해 먹줄을 고치거나 없애지 않는다. 능력이 있으면 그것을 보고 따라오는 것이다. 예(羿)는 서툰 활잡이를 위하여 그가 활을 당기는 정도를 바꾸지 않는다. 군자는 당기기만 하고 쏘지 아니하여, 뛰어나갈 듯이 해서 도에 맞게 하여 서면, 할 수 있는 사람은 그를 따른다(大匠不爲拙工改廢繩墨 羿不爲拙射變其彀率 君子引而不發 躍如也 中道而立 能者從之)."

성인(聖人)의 길은 높고 아름답다. 그래서 하늘에 오르는 것처럼 어려운 일이다.}

進銳者 其退速
진 예 자 　 기 퇴 속

나아가는 것이 빠른 자는 물러가는 것 또한 빠르다.

*銳 ; 재빠르다.

{서두르는 자는 일시에 힘을 쓰기 때문에 그 물러가는 것
도 빠르다는 말이다. 빨리 간다고 좋은 것은 아니다.}

知者無不知也 當務之爲急
지 자 무 부 지 야 　 당 무 지 위 급

지혜로운 사람에게는 알지 못함이 없으나, 아는 것보다
당연히 무엇에 힘써야 할 것인지를 깨닫는 것이 급하다는
것을 알아야 한다.

*當務 ; 직무를 맡음.

{사물에는 선후(先後), 경중(輕重)의 구별이 있고, 아는
것보다는 행하는 것이 먼저다.}

是之謂不知務
시 지 위 부 지 무

서둘러 해야 할 일이 무엇인지 모른다.

{대인은 본말과 경중을 가릴 줄 아는 시중(時中 ; 그 당시
의 사정에 알맞음)의 대가라 할 수 있다.}

盡心章句上

{第一節} 孟子曰 : "盡其心者, 知其性也. 知其性, 則知天矣. 存其心, 養其性, 所以事天也. 夭壽不貳, 修身以俟之, 所以立命也."

{第二節} 孟子曰 : "莫非命也, 順受其正 ; 是故知命者不立乎岩牆之下. 盡其道而死者, 正命也 ; 桎梏死者, 非正命也."

{第三節} 孟子曰 : "求則得之, 舍則失之 ; 是求有益於得也, 求在我者也. 求之有道, 得之有命, 是求無益於得也, 求在外者也."

{第四節} 孟子曰 : "萬物皆備於我矣. 反身而誠, 樂莫大焉. 强恕而行, 求仁莫近焉."

{第五節} 孟子曰 : "行之而不著焉, 習矣而不察焉, 終身由之而不知其道者, 衆也."

{第六節} 孟子曰 : "人不可以無恥. 無恥之恥, 無恥矣."

{第七節} 孟子曰 : "恥之於人大矣. 爲機變之巧者, 無所用恥焉. 不恥不若人, 何若人有?"

{第八節} 孟子曰 : "古之賢王好善而忘勢 ; 古之賢士何獨不然 樂其道而忘人之勢, 故王公不致敬盡禮, 則不得亟見之.

見且由不得亟, 而況得而臣之乎?"

{第九節} 孟子謂宋勾踐曰:"子好遊乎. 吾語子遊. 人知之, 亦囂囂; 人不知, 亦囂囂."

曰:"何如斯可以囂囂矣?"

曰:"尊德樂義, 則可以囂囂矣. 故士窮不失義, 達不離道. 窮不失義, 故士得己焉; 達不離道, 故民不失望焉. 古之人, 得志, 澤加於民; 不得志, 修身見於世. 窮則獨善其身, 達則兼善天下."

{第十節} 孟子曰:"待文王而後興者, 凡民也. 若夫豪傑之士, 雖無文王猶興."

{第十一節} 孟子曰:"附之以韓魏之家, 如其自視欿然, 則過人遠矣."

{第十二節} 孟子曰:"以佚道使民, 雖勞不怨. 以生道殺民, 雖死不怨殺者."

{第十三節} 孟子曰:"霸者之民驩虞如也, 王者之民皥皥如也. 殺之而不怨, 利之而不庸, 民日遷善而不知爲之者. 夫君子所過者化, 所存者神, 上下與天地同流, 豈曰小補之哉?"

{第十四節} 孟子曰:"仁言不如仁聲之入人深也, 善政不如善教之得民也. 善政, 民畏之; 善教, 民愛之. 善政得民財, 善教得民心."

{第十五節} 孟子曰：“人之所不學而能者，其良能也；所不慮而知者，其良知也. 孩提之童無不知愛其親者，及其長也，無不知敬其兄也. 親親，仁也；敬長，義也；無他，達之天下也.”

{第十六節} 孟子曰：“舜之居深山之中，與木石居，與鹿豕遊，其所以異於深山之野人者幾希. 及其聞一善言，見一善行，若決江河，沛然莫之能禦也.”

{第十七節} 孟子曰：“無爲其所不爲，無欲其所不欲，如此而已矣.”

{第十八節} 孟子曰：“人之有德慧術知者，恒存乎疢疾. 獨孤臣孽子，其操心也危，其慮患也深，故達.”

{第十九節} 孟子曰：“有事君人者，事是君則爲容悅者也；有安社稷臣者，以安社稷爲悅者也；有天民者，達可行於天下而後行之者也；有大人者，正己而物正者也.”

{第二十節} 孟子曰：“君子有三樂，而王天下不與存焉. 父母俱存，兄弟無故，一樂也；仰不愧於天，俯不怍於人，二樂也；得天下英才而教育之，二樂也. 君子有三樂，而王天下不與存焉.”

{第二十一節} 孟子曰：“廣土眾民，君子欲之，所樂不存焉；中天下而立，定四海之民，君子樂之，所性不存焉. 君子所性，雖大行不加焉，雖窮居不損焉，分定故也. 君子所性，仁義禮智根於心, 其生色也睟然, 見於面, 盎於背, 施於四體, 四體不言而喩."

{第二十二節} 孟子曰 : "伯夷辟紂, 居北海之濱, 聞文王作, 興曰 : '盍歸乎來, 吾聞西伯善養老者.' 太公辟紂, 居東海之濱, 聞文王作, 興曰 : '盍歸乎來, 吾聞西伯善養老者.' 天下有善養老, 則仁人以爲己歸矣. 五畝之宅, 樹牆下以桑, 匹婦蠶之, 則老者足以衣帛矣. 五母雞, 二母彘, 無失其時, 老者足以無失肉矣. 百畝之田, 匹夫耕之, 八口之家足以無饑矣. 所謂西伯善養老者, 制其田裏, 教之樹畜, 導其妻子使養其老. 五十非帛不暖, 七十非肉不飽. 不暖不飽, 謂之凍餒. 文王之民無凍餒之老者, 此之謂也."

{第二十三節} 孟子曰 : "易其田疇, 薄其稅斂, 民可使富也. 食之以時, 用之以禮, 財不可勝用也. 民非水火不生活, 昏暮叩人之門戶求水火, 無弗與者, 至足矣. 聖人治天下, 使有菽粟如水火. 菽粟如水火, 而民焉有不仁者乎?"

{第二十四節} 孟子曰 : "孔子登東山而小魯, 登泰山而小天下, 故觀於海者難爲水, 遊於聖人之門者難爲言. 觀水有術, 必觀其瀾. 日月有明, 容光必照焉. 流水之爲物也, 不盈科不行 ; 君子之志於道也, 不成章不達."

{第二十五節} 孟子曰 : "雞鳴而起, 孳孳爲善者, 舜之徒也；雞鳴而起, 孳孳爲利者, 蹠之徒也. 欲知舜與蹠之分, 無他, 利與善之間也."

{第二十六節} 孟子曰："楊子取爲我, 拔一毛而利天下, 不爲也. 墨子兼愛, 摩頂放踵利天下, 爲之. 子莫執中；執中爲近之. 執中無權, 猶執一也. 所惡執一者, 爲其賊道也, 舉一而廢百也."

{第二十七節} 孟子曰："饑者甘食, 渴者甘飲, 是未得飲食之正也, 饑渴害之也. 豈惟口腹有饑渴之害？ 人心亦皆有害. 人能無以饑渴之害爲心害, 則不及人不爲憂矣."

{第二十八節} 孟子曰："柳下惠不以三公易其介."

{第二十九節} 孟子曰："有爲者辟若掘井, 掘井九仞而不及泉, 猶爲棄井也."

{第三十節} 孟子曰："堯、舜, 性之也；湯、武, 身之也；五霸, 假之也. 久假而不歸, 惡知其非有也？"

{第三十一節} 公孫醜曰："伊尹曰：'予不狎於不順, 放太甲於桐, 民大悅. 太甲賢, 又反之, 民大悅.' 賢者之爲人臣也, 其君不賢, 則固可放與？"

孟子曰："有伊尹之志, 則可；無伊尹之志, 則篡也."

{第三十二節} 公孫醜曰："詩曰：'不素餐兮.' 君子之不耕而食, 何也？"

孟子曰：“君子居是國也，其君用之，則安富尊榮；其子弟從之，則孝悌忠信. ‘不素餐兮’, 孰大於是?”

{第三十三節} 王子塾問曰：“士何事?”

孟子曰：“尚志.”

曰：“何謂尚志?”

曰：“仁義而已矣. 殺一無罪非仁也, 非其有而取之非義也. 居惡在? 仁是也；路惡在? 義是也. 居仁由義, 大人之事備矣.”

{第三十四節} 孟子曰：“仲子, 不義與之齊國而弗受, 人皆信之, 是舍簞食豆羹之義也. 人莫大焉亡親戚君臣上下. 以其小者信其大者, 奚可哉?”

{第三十五節} 桃應問曰：“舜爲天子, 皋陶爲士, 瞽瞍殺人, 則如之何?”

孟子曰：“執之而已矣.”

“然則舜不禁與?”

曰：“夫舜惡得而禁之? 夫有所受之也.”

“然則舜如之何?”

曰：“舜視棄天下, 猶棄敝蹝也. 竊負而逃, 遵海濱而處, 終身訴然, 樂而忘天下.”

{第三十六節} 孟子自範之齊, 望見齊王之子, 喟然歎曰：“居移氣, 養移體, 大哉居乎! 夫非盡人之子與?”

孟子曰："王子宮室、車馬、衣服多與人同, 而王子若彼者, 其居使之然也 ; 況居天下之廣居者乎? 魯君之宋, 呼於垤澤之門. 守者曰 : '此非吾君也, 何其聲之似我君也?' 此無他, 居相似也."

{第三十七節} 孟子曰："食而弗愛, 豕交之也 ; 愛而不敬, 獸畜之也. 恭敬者, 幣之未將者也. 恭敬而無實, 君子不可虛拘."

{第三十八節} 孟子曰："形色, 天性也 ; 惟聖人然後可以踐形."

{第三十九節} 齊宣王欲短喪. 公孫醜曰："爲期之喪, 猶愈於已乎?"

孟子曰："是猶或紾其兄之臂, 子謂之姑徐徐雲爾, 亦教之孝悌而已矣."

王子有其母死者, 其傅爲之請數月之喪. 公孫醜曰："若此者何如也?"

曰："是欲終之而不可得也. 雖加一日愈於已, 謂夫莫之禁而弗爲者也."

{第四十節} 孟子曰："君子之所以教者五 : 有如時雨化之者, 有成德者, 有達財者, 有答問者, 有私淑艾者. 此五者, 君子之所以教也."

{第四十一節} 公孫醜曰：“道則高矣, 美矣, 宜若登天然, 似不可及也；何不使彼爲可幾及而日孳孳也?”

孟子曰：“大匠不爲拙工改廢繩墨, 羿不爲拙射變其彀率. 君子引而不發, 躍如也. 中道而立, 能者從之.”

{第四十二節} 孟子曰：“天下有道, 以道殉身；天下無道, 以身殉道. 未聞以道殉乎人者也.”

{第四十三節} 公都子曰：“滕更之在門也, 若在所禮, 而不答, 何也?”

孟子曰：“挾貴而問, 挾賢而問, 挾長而問, 挾有勳勞而問, 挾故而問, 皆所不答也. 滕更有二焉.”

{第四十四節} 孟子曰：“於不可已而已者, 無所不已. 於所厚者薄, 無所不薄也. 其進銳者, 其退速.”

{第四十五節} 孟子曰：“君子之於物也, 愛之而弗仁；於民也, 仁之而弗親. 親親而仁民, 仁民而愛物.”

{第四十六節} 孟子曰：“知者無不知也, 當務之爲急；仁者無不愛也, 急親賢之爲務. 堯、舜之知而不遍物, 急先務也；堯、舜之仁不遍愛人, 急親賢也. 不能三年之喪, 而緦、小功之察；放飯流歠, 而問無齒決, 是之謂不知務.”

제14편 진심(盡心) 下

■ 春秋無義戰

춘추시대에는 의로운 전쟁이 없었다.

{춘추시대에는 의로운 전쟁은 없었다. 그저 저 나라가 이 나라보다 선했다는 예는 있었다. 정벌이라는 것은 위의 천자가 아래 제후를 치는 것이다. 적국(敵國)은, 대등한 제후국 간에는 서로 정벌하지 않는 것이다.}

■ 盡信書則不如無書

글을 다 믿는다면, 글이 없는 것만 같지 못하다.

*盡 ; 다하다. 書 ; 여기서는 《서경(書經)》을 말한다.

{《서경(書經)》을 모두 믿는 것은 《서경》이 없는 것만 못하다. 《서경》에는 과장된 표현이 적지 않으므로 그것을 읽을 때에는 반드시 잘 비판해서 읽어야 한다. 분별없이 모두 믿는다면 고대의 성왕들을 오해하게 되기 쉬우므로 《서경》을 몰랐던 것만 못한 결과를 초래하기 쉬울 우려가 있

다는 것. 지금은 모든 것을 고서(古書)나 전인(前人)들의 경험에만 의존해서는 안 됨을 비유하는 말.}

【名言】진신서불여무서(盡信書不如無書) ; 맹자는, "글(역사)을 다 믿는다면 글이 없는 것만 같지 못하다(盡信書則不如無書). 나는 무성(武成 :《서경》주서(周書)의 편 이름)에서 두세 쪽(策)만을 받아들일 뿐이다. 어진 사람은 천하에 대적하는 사람이 없다(仁人無敵於天下). 지극히 어진 사람이 지극히 어질지 않은 사람을 치는데, 그 피가 절굿공이를 뜨게 하겠는가?" 하고, 역사 기록의 지나친 과장을 가혹하게 평하고 있다.

내용인 즉, 무왕이 주(紂)를 치는데, 주의 앞에 선 군대가 무왕의 편을 들어 역으로 후방에 있는 군대와 충돌함으로써 피가 냇물처럼 흘러 절굿공이가 떠내려갔다는 기록이다.

맹자가 이 같은 말을 한 데는 또 다른 의도가 있었겠지만, 오늘처럼 너무 많은 기록들이 우리의 마음을 어지럽히고 있는 것에 가장 알맞은 말이 될 수 있을 것 같다.

청대(靑代)의 유명한 평론가 김성탄(金聖嘆)은 진시황의 분서갱유(焚書坑儒) 사건을 위대한 업적이라 칭찬하고, 또 한 번 진시황 같은 영웅이 나타나 쓰레기만도 못한 모든 책들을 모조리 불살라 주었으면 하고 바랬다.『분서갱유』의 목적은, 한 권의 좋은 책이 없어지는 것은 안타까운 일이지만, 천 권의 유해무익한 책들을 없애기 위해서는 부득이한 일이라는 것이다.

■ 南面而征北狄怨 東面而征西夷怨
(남면이정북적원 동면이정서이원)

어진 자가 남쪽을 향해 정벌하러 나가면 북쪽 오랑캐가 원망하고, 동쪽을 향해 정벌하러 나가면 서쪽 오랑캐가 원망한다.

*征 ; 치다. 狄 ; 오랑캐. 怨 ; 원망하다. 夷 ; 오랑캐.

{옛날 은(殷)나라 탕왕(湯王)이 갈(葛)을 정벌했을 때, 사방의 오랑캐들이 이런 원망을 했다고 한다. 평소에 자기 나라의 학정에 고생하고 있기 때문이다.}

■ 民爲貴 社稷次之 君爲輕
(민위귀 사직차지 군위경)

백성이 귀하고 사직이 그 다음이며 임금은 가볍다.

*社稷 ; 토지신과 곡식신이라는 뜻으로, 옛날에 임금이 국가의 무사 안녕을 기원하기 위하여 사직단(社稷壇)에서 토지의 신과 곡식의 신에게 제사를 지냈으므로 『사직(社稷)』은 『국가의 기반』 또는 『국가(國家)』라는 뜻으로 변

했다.

{사(社)는 토지 신을, 직(稷)은 곡신(穀神)을 모시는 곳이다. 임금이 건국을 하면 반드시 이 두 신을 모시게 된다. 여기에서 사직은 국가를 말하는 것이다. 백성이 있은 후에 국가가 있고, 국가가 있음으로써 다스리는 군주가 있다. 따라서 백성이 가장 귀중한 존재가 되고 그 다음이 국가가 되는 것이다. 나라는 백성으로 근본을 삼고, 사직도 백성을 위해 세워진다(國以民爲本 社稷亦爲民而立).}

【名言】민귀군경(民貴君輕) ; 백성은 귀하고 임금은 가볍다는 뜻으로, 백성이 나라의 근본임을 강조하는 말이다. 맹자는 도덕을 바탕으로 한 왕도정치(王道政治)와 백성을 근본으로 하는 민본정치(民本政治)를 주장하여 이렇게 말했다.

"백성이 귀하고, 사직은 그 다음이고, 임금은 가볍다(民爲貴 社稷次之 君爲輕)"

주자(朱子)는 이 구절에 대한 주석에서 이렇게 설명하였다.

"대개 나라는 백성으로 근본을 삼는 것이니, 사직 또한 백성을 위하여 세운 것이며, 임금이 존귀한 것도 백성과 사직의 존망에 달려 있는 것이므로 그 경중이 이와 같다."

국민이 나라의 근본임을 강조하는 이 말은 우리나라에서

몇 년 전 새해를 맞아 선정한 "희망의 사자성어" 이기도 하다. 선정 이유에는 나라의 근본인 국민을 존중하는 정치, 국민과 소통하는 정치, 국민을 위한 정치가 시행되기를 바라는 염원이 담겨 있기 때문이다.

■ 賢者以其昭昭使人昭昭 今以其昏昏 使人昭昭
현자이기소소사인소소 금이기혼혼 사인소소

현자는 자기의 밝은 도리를 가지고 사람들을 밝게 해주지만, 오늘날에는 자기의 어두운 도리를 가지고 사람들을 밝게 만들려고 한다.

*昭昭 ; 환하다, 밝다. 昏昏 ; 어둡다.

{지혜로운 이는 그 밝은 마음의 지혜로 다른 사람을 밝게 해주지만, 요즘 사람들은 자신의 어두운 생각으로 다른 사람을 밝게 해주려 하고 있다.}

■ 茅塞子之心矣
모색자지심의

띠가 우거져 길을 막고 있다.

*茅塞 ; 띠가 우거져 막힘.

{띠가 우거져 길을 막고 있듯이, 욕심 때문에 마음이 가려짐을 비유함. 사람이 산길을 다니게 되면 길이 나는데, 잠시

동안 다니지 않으면 띠로 막혀버린다. 길을 띠가 막는 것처럼 사념(邪念)이 본심을 막고 있다고 제자인 고자(高子)에게 맹자가 한 말이다.}

■ 諸侯之寶三
_{제 후 지 보 삼}

제후의 보배는 세 가지가 있다.

{통치자들이 가장 소중하게 생각해야 하는 보물 세 가지.

맹자가 말했다. "제후의 보배는 세 가지인데, 토지(土地)·백성·정사(政事)이다. 주옥(珠玉)을 보배로 여기는 자는 재앙(災殃)이 반드시 그의 몸에 미치게 된다."}

■ 寶珠玉者 殃必及身
_{보 주 옥 자 앙 필 급 신}

주옥을 보배로 여기는 자는 반드시 재앙이 몸에 미친다.

*寶 ; 보배. 殃 ; 재앙.

■ 往者不追 來者不拒
_{왕 자 불 추 내 자 불 거}

가는 사람 잡지 않고 오는 사람 막지 않는다.

*追 ; 쫓다. 拒 ; 막다.

{나에게서 떠나는 사람 잡지 않고, 가르침을 받으러 오는 사람은 그 사람의 과거에 구애됨이 없이 맞이한다. 이 말은 맹자가 제자를 받아들이는 원칙을 설명한 것이다. 누구든 배우겠다는 마음을 가지고 진심으로 찾아온다면 그 사람을 제자로 받아들여 교육할 것이고, 또한 마음이 떠나서 이제 내 곁을 떠나겠다고 생각하면 미련 없이 보내주겠다는 맹자의 교육원칙이다. 공자도 제자를 받아들이는 원칙은 예의만 갖추어 찾아온다면 누구도 거부하지 않고 받아들이겠다고 말하고 있다.}

【名言】 왕자불추내자불거(往者不追來者不拒) ; 맹자가 등(藤)나라로 가서 상궁(上宮)에 숙소를 정하고 있을 때 일이다. 등나라는 맹자가 태어난 추(鄒)나라와 가까운 나라로 등나라 임금 문공(文公)은 세자로 있을 때부터 맹자를 찾아가 가르침을 청한 일이 있었고, 그가 임금이 되었을 때는 맹자의 가르침에 따라 토지개혁을 단행한 일도 있었다.

맹자는 당시 가는 곳마다 환영이 대단했고, 언제나 수십 대의 수레에 수백 명의 수행원이 호송을 하고 다녔다 한다. 또 맹자가 가 있는 곳이면 많은 사람들이 찾아와 가르침을 청하기도 했고 의견을 묻기도 했다. 이때도 맹자가 있는 상궁에는 온통 사람들의 출입으로 몹시 혼잡했다. 그런데 공교롭게도 여관에서 일하는 사람이 미투리를 반쯤 삼다가 창문 위에 올려놓았다. 맹자의 일행이 각각 방을 차지하고, 따라왔던 사람들도 다 돌아가고 난 다음, 신을 마저 삼으려고 가 보았을 때는 신이 보이지 않았다.

다른 일 보는 사람이 보기가 흉해서 어디로 치웠는지도 모를 일이었지만, 신의 임자는 누가 훔쳐간 걸로 단정을 했다. 조금만 더 손을 대면 완전한 신이 될 텐데, 이제까지 애쓴 보람도 없이 남의 좋은 일만 해준 것을 생각하니 그만 화가 치밀어 올랐다. 그는 자기도 모르게 어떤 놈이 남의 삼다 둔 미투리를 훔쳐갔다고 떠들어댔다.

사람들은 차츰 맹자를 따라왔던 사람들 중에 누가 한 짓일 거라는 생각을 하게 되었다. 똑똑한 체하는 사람은 어느 곳에나 있는 법이어서, 한 사람이 맹자를 찾아가 항의를 했다.

"세상에 이럴 수가 있습니까? 선생님을 따라다니는 사람이 신을 훔쳐가다니 말입니다."

맹자도 경솔한 그의 말투에 약간 노여운 생각이 들었을 것이다.

"그대는 나를 따라온 사람이 그 신을 훔치기 위해 여기에 왔다는 말인가?" 하는 맹자의 반문을 받고 난 그는 약간 당황할 수밖에 없었다.

그러나 그는, "천만에 그럴 리가 있습니까. 선생님께서 사람들을 대하는 법은, 가는 사람을 붙들지도 않고, 오는 사람을 물리치지도 않으며(往者不追 來者不拒), 진실로 배우겠다는 마음을 가지고 이르면, 곧 받을 뿐이옵니다."라고 대답했다.

■ 言近而指遠者 善言也

말이 현실과 가까우면서도 뜻이 높고 먼 것이 선한 말이다.

{실행이 간결하면서도 그 효과가 널리 베풀어지는 것이 좋은 도(道)이다. 군자의 말은 가슴에 있는 그대로이기 때문에 그 속에는 도가 있다.}

■ 君子之言也 不下帶而道存焉

군자의 말은 극히 비근하지만, 그 중에 참된 도가 있다.
*帶 ; 띠.

{군자의 말은 가슴에 있는 그대로이기 때문에 그 속에는 도가 있다. 불하대(不下帶)는 눈앞에 보이는 것의 비유. 옛 사람들은 사람을 대할 때 띠(帶) 아래는 눈을 주지 않았다.}

■ 設大人 則藐之 勿視其巍巍然
　設　大　人　則　藐　之　勿　視　其　巍　巍　然

　대인을 설복시키려면 엄엄한 기세에 눌리지 말고 대수롭
잖게 여겨라.

　*藐 ; 업신여기다. 巍巍 ; 높고 큰 모양.

　{권세 있는 사람에게 유세할 때는 그 사람이 아무리 왕후
귀인(王侯貴人)일지라도 대수롭잖게 생각할 배짱을 지녀야
한다. 그렇지 않으면 상대의 권세에 압도될 우려가 있다.}

■ 食前方丈 侍妾數百人 我得志弗爲也
　食　前　方　丈　侍　妾　數　百　人　我　得　志　弗　爲　也

　음식을 사방 열 자 되는 상에 차려놓고 수백 명의 시첩을
두는 일은, 내가 뜻을 이루어도 하지 않을 것이다.

　【名言】 식전방장(食前方丈) ; 사방 열 자의 상에 잘 차린
음식이란 뜻으로, 호화롭게 많이 차린 음식을 이르는 말.

　맹자가 말했다. "권세 있는 사람에게 유세할 때는 그 사
람이 아무리 왕후귀인(王侯貴人)일지라도 대수롭잖게 생각
할 배짱을 지녀야 한다. 그렇지 않으면 상대의 권세에 압도
될 우려가 있다. 집 높이가 여러 길이 되고 서까래가 여러 척
(尺)이나 되는 집은 내가 뜻을 이루어도 짓지 않을 것이다. 음
식을 사방 열 자 되는 상에 차려놓고 수백 명의 시첩을 두는

일은, 내가 뜻을 이루어도 하지 않을 것이다(食前方丈 侍妾數百人 我得志弗爲也)."

맹자가 스스로 떳떳한데 무엇 때문에 제후들이나 높은 사람들에게 위축될 것인가에 대해 말하는 대목으로, 여기서 『식전방장』은 제후들이 수백 명의 시첩을 주위에 거느리고 갖가지 진기한 음식으로 가득 찬 식사를 한다는 뜻이다. 맹자는 사치와 낭비를 아주 싫어하여 이러한 짓은 뜻을 이룬 뒤에도 결코 해서는 안 된다고 한 것이다. 맹자는 제자들에게 사치와 낭비를 멀리하고, 뜻을 이룬 뒤에도 검소한 생활을 하라고 가르쳤다. 같은 표현으로 『진수성찬(珍羞盛饌)』이 있다.

■ 養心莫善於寡欲
　　양 심 막 선 어 과 욕

본심을 기르는 데는 욕심을 적게 하는 것이 가장 좋다.

■ 膾炙所同
　　회 자 소 동

날고기와 구운 고기는 사람들이 함께 좋아하는 것이다.

*膾炙 ; 회와 구운 고기라는 뜻으로, 널리 칭찬을 받으며 사람의 입에서 입으로 전해지는 것.

【名言】회자인구(膾炙人口) ; 보통 "인구(人口)에 회자

(膾炙)된다"라는 식으로 쓰인다. 사람의 입에 오르내린다는 뜻이다. 여기에서 회자란 잘게 썬 고기를 구운 요리를 말한다. 증삼(曾參)과 그의 부친 증석(曾晳)은 다 같이 공자의 제자로서, 증석은 양조(羊棗)라는 산열매를 매우 즐겨 먹었다. 나중에 증석이 세상을 떠난 뒤 효자인 증삼은 양조를 아예 입에도 대지 않았다.

전국시대에 이르러 맹자의 제자 공손추가 이 일에 대해서 맹자에게 회자(膾炙)와 양조 중 어느 것이 더 맛이 좋은가 하고 물었다. 그러자 맹자는 당연히 회자라고 하면서 회자는 즐겨하지 않는 사람이 없다고 했다. 그러자 공손추가 다시 물었다. "그렇다면 증석 부자도 다 회자를 즐겨했을 텐데 부친이 돌아가신 뒤 증삼은 왜 양조만 먹지 않았습니까?"

맹자가 대답했다. "회자는 누구나 다 즐겨하지만, 양조는 증석의 특별한 별식이었기에 증삼은 양조를 먹지 않은 것이다. 마찬가지로 이름은 피하고 성을 피하지 않는 것도 성은 함께 쓰는 것이고, 이름은 한 사람만 쓰는 것이기 때문이다(膾炙所同也 羊棗所獨也 諱名不諱姓 姓所同也 名所獨也)."

『회자소동(膾炙所同)』에서 『회자인구』란 말이 나오게 되었는데, 지금은 전(轉)하여 "널리 사람의 입에 오르내리다"라는 뜻으로 쓰인다.

■ 鄕原德之賊也
_{향 원 덕 지 적 야}

겉으로는 군자인 척하고 행동은 그에 반하는 사이비인 자는 덕을 해치는 적이다.

{향원(鄕原)은 시골에서 견식이 없는 사람들로부터 인격자라고 신뢰받고 있는 사이비 군자. 일찍이 공자는 이러한 부류의 사람들을 향원이라고 하여, 향원은 덕을 도둑질하는 (德之賊) 사람이라고 경계했다. 맹자는 향원은 덕(德)을 어지럽히는 자라고 하여 두려운 존재로 보았다.}

■ 同乎流俗 合乎汚世
_{동 호 유 속 합 호 오 세}

그런 사람들은 나쁜 습속에 휩쓸려 세상을 어지럽히는 사람들이다.

*流俗 ; 세속. 유행하는 습속. 汚 ; 더럽다.

【名言】동류합오(同流合汚) ; 어느 날, 맹자는 그의 제자 만장(萬章)과 마주앉아 이런저런 대화를 나누고 있었다.

"일찍이 공자께서는 향원(鄕原)들을 가장 꺼려했는데, 그들을 예의가 없는 놈들이라고 하셨다."

"모두 다 그런 사람들을 좋은 사람이라 하고, 또 그들 스스로도 좋은 사람으로 자처하는데, 왜 공자께서는 예의 없는 사람이라고 하셨습니까?"

"그런 사람들은 나쁜 습속에 휩쓸려 세상을 어지럽히는 (同乎流俗 合乎汚世) 사람들로, 겉으로 보기에는 성실하고 청렴결백한 것처럼 보여 모든 사람들이 좋다고 하고, 또 그들 스스로도 그렇게 생각하지만, 실은 그런 사람들은 결코 좋은 일을 할 수 없기 때문에 공자께서는 그들을 가리켜 예의가 없는 사람이라고 말씀하신 것이다."

"동류합오"는 바로 "동호유속 합호오세(同乎流俗 合乎汚世)"에서 나온 말이다.

■ 惡似而非者

같고도 아닌 것을 미워한다.

【名言】 사이비(似而非) ; 맹자는 제자 만장(萬章)과 이런 문답을 한다. "온 고을이 다 그를 원인(原人 ; 점잖은 사람)이라고 하면, 어디를 가나 원인일 터인데, 공자께서 덕(德)의 도적이라고 하신 것은 무슨 까닭입니까?"

"비난을 하려 해도 비난할 것이 없고, 공격을 하려 해도 공격할 것이 없다. 시대의 흐름에 함께 휩쓸리며 더러운 세상과 호흡을 같이하여, 그의 태도는 충실하고 신의 있는 것

같으며, 그의 행동은 청렴하고 결백한 것 같다. 모든 사람들도 다 그를 좋아하고, 그 자신도 스스로 옳다고 생각하고 있다. 그러나 그와는 함께 참다운 성현의 길로는 들어갈 수가 없다. 그래서 덕의 도적이라고 말하는 것이다. 공자는 말씀하시기를, '나는 같고도 아닌 것을 미워한다(惡似而非者)'고 하였다. 가라지를 미워하는 것은 그것이 곡식을 어지럽게 할까 두려워함이요…… 향원(鄕原)을 미워하는 것은 그것이 덕을 어지럽게 할까 두려워함이다……."

겉으로 보면 같은데, 실상은 그것이 아닌 것이 『사이비(似而非)』다. 비슷한데 아니란 말이다. 사이비란, 사람은 위선자(僞善者)요 사기꾼이다. 사이비란, 물건은 가짜요 모조품이다. 사이비란, 행동은 위선이요 가면이요 술책이다. 유사종교니 유사품이니 하는 것도 다 사이비를 말한다.

이 세상을 어지럽게 만드는 것 중에 사이비가 차지하는 비중이 가장 클 것이다. 가짜가 횡행하게 되면 세상에는 진짜가 행세를 할 수 없게 된다. 가짜는 진짜의 적인 것이다. 《성경》에는 예수께서 가라지의 비유를 말씀하셨고, 예수도 가장 미워한 것이 거짓 예언자였다. 동서고금을 막론하고 이 『사이비』가 항상 말썽이다. 『사이비』를 분간할 수 있는 것은 오직 성자뿐이다.

盡心章句下

{第一節} 孟子曰：“不仁哉梁惠王也! 仁者以其所愛及其所不愛, 不仁者以其所不愛及其所愛.”

“梁惠王以土地之故, 糜爛其民而戰之, 大敗, 將復之, 恐不能勝, 故驅其所愛子弟以殉之, 是之謂以其所不愛及其所愛也.”

{第二節} 孟子曰：“春秋無義戰. 彼善於此, 則有之矣. 征者, 上伐下也, 敵國不相征也.”

{第三節} 孟子曰：“盡信《書》則不如無《書》. 吾於《武成》, 取二三策而已矣. 仁人無敵於天下, 以至仁伐至不仁, 而何其血之流杵也?”

{第四節} 孟子曰：“有人曰：‘我善爲陳, 我善爲戰.’ 大罪也. 國君好仁, 天下無敵焉. 南面而征北狄怨, 東面而征西夷怨. 曰：‘奚爲後我?’ 武王之伐殷也, 革車三百兩, 虎賁三千人. 王曰：‘無畏! 寧爾也, 非敵百姓也.’ 若崩厥角稽首. 征之爲言正也, 各欲正己也, 焉用戰?”

{第五節} 孟子曰：“梓匠輪輿, 能與人規矩, 不能使人巧.”

{第六節} 孟子曰：“舜之飯糗茹草也, 若將終身焉；及其爲天子也, 被袗衣, 鼓琴, 二女果, 若固有之.”

{第七節}　孟子曰：“吾今而後知殺人親之重也：殺人之父, 人亦殺其父；殺人之兄, 人亦殺其兄. 然則非自殺之也, 一間耳.”

{第八節}　孟子曰：“古之爲關也, 將以禦暴. 今之爲關也, 將以爲暴.”

{第九節}　孟子曰：“身不行道, 不行於妻子；使人不以道, 不能行於妻子.”

{第十節}　孟子曰：“周於利者, 凶年不能殺；周於德者, 邪世不能亂.”

{第十一節}　孟子曰：“好名之人, 能讓千乘之國；苟非其人, 簞食豆羹見於色.”

{第十二節}　孟子曰：“不信仁賢, 則國空虛. 無禮義, 則上下亂. 無政事, 則財用不足.”

{第十三節}　孟子曰：“不仁而得國者, 有之矣；不仁而得天下, 未之有也.”

{第十四節}　孟子曰：“民爲貴, 社稷次之, 君爲輕. 是故得乎丘民而爲天子, 得乎天子爲諸侯, 得乎諸侯爲大夫. 諸侯危社稷, 則變置. 犧牲既成, 粢盛既潔, 祭祀以時, 然而旱乾水溢, 則變置社稷.”

{第十五節}　孟子曰：“聖人, 百世之師也, 伯夷、柳下惠是也. 故聞伯夷之風者, 頑夫廉, 懦夫有立志；聞柳下惠之風者, 薄夫敦, 鄙夫寬. 奮乎百世之上. 百世之下, 聞者莫不興起也. 非聖人而能若是乎, 而況於親炙之者乎?”

{第十六節} 孟子曰：“仁也者, 人也. 合而言之, 道也.”

{第十七節} 孟子曰：“孔子之去魯, 曰：‘遲遲吾行也.’ 去父母國之道也. 去齊, 接淅而行, 去他國之道也.”

{第十八節} 孟子曰：“君子之厄於陳蔡之閑, 無上下之交也.”

{第十九節} 貉稽曰：“稽大不理於口.” 孟子曰：“無傷也. 士憎茲多口. 詩雲：‘憂心悄悄, 慍於群小.’ 孔子也. ‘肆不殄厥慍, 亦不隕厥問.’ 文王也.”

{第二十節} 孟子曰：“賢者以其昭昭, 使人昭昭；今以其昏昏, 使人昭昭.”

{第二十一節} 孟子謂高子曰：“山徑之蹊閑, 介然用之而成路. 爲閑不用, 則茅塞之矣. 今茅塞子之心矣.”

{第二十二節} 高子曰：“禹之聲, 尚文王之聲.” 孟子曰：“何以言之?” 曰：“以追蠡.” 曰：“是奚足哉? 城門之軌, 兩馬之力與?”

{第二十三節} 齊饑. 陳臻曰：“國人皆以夫子將複爲發棠, 殆不可複.” 孟子曰：“是爲馮婦也. 晉人有馮婦者, 善搏虎, 卒爲善士. 則之野, 有眾逐虎. 虎負嵎, 莫之敢攖. 望見馮婦,趨而迎之. 馮婦攘臂下車. 衆皆悅之, 其爲士者笑之."

{第二十四節} 孟子曰 : "口之於味也, 目之於色也, 耳之於聲也, 鼻之於臭也, 四肢之於安佚也, 性也, 有命焉, 君子不謂性也. 仁之於父子也, 義之於君臣也, 禮之於賓主也, 智之於賢者也, 聖人之於天道也, 命也, 有性焉, 君子不謂命也."

{第二十五節} 浩生不害問曰 : "樂正子, 何人也?" 孟子曰 : "善人也, 信人也." "何謂善? 何謂信?" 曰 : "可欲之謂善, 有諸己之謂信. 充實之謂美, 充實而有光輝之謂大, 大而化之之謂聖, 聖而不可知之之謂神. 樂正子, 二之中, 四之下也."

{第二十六節} 孟子曰 : "逃墨必歸於楊, 逃楊必歸於儒. 歸, 斯受之而已矣. 今之與楊墨辯者, 如追放豚, 旣入其苙, 又從而招之."

{第二十七節} 孟子曰 : "有布縷之征, 粟米之征, 力役之征. 君子用其一, 緩其二. 用其二而民有殍, 用其三而父子離."

{第二十八節} 孟子曰 : "諸侯之寶三 : 土地, 人民, 政事. 寶珠玉者, 殃必及身."

{第二十九節} 盆成括仕於齊. 孟子曰 : "死矣盆成括!" 盆成括見殺. 門人問曰 : "夫子何以知其將見殺?" 曰 : "其爲人也小有才, 未聞君子之大道也, 則足以殺其軀而已矣."

{第三十節} 孟子之滕, 館於上宮. 有業屨於牖上, 館人求之

弗得. 或問之曰 : "若是乎從者之廋也?" 曰 : "子以是爲竊屨
來與?" 曰 : "殆非也." "夫予之設科也, 往者不追, 來者不距.
苟以是心至, 斯受之而已矣."

{第三十一節} 孟子曰 : "人皆有所不忍, 達之於其所忍, 仁
也 ; 人皆有所不爲, 達之於其所爲, 義也. 人能充無欲害人之
心, 而仁不可勝用也 ; 人能充無穿踰之心, 而義不可勝用也.
人能充無受爾汝之實, 無所往而不爲義也. 士未可以言而言,
是以言餂之也 ; 可以言而不言, 是以不言餂之也, 是皆穿踰之
類也."

{第三十二節} 孟子曰 : "言近而指遠者, 善言也 ; 守約而施
博者, 善道也. 君子之言也, 不下帶而道存焉. 君子之守, 修其
身而天下平. 人病舍其田而芸人之田, 所求於人者重, 而所以
自任者輕."

{第三十三節} 孟子曰 : "堯舜, 性者也 ; 湯武, 反之也. 動容
周旋中禮者, 盛德之至也 ; 哭死而哀, 非爲生者也 ; 經德不回,
非以幹祿也 ; 言語必信, 非以正行也. 君子行法, 以俟命而已
矣."

{第三十四節} 孟子曰 : "說大人, 則藐之, 勿視其巍巍然. 堂
高數仞, 榱題數尺, 我得志弗爲也 ; 食前方丈, 侍妾數百人, 我
得志弗爲也 ; 般樂飲酒, 驅騁田獵, 後車千乘, 我得志弗爲也.

在彼者, 皆我所不爲也 ; 在我者, 皆古之制也, 吾何畏彼哉?"

{第三十五節} 孟子曰 : "養心莫善於寡欲. 其爲人也寡欲, 雖有不存焉者, 寡矣 ; 其爲人也多欲, 雖有存焉者, 寡矣."

{第三十六節} 曾晳嗜羊棗, 而曾子不忍食羊棗. 公孫醜問曰 : "膾炙與羊棗孰美?" 孟子曰 : "膾炙哉!" 公孫醜曰 : "然則曾子何爲食膾炙而不食羊棗?" 曰 : "膾炙所同也, 羊棗所獨也. 諱名不諱姓, 姓所同也, 名所獨也."

{第三十七節} 萬章問曰 : "孔子在陳曰 : '盍歸乎來! 吾黨之士狂簡, 進取, 不忘其初.' 孔子在陳, 何思魯之狂士?"

孟子曰 : "孔子'不得中道而與之, 必也狂獧乎! 狂者進取, 獧者有所不爲也'. 孔子豈不欲中道哉? 不可必得, 故思其次也."

"敢問何如斯可謂狂矣?" 曰 : "如琴張、曾晳、牧皮者, 孔子之所謂狂矣."

"何以謂之狂也?" 曰 : "其志嘐嘐然, 曰'古之人, 古之人'. 夷考其行而不掩焉者也. 狂者又不可得, 欲得不屑不潔之士而與之, 是獧也, 是又其次也.

孔子曰 : '過我門而不入我室, 我不憾焉者, 其惟鄉原乎! 鄉原, 德之賊也.' 曰 : "何如斯可謂之鄉原矣?"

曰 : "何以是嘐嘐也? 言不顧行, 行不顧言, 則曰 : 古之人,古之人. 行何爲踽踽涼涼? 生斯世也, 爲斯世也, 善斯可矣.' 閹然媚於世也者, 是鄉原也."

萬章曰: "一鄉皆稱原人焉, 無所往而不爲原人, 孔子以爲德之賊, 何哉?"

曰: "非之無擧也, 刺之無刺也; 同乎流俗, 合乎汙世; 居之似忠信, 行之似廉潔; 衆皆悅之, 自以爲是, 而不可與入堯舜之道, 故曰德之賊也. 孔子曰: '惡似而非者: 惡莠, 恐其亂苗也; 惡佞, 恐其亂義也; 惡利口, 恐其亂信也; 惡鄭聲, 恐其亂樂也; 惡紫, 恐其亂朱也; 惡鄉原, 恐其亂德也.' 君子反經而已矣. 經正, 則庶民興; 庶民興, 斯無邪慝矣."

{第三十八節} 孟子曰: "由堯舜至於湯, 五百有餘歲, 若禹、皋陶, 則見而知之; 若湯, 則聞而知之. 由湯至於文王, 五百有餘歲, 若伊尹、萊朱則見而知之; 若文王, 則聞而知之. 由文王至於孔子, 五百有餘歲, 若太公望、散宜生, 則見而知之; 若孔子, 則聞而知之. 由孔子而來至於今, 百有餘歲, 去聖人之世, 若此其未遠也; 近聖人之居, 若此其甚也, 然而無有乎爾, 則亦無有乎爾."

| 명언 색인 |

구즉득지사즉실지(求則得之舍則失之) ; 구하면 얻고 놓으면 잃는다는 뜻으로, 자신의 분수에 맞게 행동하라는 말. / 227

군자삼락(君子三樂) ; 군자의 세 가지 즐거움이라는 뜻으로, 첫째는 부모가 다 살아 계시고 형제가 무고한 것, 둘째는 하늘과 사람에게 부끄러워할 것이 없는 것, 셋째는 천하의 영재를 얻어서 교육하는 것. / 267

군자원포주(君子遠庖廚) ; 군자는 푸줏간을 멀리한다. 심성이 어질고 바르게 하기 위해서는 무섭거나 잔인한 일을 하는 것을 해서도 안 되며 보아서도 안 된다는 뜻. / 24

군자지덕풍(君子之德風) ; 군자의 덕은 바람이다. 윗자리에 있는 사람의 덕은 바람과 같아서 아랫사람은 다 그의 풍화(風化)를 받음. / 113

난신적자(亂臣賊子) ; "나라를 어지럽히는 신하"와 "어버이를 해치는 자식"을 일컫는 말로서, 세상을 살아가는 데 전혀 도움이 되지 않는 천하에 몹쓸 사람이나 역적의 무리를 가리키는 말. / 138

난의포식(暖衣飽食) ; 옷을 따뜻이 입고 음식을 배부르게 먹는다는 뜻으로, 의식(衣食) 걱정이 없는 편한 생활을 이르는 말. / 116

농단(壟斷) ; "높이 솟은 언덕"이라는 뜻으로, 가장 좋은 자리를 차지하여 이익이나 권력을 독점하는 것. / 100

단사호장(簞食壺漿) ; 도시락밥과 병에 담은 음료수라는 뜻으로, 간소한 음식을 마련하여 군대를 환영함을 이르는 말. / 56

대장부(大丈夫) ; 뜻이 큰 남자를 달리 부르는 말. "천하의 넓은 곳에 몸을 두고, 천하의 바른 위치에 서 있으며, 천하의 큰 길을 걷는다. 뜻을 얻었을 때는 백성들과 함께 그 길을 가고, 뜻을 얻지 못했을 때는 혼자 그 길을 간다. 부귀를 가지고도 그의 마음을 어지럽게 만들 수 없고, 가난과 천대로 그의 마음을 바꿔 놓지는 못하며, 위세나 폭력으로도 그의 지조를 꺾지 못한다. 이런 사람을 가리켜 대장부라고 한다." / 130

동류합오(同流合汚) ; 세속의 나쁜 풍속과 야합해 정의를 돌보지 않음. / 301

등태산이소천하(登泰山而小天下) ; 태산에 올리가면 천하가 조그맣게 보인다. 태산에 올라 천하가 작은 것을 안다. 큰 진리를 깨우친 사람은 그만큼 사고나 행동의 폭이 넓어져 세상을 인식하는 방식도 거침이 없어진다는 말. / 270

만승지국(萬乘之國) ; 일만 대의 병거(兵車)를 동원할 수 있는

나라라는 뜻으로, 천자(天子)의 나라를 이르는 말. / 11

명찰추호(明察秋毫) ; 눈이 아주 밝고 예리해서 가을날 가늘어진 짐승의 털까지도 분별할 수 있다는 뜻으로, 사리가 분명해 극히 작은 일까지도 미루어 알 수 있다. / 28

무항산무항심(無恒産無恒心) ; 일정한 생산(恒産)이 없으면 일정한 마음(恒心)도 없다. 생계를 유지할 일정한 바탕이 없으면 방종하거나 방황하게 된다는 말. / 35

문과즉희(聞過則喜) ; 다른 사람이 자신의 허물을 지적하는 말을 들으면 기뻐한다는 말로, 남이 자신을 비평하거나 잘못된 점을 허물하더라도 그것을 오히려 약으로 여겨 거리낌 없이 받아들인다는 뜻. / 84

민귀군경(民貴君輕) ; "백성은 귀하고 임금은 가볍다"라는 뜻으로, 백성이 나라의 근본임을 강조하는 말. / 292

반구저기(反求諸己) ; "잘못을 자신에게서 찾는다"라는 뜻으로, 어떤 일이 잘못 되었을 때 남의 탓을 하지 않고, 그 일이 잘못된 원인을 자기 자신에게서 찾아 고쳐 나간다는 의미를 담고 있다. / 154

배수거신(杯水車薪) ; 한 잔의 물로 수레에 가득 실린 땔나무에 붙은 불을 끄려 한다는 뜻으로, 능력이 도저히 미치지 않아 불가능함에도 불구하고 어리석은 짓을 한다는 말. / 238

부동심(不動心) ; 마음을 움직이지 않는다는 말로, 마음이 어떤 일이나 외부의 충격으로 인해 동요되는 일이 없음. / 72

부앙불괴(俯仰不愧) ; "굽어보나 우러러보나 부끄러움이 없다"라는 뜻으로, 하늘을 우러러보나 세상을 굽어보나 양심에 부끄러움이 없음. / 268

불원천리(不遠千里) ; "천 리 길도 멀다 하지 않는다"는 뜻으로, 먼 길인데도 개의치 않고 열심히 달려감을 이르는 말. / 8

불위농시(不違農時) ; "농사철을 어기지 않는다"는 뜻으로, 농사철을 놓치지 않고 알맞은 시기에 농사를 짓도록 하는 것을 말한다. / 15

불초(不肖) ; 닮지 않았다는 뜻으로, 매우 어리석은 사람을 말하거나, 자식이 부모에게 자신을 낮출 때 쓰는 말. / 202

불효자오(不孝者五) ; "세속에서 이르기를, 불효에는 5가지가 있다(世俗所謂不孝者五). 사지(四肢)를 제대로 놀리지 않아 부모를 봉양을 하지 않는 것이 첫째 불효이고, 유흥을 즐기고 술을 좋아하여 부모를 봉양을 하지 않는 것이 둘째 불효이며, 재물을 즐기고 처자만을 아껴 부모 봉양을 하지 않는 것이 셋째 불효요, 들리고 보이는 욕구를 좇느라 부모를 욕되게 하는 것이 넷째 불효이며, 용맹을 좋아

해 싸우고 성을 냄으로써 부모를 위태롭게 하는 것이 다섯째 불효이다." / 188

사기종인(舍己從人) ; 자기의 이전 행위를 버리고 타인의 선행을 본떠 행함. / 85

사반공배(事半功倍) ; 일은 반밖에 하지 않았으나, 그 공은 배나 된다는 뜻으로, 노력을 조금밖에 하지 않았는데도 그 일의 효과가 아주 큰 것을 비유하는 말. / 71

사이비(似而非) ; 겉으로 보기에는 비슷한 듯하지만, 근본적으로는 아주 다른 것. / 302

성문과정(聲聞過情) ; 명성이 실제를 앞선다. 그 사람의 실제 가치 이상으로 평판이 높음을 이르는 말. / 180

시비지심(是非之心) ; 옳음과 그름을 가릴 줄 아는 마음. / 226

시우지화(時雨之化) ; "때맞추어 내리는 비와 같은 교화"라는 뜻으로, 초목이 때맞추어 내리는 비로 인해 잘 자라는 것처럼 제때에 교육이 이루어지거나 교화(敎化)가 널리 미침을 비유하는 말. / 277

시작용자(始作俑者) ; "처음으로 나무 인형을 만든 사람"이라는 뜻으로, 좋지 않은 전례를 만든 사람이나, 그러한 경우를 비유하는 말. / 18

식전방장(食前方丈) ; 사방 열 자의 상에 잘 차린 음식이란 뜻
으로, 호화롭게 많이 차린 음식을 이르는 말. / 298

야이계일(夜以繼日) ; 밤을 지새우면서 그 다음날까지 계속해
서 일을 한다는 뜻으로, 아주 열심히 일하는 것을 비유하
는 말. / 181

여민동락(與民同樂) ; "백성과 즐거움을 함께하다"라는 뜻
으로, 백성과 동고동락하는 통치자의 자세를 비유하는 말.
/ 46

역자교지(易子敎之) ; 스승도 자기 자식은 못 가르친다는 말
이다. 자기 자식을 직접 가르치면 부자지간에 서로 노여
움이 생기고 감정이 상하게 되는 둥 폐단이 많아지므로
다른 사람과 서로 자식을 바꾸어 가르친다는 뜻으로 쓰인
다. / 164

역지사지(易地思之) ; 다른 사람의 처지에서 생각하라는 뜻이
다. 무슨 일이든 자기에게 이롭게 생각하거나 행동하는 것
을 뜻하는 『아전인수(我田引水)』와는 대립된 의미로 쓰
인다. / 186

연목구어(緣木求魚) ; 나무에 올라 물고기를 얻으려고 한다는
뜻으로, 목적과 수단이 맞지 않아 불가능한 일을 굳이 하
려 함을 비유하는 말. / 30

오십보백보(五十步百步) ; "오십 보 도망한 자가 백 보 도망
한 자를 비웃는다"라는 뜻으로, 조금 낫고 못한 차이는
있지만 본질적으로 차이가 없음. / 14

왕자불추내자불거(往者不追來者不拒) ; 가는 사람 붙들지 않
고 오는 사람을 물리치지도 않는다. / 295

왕척직심(枉尺直尋) ; 짧은 것은 굽히고 긴 것을 편다는 뜻으
로, 小를 희생시켜 大를 살림. / 127

웅장여어(熊掌與魚) ; "곰발바닥과 물고기"라는 뜻으로, 두
가지를 겸할 수 없는 경우나, 두 가지 가운데 하나를 취사
선택하기 어려운 경우를 비유하는, 또는 이것도 저것도 탐
을 내는 경우를 비유하는 말로도 쓰인다. / 233

유일이불원(遺佚而不怨) ; 버려두어도 원망하지 않고, 곤궁하
게 살아도 걱정하지 않았다. / 213

은감불원(殷鑑不遠) ; "은나라의 거울은 먼 데 있지 않다. 전
대인 하나라에 있다(殷鑑不遠 在夏后之世)."라는 말에서,
남의 실패를 본보기로 삼아야 한다는 말. / 150

이기언무책(易其言無責) ; 말을 쉽게 하는 사람은 책임감이
없다는 뜻. 또 쉬운 대답은 믿지 말라는 뜻으로도 쓰인다.
/ 166

이여반장(易如反掌) ; "손바닥을 뒤집는 것과 같이 쉽다"라

는 뜻으로, 아주 쉬운 일을 비유하는 말. / 69

인이불발(引而不發) ; 활시위를 당길 뿐 쏘지 않는다는 뜻으로, 학문을 가르침에 있어서 공부하는 방법만을 가르치고 자세한 풀이는 일러주지 않아 스스로 깨닫도록 하는 것을 비유하는 말. / 279

인자무적(仁者無敵) ; 어진 정치를 베풀면서 백성을 자신의 몸처럼 여기는 군주에게는 자연히 백성들이 따르게 마련이어서 반대하는 세력이 없게 되고, 비록 전쟁이 일어나더라도 인심이 떠나지 않아 총칼로도 어찌할 수 없게 된다는 뜻으로, 곧 인자한 사람에게는 적이 없다는 말. / 20

일부중휴(一傅衆咻) ; 한 사람의 스승이 가르치는데, 옆에서 많은 사람들이 떠들어대니, 아무리 열심히 가르쳐도 성과가 없다는 뜻으로, 환경의 영향을 받아 하는 일이 성과가 없거나, 공부를 하는데 여기저기서 간섭만 하는 등 학습환경이 좋지 않음을 비유하는 말이다. / 133

일폭십한(一暴十寒) ; 초목을 기르는 데 하루만 볕에 쬐고, 열흘은 응달에 둔다는 뜻으로, 일을 꾸준히 하지 못하고 중단되거나 자주 끊김을 비유하는 말로, 일을 하다 말다 하여 성과가 없을 때 쓰는 말. / 230

자포자기(自暴自棄) ; 스스로를 해치는 자와는 더불어 진리를

말할 수 없고, 스스로를 버리는 자와는 더불어 진리를 행할 수 없다. / 161

작심삼일(作心三日) ; 지어 먹은 마음이 사흘을 가지 못한다. 결심이 굳지 못함을 이르는 말. 일시적인 느낌으로 먹은 마음이 오래가지 못한다는 뜻. / 136

적자지심(赤子之心) ; 낳은 지 얼마 되지 않은 갓난아이의 마음처럼, 거짓 없는 순진무구한 마음, 또는 임금에게 일편단심 충성을 다하는 백성의 마음을 뜻한다. / 178

전심치지(專心致志) ; 마음을 온통 한 곳에 모아 거기에만 신경을 쓴다는 뜻으로, 정신집중의 중요함을 이르는 말. / 231

조맹지소귀조맹능천지(趙孟之所貴趙孟能賤之) ; "조맹(趙孟)이 귀하게 여긴 것은 조맹이 천하게 할 수 있다"라는 뜻으로, 남의 힘을 빌려 이룬 성공이나 출세의 허망함을 비유하는 말. / 236

조장(助長) ; 자라도록 돕는다는 뜻이지만, 조급히 키우려고 무리하게 힘들여 오히려 망친다는 경계를 나타낸다. 실제로는 선동(煽動)이란 말과 동의어로 쓰인다. / 76

존심양성(存心養性) ; 그 마음, 즉 양심을 잃지 말고 그대로 간직하여, 그 성품, 즉 하늘이 주신 본성을 키워 나감. / 261

좌이대단(坐以待旦) ; “앉아서 아침을 기다린다.”라는 뜻으로, 어진 정치를 펴고자 하는 군주의 충정을 비유하는 말. / 183

죄인불노(罪人不孥) ; 그 한 몸에만 죄를 주고 처자(妻子)에게는 미치지 않게 함. / 51

중과부적(衆寡不敵) ; 무리가 적으면 대적할 수 없다는 뜻으로, 적은 수로는 많은 적을 대적하지 못한다는 말. / 33

진신서불여무서(盡信書不如無書) ; 《상서(尙書)》를 완전히 믿으려면 차라리 상서가 없는 것이 더 낫다라는 뜻으로, 모든 것을 고서(古書)나 전인(前人)들의 경험에만 의존해서는 안 됨을 비유하는 말. / 290

천시지리인화(天時地利人和) ; 천시(天時)는 지리(地利)만 못하고, 지리는 인화(人和)만 못하다. / 96

출호이반호이(出乎爾反乎爾) ; 자기에게서 나온 것이 자신에게로 되돌아온다는 뜻으로, 길흉화복(吉凶禍福)이 모두 자기 자신으로부터 나온다는 말. / 57

측은지심(惻隱之心) ; 남을 불쌍하게 여기는 타고난 착한 마음을 이르는 말. / 82

피일시차일시(彼一時此一時) ; 그때는 그때, 이때는 이때라는 뜻으로, 각각 때에 따라 행한 일이 조금도 모순(矛盾)이 없

음을 이르는 말. / 102

필부지용(匹夫之勇) ; 하찮은 남자의 용기라는 뜻으로, 소인
(小人)이 깊은 생각 없이 혈기만 믿고 함부로 부리는 용기
를 이름. / 48

하필왈리(何必曰利) ; 하필(何必)이면 왜 이익이 되는 것만을
말하느냐. "왕께서는 하필 이(利)를 말씀하십니까? 다만
인의가 있을 뿐입니다(王何必曰利 亦有仁義已矣)." / 10

학불염이교불권(學不厭而教不倦) ; 배우기를 싫어하지 아니하
며, 남을 가르치기를 게을리하지 않는다. / 78

혜이부지위정(惠而不知爲政) ; "은혜로운 일이기는 하나 정
치는 할 줄 모른다."라는 말로, 정치가 어려움을 빗대어
하는 말. / 175

호연지기(浩然之氣) ; 하늘과 땅 사이에 가득 찬 넓고 큰 정기
(精氣). 공명정대하여 조금도 부끄럼 없는 용기. 잡다한 일
에서 벗어난 자유로운 마음. / 75

회자인구(膾炙人口) ; 회(膾)는 날고기, 자(炙)는 구운 고기이
니, 맛있는 음식처럼 시문(詩文) 등이 사람들의 입에 많이
오르내리고 찬양을 받는 것. / 299

| 명문동양문고 |

맹자 名言 100

초판 인쇄일 / 2019년 5월 22일
초판 발행일 / 2019년 5월 27일
☆
엮은이 / 金東求
펴낸이 / 김동구
펴낸데 / 明文堂 (창립 1923년 10월 1일)
서울특별시 종로구 윤보선길 61(안국동)
우체국 010579-01-000682
☎ (영업) 733-3039, 734-4798
(편집) 733-4748
FAX. 734-9209
e-mail : mmdbook1@hanmail.net
등록 1977. 11. 19. 제 1-148호
☆
ISBN 979-11-88020-96-6 03140
☆
값 10,000원 (낙장이나 파본은 구입하신 서점에서 교환해 드립니다.)